国家社会科学基金重大招标项目《我国少数民族基督教本土化研究》（编号：13&ZD077）阶段性成果

中国少数民族基督教研究丛书

云南边疆民族地区
基督教地域适应研究
——以西双版纳地区为例

李守雷 著

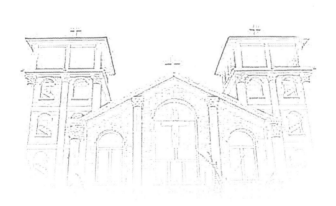

ADAPTATION OF CHRISTIANITY TO
THE ETHNIC MINORITY BORDER AREAS
——A Case Study of Xishuangbanna
Autonomous Prefecture

中国社会科学出版社

图书在版编目（CIP）数据

云南边疆民族地区基督教地域适应研究：以西双版纳地区为例/李守雷著.
—北京：中国社会科学出版社，2017.12
ISBN 978 - 7 - 5203 - 1772 - 6

Ⅰ.①云…　Ⅱ.①李…　Ⅲ.①边疆地区—民族地区—基督教—传教
事业—研究—西双版纳　Ⅳ.①B975

中国版本图书馆 CIP 数据核字（2017）第 318541 号

出 版 人　赵剑英
责任编辑　宋燕鹏
责任校对　王　龙
责任印制　李寡寡

出　　版　中国社会科学出版社
社　　址　北京鼓楼西大街甲 158 号
邮　　编　100720
网　　址　http://www.csspw.cn
发 行 部　010 - 84083685
门 市 部　010 - 84029450
经　　销　新华书店及其他书店

印刷装订　北京明恒达印务有限公司
版　　次　2017 年 12 月第 1 版
印　　次　2017 年 12 月第 1 次印刷

开　　本　710×1000　1/16
印　　张　19.5
插　　页　2
字　　数　265 千字
定　　价　80.00 元

《中国少数民族基督教研究丛书》总序

　　经过百余年传播发展，基督教对我国蒙古、朝鲜、俄罗斯、维吾尔、苗、彝、傈僳、怒、景颇、哈尼、佤、拉祜、独龙、白、羌、布依、土家、瑶、壮、侗、黎、京、高山等20多个少数民族产生了一定程度的影响。传教士也努力向信仰伊斯兰教的民族及信仰藏传佛教的藏族、信仰南传佛教的傣族、信仰东巴教的纳西族等民族传教，这些民族中有一小部分人口成为基督徒。即使不存在基督徒的少数民族，也不同程度地与基督教接触碰撞过。可以说，全面研究中国基督教绕不开中国少数民族基督教问题，中国少数民族基督研究急需系统性、全面性和理论性的学术成果。

　　少数民族基督教是我国宗教基本国情的重要方面。通过对中国少数民族基督教的系统研究，可以从另一个角度认识到基督教在中国的发展历程、传播方式以及由此所引发的文化冲突和变迁，有利于更深入地了解中国社会史、文化史和民族史；对比基督教在少数民族聚居区和汉族地区传播的区别和联系，此项比较研究可以揭示基督教发展的一般规律，有利于深入认识中国基督教传播史；通过对不同区域少数民族基督教与其他宗教关系的研究，可以认识到基督教在多元宗教文化系统中所扮演的角色，有利于促进多宗教和谐相处，维护宗教生态平衡；整理翻译西方传教士、学者以及我国地方史志、档案等关于我国少数民族基督教的文献资料，可以为历史学、民族学、宗教学、社会学等多种学科研究提供丰富资料；通过对不同区域、民族和文化背景下基督教传播的比较研究，可以认识到基督教在社会融入、本土化发展等方面的差异情况，为国家有关部门制定基督教管理政策提供依据。我国信仰基督教的少数民族大多居住在边疆，其中不少还是跨境民族，认真研究我国少数民族基督教并做好相应的管理工作，对于维护边疆稳定、促进民族地区社会发展具有十分重要的理论和现实意义。

基督教在我国不同少数民族地区传播的时间长短、信众多少、影响深浅等具有较大差异，不能一概而论。我们可以将我国少数民族的基督教信仰分为突破型、成长型、稳定型和衰落型四种类型。信徒数量是判断宗教传播程度的最直接指标，如果某一民族在改革开放后才出现第一代基督徒，目前信徒数量不超过 100 人，可称作突破型教会；某一民族在 1949 年之前有少量基督徒，目前信徒超过 1000 人且仍在增长，可称作成长型教会；某一民族 1949 年之前有较多基督徒，目前基督徒数量占其民族人口总量 10％以上，可称作成熟型教会；某一民族 1949 年之前有一定数量基督徒但目前数量减少，可称作衰落型教会，这是个别地区出现的个别现象。

在现代化进程中，家族势力衰落，家庭规模缩小，传统势力不再直接干预个体的信仰选择。过去，基督教很难传播进伊斯兰教、藏传佛教、南传佛教文化圈影响下的少数民族，一些有完整仪式的民族民间宗教，也足以阻止基督教的传播。随着社会发展，民族民间宗教和民间信仰逐渐式微，很多年轻人并不了解本民族传统文化。基督教在少数民族地区传播，基本上避免了同其他宗教争夺信徒导致的直接冲突。然而，清朝末年，少数民族地区发生过很多起以"反洋教"为号召，以暴力冲突为手段的"教案"。民国以后，虽然"教案"很少发生，但各种形式"非基督教运动"此起彼伏，有识之士开始思考如何引导基督教中国化，成为新中国成立之后"三自爱国运动"的滥觞。改革开放以来，党的宗教信仰自由政策全面落实，激烈的信仰冲突逐渐转化为温和的文化相遇，这在城镇化水平较高的少数民族地区表现得尤为明显。观察发现，我国少数民族的突破型教会和成长型教会主要集中在城镇地区，成熟型教会和衰落型教会主要分布在农村地区。突破型教会和成长型教会更容易产生社会问题。与事实相比，我们对城镇地区少数民族基督教发展的新情况、新问题研究比较薄弱。

中华人民共和国成立后，党和政府倡导新型民族关系，逐渐消除历史形成的民族隔阂，外国传教士以民族划分传教区域引发纷争的时代彻底结束。在多民族地区，基督教传播不再局限在本民族内，汉族向少数民族传教、少数民族向汉族传教、少数民族彼此传教现象屡见不鲜。不同民族在同一教会中活动，有助于消除民族歧视和隔阂，具有维护民族团结的正功能。但多民族地区基督教交叉传播导致的负面影响也应充分重视，有关部门应制定合理引导措施。

我国大杂居、小聚居的民族居住格局，使人口较多民族的宗教信仰通过日常交往、族际通婚等方式潜移默化地影响周围人口较少民族，日积月累，人口较少民族在宗教信仰、风俗习惯方面逐渐被同化，最终在一定范围内形成某种"宗教文化圈"。我国西北的伊斯兰教文化圈、云南的藏传佛教文化圈和南传佛教文化圈等，都是以某一较大民族为主，几个或十几个有日常交往关系的民族共同信仰某种宗教而渐次累叠生成的。经过百余年传播，云南怒江、金沙江、澜沧江流域一些地区出现半成熟的基督教文化圈。在半成熟的基督教信仰圈内，基督教甚至不主动传教也能逐渐扩散，我们应认真研究基督教渐进传播的内在机制和相关问题。

我国少数民族基督教信仰态势整体平稳，但个别地区因基督教传播过快、过热、过猛引发的问题必须给予高度关注。从宗教关系的角度，可以将这些问题分为三类：一是基督教不能适应民族社会发展而形成的自身性问题；二是基督教与其他宗教产生矛盾形成的关系性问题；三是由于邪教蔓延、宗教渗透导致的对立性问题。从发展阶段分析，不同类型的民族教会面临的主要问题也不相同。突破型的民族教会出现的主要问题有家庭教会蔓延、境外宗教渗透、自封传道人跨区域传教、信仰狂热等；成长型和成熟型的民族教会，主要存在宗教生态失衡、虚构信仰传统、局部福音化以及本土化发生偏差等问题；衰落型的民族教会主要分布在边远地区，则需要引导尊重宗教发展的客观规律，调整信徒失落情绪。

中国少数民族基督教信徒在数量上少于汉族，然而如傈僳族、苗族等近10个少数民族基督教徒在民族总人口中的比例远高于汉族，有些少数民族信仰基督教的历史也比汉族长。在学术研究中我们可以基于理想类型的分析，提出"基督教信仰族群"分析概念，有助于我们深刻认识基督教同中国少数民族的关系，立足现实问题提出基督教中国化、本土化的对策建议。民族是具备某些相同特征的人口共同体，宗教在民族形成和发展的过程中具有重要作用。宗教信徒的信仰身份与民族身份、社会身份、文化身份等互有重叠，诸多身份只有彼此协调、共容互纳，才能将宗教与宗教、宗教与社会之间的冲突降到最低程度。当前，坚持我国宗教中国化方向，就是要将中华文明共享的价值规范、中国社会共有的身份意识等赋予信徒，使之对祖国、对中华民族、对中华文化和中国特色社会主义道路产生强烈认同。宗教问题本质上是社会问题，宗教工作归根结底是群众工作，宗教事务管理的精髓是引导服务。应在宗教信仰自由政策的框架内，通过法治化的手段解决我国少数民族基督教存在的问题。我们应立足少数民族社会具体情境，积极推动基督教本土化、理性化、社区化、公益化，引导其沿着与社会主义社会相适应的正确轨道健康发展。

2013年11月，我有幸申请到国家社科基金重大招标项目"我国少数民族基督教研究"。要对我国复杂多样的少数民族基督教进行全面、系统、深入的研究，必须制定合理的研究框架，既不能铺得太大，又不能遗漏重要内容。我们以少数民族分布的自然地域为横线，以基督教信仰的内在维度为纵线，将我国信仰基督教的众多少数民族准确定位在学术研究的"十字架"上，形成"中国少数民族基督教研究总论""基督教在南方少数民族中的传播和发展""基督教在北方少数民族中的传播和发展""中国少数民族基督教文献资料集成"四个子课题，再根据实际细化为十余个具体课题，系统研究基督宗教在我国少数民族中的传播历史、发展现状以及由此带来的社会影响、文化后果，提出较为成熟的理论分析模型、极具可操作性的对策建议。

为及时呈现课题研究成果，我们编辑"中国少数民族基督教研究丛书"，并努力将之打造成开放的学术平台和品牌。感谢学界同仁和各界人士对课题立项、田野调研和丛书编辑等工作的关心支持，恳请专家学者和广大读者提出宝贵意见，帮助我们的研究更进一步。

张桥贵

2017 年 8 月 18 日于大理大学

序

　　李守雷跟随我攻读了硕士和博士学位，一直在我们研究团队承担一定的工作。守雷是山东人，对云南边疆少数民族社会的认识仅停留在书本、影像知识和自我想象。来云南读硕士研究生后，很快就深入滇西北怒江州贡山县丙中洛乡调研，开始体验边疆民族文化。硕士毕业后，他又到滇西南西双版纳傣族自治州工作，在日常生活中体验、观察民族社会，在边疆真正实现了自我本土化。2013年，他开始参与我主持的国家社科基金重大招标项目"我国少数民族基督教本土化研究"，负责西双版纳傣族自治州地区的少数民族基督教信仰状况的调研。守雷对云南边疆少数民族社会的体验和社会科学理论知识的积累，保证他顺利完成了此项目的工作任务。本书即是他在此项目的工作成果。今天能付梓出版，向他表示祝贺。

　　这部著作并没有只拘泥于基督教与本土宗教文化、教理层面的"对话""会通"研究，而是将这种"对话""会通"置于社会结构的处境，在分析宗教与社会其他子系统关系的基础上，来探讨基督教与本土宗教的对抗、对话、交流和会通。这样就建构起一个立体式研究框架，不仅包括横向的基督教与本土宗教的互动，还加上了纵向的宗教与社会结构的适应关系。作者受施坚雅"市场共同体"和杨懋春

"文化区位系统"的启发，并结合传统分析中国社会的行政中心论的视角，视西双版纳傣族自治州的基督教本土化为一个整体，用"地域适应"这一名词涵盖了区域内多个民族的基督教本土化问题。① 西双版纳傣族自治州有傣族、哈尼族、苗族、瑶族、壮族、布朗族、基诺族等 13 个世居民族，存在着彼此互异的社会结构和民族文化。第一，如何将本地区的社会、经济、文化和宗教作为一个整体进行论证，成为作者首先面临的挑战。第二，作者将基督教的地域适应分为适应方式和适应状态两部分进行论述，也将面对在如此众多民族、宗教的复杂地方社会中如何设定研究的基本单元、如何选择调查对象、如何设计研究框架等难题。

作者在之前探究西双版地区多宗教关系时，尝试将西双版纳视为一个整体，从立体生态、民族分布、政治变迁、经济方式和文化传统等方面论述这一"地域社会"造就了多宗教"和而不同"的局面。进而，作者认为"村寨是构筑西双版纳宗教生态平衡的推动力"②。因为"村寨边界不仅保证了村寨内宗教文化的同质性，也维持了不同民族村寨间宗教文化的差异性"③。通过列举西双版纳壮族与傣族宗教文化的融通与排斥来维持彼此的村寨界限，得出"正是利益对抗的客观存在和社会交往的现实需要相互交织"促成不同民族村寨之间"不断抹平界限，又会建构出新的界限"④。正所谓族群性（包括宗教差异）"并非冲突的原因，而是在冲突进程当中才得以出现"⑤。从而将宗教

① ［美］施坚雅：《中国农村的市场和社会结构》，史建云、徐秀丽译，中国社会科学出版社 1998 年版，第 152 页；杨懋春：《人文区位学》，五南图书出版公司 1983 年版，第 172 页。

② 李守雷：《社区视域下西双版纳传统社会宗教生态平衡研究》，《云南社会科学》2014 年第 3 期。

③ 李守雷：《社区视域下西双版纳传统社会宗教生态平衡研究》，《云南社会科学》2014 年第 3 期。

④ 李守雷：《移民社会融合的宗教适应研究——基于西双版纳一个移民村寨的调查》，《世界宗教文化》2015 年第 1 期。

⑤ ［德］李峻石：《何故为敌：族群与宗教冲突论纲》，吴秀杰译，社会科学文献出版社 2017 年版，第 15 页。

关系放入社会系统中分析，论证了各民族宗教与村寨界限相互重叠。在社会转型和外来文化的影响下，西双版纳地区民族宗教与村寨界限相互重叠的平衡态势受到严重冲击。杜赞奇在分析华北地区乡村宗教时，根据联合原则和组织规模分为四种类型：自愿参与、规模小于村界；自愿参与，规模可能大于村界；规模与村界相符，带有强制性；范围超乎村界，全体村民强制参与。[①] 杜氏认为基督教属于第二类，其基层组织——教会一般以村为单位，但有时也可以超越村界，并将基督教预设为自愿参与性组织。乡村宗教的联合原则和组织规模不是相互独立的平行参数，而是彼此影响的交叉参数，而且与社会机构（村寨结构）有关联。本书以基督教、民族宗教的组织规模与村寨结构的互动关系为主要研究对象，具体操作为教会与社区边界的融合程度。作者经过对西双版纳基督教历史与现实的整体考量后，选取一个基督教慈善机构、一位外来宣教人和一个基督教会分析基督教的适应方式；选取三个信仰基督教的傣族村寨作为一个对比组合，又选取一个乡镇教会和涉及的四个民族村寨形成另一个对比组，进而分析基督教的适应状态。在此需要强调的是，本书选取信仰基督教的傣族村寨作为一个对比组不仅因为傣族是西双版纳最早信仰基督教的民族，而且目前也仅有傣族存在全寨信仰基督教的案例，能照顾到案例选取的代表性。选取的一个乡镇教会和相关民族村寨所处的地域社会更像是施坚雅所谓的以集镇为中心形成的"基层市场社区"[②]。而在西双版纳由坝区和山区组成的封闭式立体生态系统中，不仅是市场与村寨的服务与供养、交通半径、社会网络等因素的考量，更是民族分布、生产方式、社会结构、宗教文化的差异性聚合。[③] 在西双版纳，以乡镇为

---

① ［美］杜赞奇：《文化、权力与国家：1900—1942年的华北农村》，王福明译，江苏人民出版社2003年版，第93、94页。

② ［美］施坚雅：《中国农村的市场和社会结构》，史建云、徐秀丽译，中国社会科学出版社1998年版，第40页。

③ 杨懋春：《人文区位学》，五南图书出版公司1983年版，第137、140页。

单位作为中观社区的研究，兼顾了整体性和多样性。

本书论述了一个傣族村寨教会扩充多民族信徒，吸纳汉族、哈尼族等其他民族传道人，培养傣族传道人用汉语传道，突破长老会的宗派传统，在多个民族传播基督教，发展成为多民族联合礼拜的宗教组织。这个案例告诉我们，基督教首先实现了"傣族化"，又从"傣族化"继续"汉化""瑶族化""哈尼族化"。基督教在民族地区的本土化过程中，不仅要"民族化"，还可能会发生"二次民族化"现象。在西双版纳，宗教是民族界限的主要标识，但基督教会却实现了多民族信徒的联合礼拜，有助于民族团结。所以，基督教在进行本土化的适应过程中，也起到了"化本土"的积极作用。[①] 本书分析了三个傣族社区与教会所表现出的"脱嵌""嵌入"和"悬置"等不同互动形态，认为造成这种状况的原因是距离现代城市远近不同的社区，受到现代性不同程度的影响，造成社区发生了程度不一的结构变迁；而在分析一个乡镇教会与四个不同民族社区的结合形态时，却将这种差异归结为民族性，认为不同的民族社区结构与宗教组织、祭祀群体的结合程度存在差异。

受以进化论为指导思想的西方社会学理论影响，以及中国现代化发展的价值诉求，现代性理论曾风靡一时。本书将傣族社区的结构差异归结为现代性的推动，略显牵强，有先入为主之嫌。基督教传入民族社区不仅是一种信仰文化的扩展，更是一种社会力量的"嵌入"。面对外来力量的冲击，内部结构不同的社区做出的反应也不一样。紧密内聚的社区会团结全体村民一致对外；而分化松散的社区则容易产生屈服于外部力量的村民。[②] 然而，是什么原因造成社区结构的不同呢？黄宗智认为是村庄生产方式的差异，具体表现为生产资料占有方

[①] 张桥贵、孙浩然：《论云南少数民族基督教的本土化》，《北京论坛（2015）文明的和谐与共同繁荣——不同的道路和共同的责任》，2015 年 11 月 6 日。

[②] 黄宗智：《华北的小农经济与社会变迁》，中华书局 2000 年版，第 314 页。

式的不同，如自耕农和半无产化。本书将社区结构差异的原因归结为城市化、民族性、人口迁移等因素，却没有再进一步深究。另外，作者将西双版纳作为一个完整的地域社会，并将基督教在此地的发展视为一种"地域适应"，却在行文中过度关注基督教组织与不同地域的相同民族、同一地域不同民族的各类社区的"镶嵌"状态，并没有为我们呈现基督教在西双版纳"地域适应"的整体状况，实为一大缺憾！当然，此部著作是将基督教中国化引向基督教与社会结构互动关系分析的一次大胆尝试，起到了抛砖引玉之效。在此建议作者以西双版纳基督教地域适应为基础开展与其他地区基督教本土化的对比研究，比如西双版纳傣族基督教信仰与其他地区傣族基督教信仰状况对比，以扩展到全国少数民族基督教信仰的地域性对比，甚至可以走出国门，进行跨境少数民族基督教信仰的对比研究。在区域社会整体研究的基础上，根据民族分布和基督教传播将基督教本土化研究提升到"古道"和"走廊"、"带"与"路"的线性串联式和对比化研究。在此，期盼并预祝守雷能在这些方面有新的突破和收获。

守雷与我已经有十几年的师生情谊。他有研究者的勤奋好学，性格中的执着也益于知识的求索，望他在今后的工作中不断上进；执着者往往缺乏变通和包容，需要在生活琐事和人情交往中多多历练，望他在生活中获得幸福和从容。

是为序！

张桥贵

2017 年 8 月

目　　录

图表目录

第一章

导　论

一　选题的缘起与意义

（一）选题的缘起

西双版纳傣族自治州位于中国西南边陲，与老挝、缅甸相邻，与泰国一水相连，境内居住着傣族、哈尼族、汉族、瑶族、苗族、布朗族、基诺族、拉祜族、景颇族、佤族、彝族、壮族和回族 13 个世居民族。外国传教士在 20 世纪初期，途经泰国，借助中国和泰国地理近邻的便利和傣泰同源的民族文化纽带，开始向西双版纳地区传播基督教。1949 年之前，基督教在西双版纳地区的传播一直举步维艰。美国长老会经过二三十年的苦心经营，只在两三个被污蔑为"琵琶鬼"或者罹患麻风病的傣族村寨传教成功。从基督教在云南的地理分布可以看出，西双版纳地区基督教信仰几近空白，而其周边的普洱、红河地区，甚至国境线以外的缅甸、泰国都是基督教传播的兴盛区域。学者将此原因归结为佛教在西双版纳地区悠久的信仰历史、较深厚的文字文化积淀和完备的教义规范[1]、佛教思想与傣族领主经济体系紧密结合对基督教的抵制作用[2]。除傣族社会之外，基督教也难以在其他世居民族寻觅落脚空间。强盛的领主经济、土司制度和村社组织有机结合，稳固了由社会发展和社会控制共同构筑的社会结构，有效抵制了基督教在本地区的传播。[3] 中华人民共和国成立后，西双版纳基督教信仰经历了一段波折和沉寂期。改革开放之后，随着宗教政策的落实，基督教在西双版纳地区迅速传播开来，不仅在传统信仰基督教的傣族村寨恢复了信仰，而且在 13 个世居民族中都出现了或多或少的基督徒。基督教在西双版纳的复兴是一个殊途同归、多种因素共同作用的结果。首先，1949 年之前皈信基督教的傣族村寨恢复了信仰，并吸纳周围其他民族皈信基督教；其次，从普洱市的墨江县、江城县以及内地多个地区迁移到西双版纳的汉族、哈尼族、苗族等外来人口中有数量可观的基督徒，在融入地方社会的过程中也将基督教信仰扎根在这片土地，同时向周围世居民族传播基督教；最后，国内外宣教机构以扶贫、差传、民族事工等方式进入西双版纳地区传教。这些因素共同推动了西双版纳基督教的复兴和发展，形成了西双版纳地区整体性基督教信仰态势。

西双版纳地区基督教信仰的历史和现实以长老会、神召会、安息日会等基督教新教为主。在抗日战争期间，英国天主教传教士曾经在此驻足，但他们只与社会上层有过短暂的接触，并未深入普通群众就

① 参见杨民康《本土化与现代性：云南少数民族基督教仪式音乐研究》，宗教文化出版社 2008 年版，第 240 页。
② 参见江应樑《摆夷的经济文化生活》，云南人民出版社 2008 年版，第 59 页。
③ 参见韩军学《基督教与云南少数民族》，云南人民出版社 2000 年版，第 135—147 页。

匆匆离开了。① 关于基督教新教的研究，马克斯·韦伯（Max Weber）以《新教伦理与资本主义精神》为起始，论述了基督教新教伦理对资本主义的作用，进而为阐释现代社会的理性和科层制奠定了文化基础。在中国，基督教新教的研究更多关注基督教对现代社会、经济发展的作用，比如温州基督教研究；尤其是在少数民族地区，更关注基督教对少数民族生活习惯、传统文化、道德习性的改造和提高，比如对云南怒江地区傈僳族、贵州石门坎苗族基督教研究。此类研究都暗含着一个预设：基督教新教文化、伦理精神、组织形态相对于中国（尤其是少数民族）是先进的。正是在这一预设之下，基督教研究一直固守"冲击—反应"模式。傣族曾经在西双版纳地区建立了相对独立的政权，统治着域内其他世居民族，在中国中央政权与缅甸之间寻求平衡。域内民族都维持着各自的社会结构和文化，形成了多种社会处境和相对均衡的宗教关系。西双版纳独立政权形式、多个民族和平共处、多种宗教共同繁盛的地方社会既不同于云南其他边疆民族地区，也不同于中国其他省份的边疆民族地区。进入现代民族国家，完全纳入中国建制，经受历次政治运动，外来人口大量涌入，经济现代化，社会流动加快，西双版纳整体社会结构以及各民族的组织形式都发生了变迁，宗教关系的固有模式也相应松动了。传统社会，基督教难以在西双版纳地区传播，而进入现代社会却迅速扩展开来。"冲击—反应"模式难以回答基督教与西双版纳地方社会互动的社会事实。研究基督教在西双版纳的传播将面临诸多新问题：基督教与西双版纳的现代化变迁关系如何？如何适应多种处境的少数民族文化和传统社会结构？如何调适与不同民族传统宗教的关系？对传统宗教关系和民族关系带来怎样的影响？外来基督徒、传道人如何融入西双版纳地方社会？

---

① 参见《民族问题五中丛书》云南省编辑委员会、《中国少数民族社会历史调查资料丛刊》修订编辑委员会编《西双版纳傣族社会综合调查（一）》，民族出版社 2009 年版，第115 页。

学界以史为鉴，重提基督教"本土化""中国化"课题，希冀基督教能适应中国社会，扎根中国土地。国外神学界首先提出"本土化"主张，致力于在不同民族或地区传播基督教；20世纪二三十年代，中国基督教领袖积极倡导"本土化"，探索基督教与中国文化的会通，争取教会独立发展（吴雷川、赵紫宸、刘廷芳）；在少数民族地区成就了"石门坎模式""傈僳族模式"以及拉祜族"骑白马的拯救者"等本土化案例。① 人类学家卡奈尔（Fenella Cannell，2006）将"本土化"（Inculturation）归结为以地方性模式接近至高无上的唯一真神。② 1971年"普世基督教协进会"提出"处境化"，主张基督教对传入地政治、经济、文化、科技和社会公义的全面适应。国内一些学者顾虑"处境化"会"化"掉其超越性，而提出"处境神学""汉语神学"和"母语神学"。③ 卓新平等学者提出基督教"全球地域化"，主张跨文化、对比和处境研究，以宗教相遇和对话促进基督教与中国文化的交流。④ 方文主张"超越文化特异性"，转向政教关系、宗教生态、宗教动员和宗教认同的研究。⑤ 张志刚则主张"基督教中国化"，以"学术的立场"探讨基督教何以能够融入中国文化、中华民族和当代中国社会，关注基督教社会功能的发挥。⑥

2010年，笔者来到西双版纳傣族自治州工作。一个由汉文化哺育成长的山东人，在领略边疆绚丽多彩的民族文化的同时，也真切体会到了在异域生活的"文化震惊"。一次，笔者在 QQ 上友好地跟一位

---

① 参见申晓虎《文化的挪用：西南少数民族信仰变迁中的基督教影响》，《民族学刊》2011年第4期。

② 参见 Fenella Cannell，"Introduction in Fenella Cannell." ed. *The Anthropology of Christianity*，Duke University Press，2006。

③ 参见何光沪《关于基督教神学哲学在中国的翻译和吸纳问题》，《世界宗教研究》2003年第1期；杨雪梅《"汉语神学"的道路问题》，《宗教学研究》2013年第4期。

④ 参见卓新平《基督教与中国文化处境》，宗教文化出版社2013年版，第1—12页。

⑤ 参见方文《叠合认同："多元一体"的生命逻辑——读杨凤岗〈皈信、同化和叠合身份认同：北美华人基督徒研究〉》，《社会学研究》2008年第6期。

⑥ 参见张志刚《"基督教中国化"三思》，《世界宗教文化》2011年第5期。

同事打招呼，他却回复一句："搞么？"笔者十分愕然地反思：好像没有冒犯他啊？在日后的生活中，笔者才逐渐明白"搞么"在当地的意思是"你有什么事情吗"，而并非笔者所理解的挑衅意味。笔者在生活、工作过程中，首先面临如何适应边疆民族社会的问题。生活现实让我逐渐褪去观光客的好奇心。每天骑车上下班，看到旅游大巴里游客正透过车窗向笔者投来好奇的目光，不禁反思，以前去少数民族地区旅游、调研时，笔者也曾如此观望路上的行人。而如今笔者已经由"车内"观光客"落地"为当地一分子，自己的身份和心态也发生了改变；周围人对笔者的态度也在改变。笔者经历了移民跨文化适应的U理论模式（U-Curve Pattern），从浅层接触的新奇、欢欣，到深层次交往的孤独、迷惑、恐慌、徘徊、颓废和坚持，最后逐步熟悉当地社会文化环境，融入当地社会圈子，习惯于当地的生活模式，逐渐变成一名地地道道的"西双版纳人"——虽然还时常被朋友贴上"讲普通话的小李"的标签。①

在确定以"少数民族基督教本土化"作为研究主题以后，笔者粗略查阅了部分关于本土化的文献。绝大多数研究专注于基督教文化与中国儒释道文化的对话、会通，并延展到与少数民族文化、信仰适应的问题；只在20世纪20年代的"非基督教运动"中，提出教会"自养、自治、自传"的"自立"主张，强调"宗教者毛也，教会者皮也"，突出教会组织在信仰生活中的作用。② 另外，笔者也有一种学术顾虑，认为如不触碰宗教信仰的本质问题，只关注宗教组织，相当于隔靴搔痒，研究成果也难免肤浅。鉴于前期的文献资料和个人研究旨趣，笔者将毕业论文的主题界定为：基督教文化与傣族、哈尼族等西

---

① 在交谈的互动中，语言不仅是进行自我身份建构的工具，也是对方进行身份确认的一个符号。在2014年的访谈中，笔者依然习惯性地用普通话交谈，访谈对象也会很吃力地用普通话来回答。这时，带笔者做调研的朋友就会提醒访谈对象："你可以讲方言，他（指笔者）能听懂。"所以，在这个互动中，访谈对象是根据笔者的语言来判断我是一个文化的"外来者"，努力寻求能彼此理解的沟通平台。

② 参见赵紫宸《我对于创造中国基督教会的几个意见》，《真光杂志》第26卷第6号。

双版纳地区少数民族文化的会通以及身份认同问题研究，并于 2013 年 6 月参与北京某教会的活动，开始学习基督教术语，听道，祷告，体验基督教信仰的"属灵"生命。2014 年 1 月 3 日到 6 月 15 日正式深入田野，参与西双版纳地区教会的宗教活动，却一直没有找到突破点。在一次乡村教会的调研中，一位传道人的妈妈向我讲起了她的信仰经历，无意间讲到，他们村寨起初集体拜庙，也要求基督教家庭交钱，后来基督徒逐渐增多，就拒绝交钱，集体拜庙活动也被迫终止。那座庙房因年久失修已经倒塌，同时，村寨的基督徒却买下一块地基准备建教堂。这个信息在我心里震荡，多日闭塞的思路豁然开朗。在调研中经常耳闻信徒如何受到村寨的逼迫，但当时把主要心思放在文化层面，对这些"俗事"并没有在意。这个村寨的基督徒与传统信仰势力成功抗争的例子却给了笔者明确启示。基督徒与村寨内的传统信仰群众在逼迫与抗衡、恐吓与屈服、支持与依附、冷漠与自立等多重互动中呈现出不同的关系状态。在同一民族中，因城乡差异、信仰时间不同，信徒（教会）与村寨有独立、依附、排斥等状态；在同一个教会内，不同民族村寨的信徒与所属村寨也同样表现出独立、并存、依附和排斥关系。笔者及时调整调研重点，由先前以文化为主转向以村寨、教会等组织结构为主，探讨基督教组织与所属民族社区的互动关系状态、原因以及对西双版纳整体宗教关系的影响。

（二）选题的意义

新时期中央提出建设"21 世纪海上丝绸之路"和"丝绸之路经济带"的战略设计，深化对外开放，助推"走出去"战略，巩固西部大开发成果，提升边疆地区的战略地位。云南作为中国连通东南亚的孔道，又是古代南方丝绸之路的中转站，且为大湄公河次区域经济合作和孟中印缅经济走廊重要参与者和面向东南亚的桥头堡，现又作为"一带一路"建设的积极参与者，在国际交往和国家安全层面都占据十分重要的区位优势。西双版纳傣族自治州具有得天独厚的国际交流地理优势，州内 13 个世居民族多数跨境而居，有着血缘、亲缘、语言文化、宗教信仰等同宗共源的联系。以汉族为主体的内地人口也经西双版纳进入老挝、缅甸、泰国等地务工、经商；而这些国家的人口也纷纷来到西双版纳甚至内地经营餐馆、玉石店，或进入中国企业打工，彼此保持着频繁的人际交流。1949 年之前，西双版纳傣族自治州一直保持土司制度，流官与土官并行不悖。各个民族的社会结构、生产方式、文化习俗等都相对完整地延续下来。州内各个民族秉持传统宗教信仰，如傣族和布朗族之于佛教，瑶族之于道教，苗族、哈尼族之于原始宗教，等等，并在长期的民族交往中形成了相对均衡的宗教生态关系。20 世纪初，美国长老会传教士从泰国进入西双版纳地区，在几个被当地称为"麻风寨"和"琵琶鬼寨"的傣族村寨传教，撒播下第一批基督教信仰的"种子"。宗教政策落实以后，基督教在西双版纳傣族、哈尼族、彝族、苗族和瑶族等地区快速传播，表现出跨民族、文化多元、移民性和边疆性等特点。这对基督教融入本地区多民族文化、多民族群体和边疆社会提出了挑战，并会冲击传统宗教关系模式，给边疆民族社会稳定造成影响。所以，研究西双版纳地区基督教的地域适应和社会融合问题具有时代紧迫性和现实需求，同时可以为边疆地区的国际交流和稳定繁荣提供助力。

基督教的地域适应是"中国化""地域化"的具体化和明确化，强调基督教主体（文化主体、组织主体和信仰主体）在具体社会实践中的互动和调适，以及由此产生的社会影响，着重"宗教的社会化"转向。塞缪尔·亨廷顿认为，宗教是最重要的界定文明的客观因素；文明群体之间以客观的利益竞争辨别敌对者，增强自我认同；不同文明集团在断层线上极易发生冲突。[1] 西双版纳以其土司制度、多民族

---

① 参见［美］塞缪尔·亨廷顿《文明的冲突与世界秩序的重建》，周琪等译，新华出版社 2009 年版，第 5、21、184 页。

共处一隅、多宗教"和而不同"等因素构筑了独特的域内社会结构；地处边疆，以跨境民族居多，凸显域外国际性角色。基督教在适应西双版纳地方社会的过程中，在互动和认同上都已经超越了民族、生态、文化、城乡、外来与土著的界限，形成了事实的区域性信仰整体。分析基督教与不同民族文化会通，形成统一的宗教认同、地域认同以至中华民族认同的路径，探讨基督教会跨越多重界限，吸纳多民族信徒，与多种地方民族社会表现出多层次的融合状态，可以回答基督教如何适应多元民族文化和民族社会，为基督教中国化探索增添独特案例，有助于形成引导基督教与社会主义社会相适应的长期政策和机制。把握基督教的身份建构机制对民族关系、宗教关系和政教关系的影响，对进一步巩固和谐边疆、增强中华民族凝聚力、维护国家安全具有重要的理论意义和现实意义。

二　文献综述

（一）基督教研究模式的转变

基督教研究一直沿用费正清的"冲击—反应"（Impact-Response）二元叙事模式，基督教的传入对中国社会文化带来巨大冲击，而中国基督教界人士和其他各界人士纷纷作出回应，中国社会也相应发生变化，以应对西方基督教的冲击。这种研究范式是持西方中心主义的研究预设，强调西方文化或基督教的主导地位和冲击效应，而中国社会处在被动反应的地位。在基督教的实证研究中，依然没有跳出"西方—东方"二元对立的理论范式。研究者或者从基督教传播入手，研究教会史或宣教策略等；或者考察地方社会"接受"基督教的历程和变化，各执一端，互有偏重。有鉴于此，目前越来越多的学者开始摒弃"西方的基督教"的固有偏见，将基督教宣教运动视为一种全球化运动。① 在强调基督教全球化运动的基础上，又关注全球化与地方化的互动关系，赋予地方社会与普世基督教同样的主体地位，形成全球地域化的概念框架，研究普世性基督教在中国社会如何实现"地方化"。"全球地域化"试图超越研究基督教的"冲击—反应"范式，"从对端点的关注转为对过程的强调，从对简单化的二元模式的借用转为对多样现代性叙事的尝试"②。

吴梓明继承韦卓民关于基督教主体与地方化信仰主体相容并存的观点，倡导以全球地域化研究基督教在中国的传播，并具体落实到对中国教会大学史的分析，③ 但他所提倡的双主体互动研究仅限于文化哲学层面，关注精英人士的思想研究。④ 吴梓明与李向平、黄剑波等社会学、人类学实证研究者合作，以"全球地域化"的研究视角，将普世基督教与地方社会的互动具体化为"地方基督教"，并以"信仰—文化认同"和"制度—组织变迁"两个基本概念工具，具体考察基督教作为世界性宗教与地域社会、文化处境的互动关系和互构结果。⑤ 陈建明在其博士论文中，对"地方基督教"进行了概念界定，并以地方教会为载体，囊括基督教的教义建构和教会组织建设，以信徒的集体性信仰实践为动力，推动基督教信仰与地方社会相互建构的

---

① 参见 Dana Roberts，"The First Globalization：The Internationalization of the Protestant Missionary Movement Between the World Wars"，*International Bulletin of Missionary Research*，Vol. 26，No. 2，2002，pp. 50—67。

② 黄剑波：《地方文化与信仰共同体的生成：人类学与中国基督教研究》，知识产权出版社 2013 年版，第 37 页。

③ 参见吴梓明《全球地域化：中国教会大学史研究的新视角》，《历史研究》2007 年第 1 期。

④ 参见卢成仁《"道中生活"——怒江傈僳人的日常生活与信仰研究》，人民出版社 2014 年版，第 11 页。

⑤ 参见吴梓明、李向平、黄剑波、何心平《边际的共融——全球地域化视角下的中国城市基督教研究》，上海人民出版社 2009 年版，第 18—21 页。

发展。① 卢成仁批判了中国基督教研究的"基督教中心"模式和少数民族研究的"华夏中心主义"传统，将少数民族社会置于双重"边缘"地位，忽视了少数民族社会及其文化传统的主体性；以"少数民族中心"为视角，提出"生活宗教"的研究范式，分析了云南省怒江地区傈僳族日常生活中基督教意义体系、崇拜仪式的发展以及基督教信仰实践对傈僳族生活秩序的建构，进而得出基督教在与傈僳族社会互动过程中已经成为"傈僳族的基督教"。②

（二）基督教研究内容的多学科倾向

宗教不仅是一种关乎终极关怀的信仰和教义，更作为一种文化体系，是社会结构的重要构建内容之一，"宗教不单是一种精神信仰，还是一种社会活动和文化活动，是社会历史文化的有机组成部分"③。如果将宗教研究设定在神学层面，那不同宗教文化的比较就是不同宗教义理的对话。而宗教社会学研究是由宗教所激发出的行为，关注宗教仪式、活动的信仰实践，以及由信仰指导的社会活动，如葬礼、婚礼、饮食习惯等，也包括信徒之间、信徒与非信徒之间的社会关系和社会组织。

1. 基督教传播史的梳理

基督教中国传播史研究较早涉及外国传教士日记、著作的翻译，以及对传教士生平、思想、影响的研究，叙述了传教士的基督教思想、在中国（尤其侧重东南沿海）的传教活动、对中国社会文化和医疗教育的影响、为中西方文化交流所做的贡献等。刀金祥、岩罕叙述

---

① 参见陈建明《中国地方基督教的建构——近代五旬节信仰实践模式研究》，博士学位论文，上海大学，2013 年，第 33—41 页。
② 参见卢成仁《"道中生活"——怒江傈僳人的日常生活与信仰研究》，人民出版社2014 年版，第 7—38 页。
③ 牟钟鉴：《宗教文化论》，《西北民族大学学报》（哲学社会科学版）2012 年第 2 期。

了美国长老会传教士在西双版纳建立教堂的经过;[①] 姚荷生记述了传教士传教、社交、医疗、教育等方面的史料;[②] 岩宰翻译了传教士杜德（Dr. William Cliffton Dodd）在西双版纳地区传教的日记。[③] 传教士的自我立场以及对传教士的研究都延续了"西方中心主义""基督教中心"的传统模式，难以凸显中国社会、少数民族地方社会的自我意识和主体地位。

以历史学的方法，从宏观层面研究基督教在中国成功传播的原因、手段、过程和影响，取得了大量颇有价值的研究成果。通过梳理基督教（或者某个教派）与中国政治、经济、文化、医疗等方面的互动、重构、发展，呈现了基督教植根中国社会的历史过程、矛盾焦点、方式改进和社会作用等全景图像；对基督教在少数民族地区传播的研究可以大体分为历史过程、原因和影响三个方面。

总体而言，不论是学者对传教士日记、著作的译介和研究，还是历史学对基督教在中国传播史的研究，都是针对基督教在中国社会"发生了什么""为什么发生""结果怎样"等的回溯式叙述研究，内容翔实、全面，但缺乏对基督教传播与地方社会关系的模型解释和对当下问题的关注。基督教研究历史资料的梳理和积累为实证研究铺垫了坚实的背景概貌，成为现实问题分析中不可或缺的借鉴史料。

2. 文化层面的基督教研究

文化层面的基督教研究既包括宗教学宏观的基督教哲学文化、神学思想与中国文化、思想、伦理道德的比较、会通和融合，也包括人类学、民族学、社会学从实证角度分析基督教信仰与中国（包括少数民族）传统宗教、风俗、思想、伦理、仪式等方面的冲突、对抗、调

[①] 政协版纳文史资料研究委员会编：《版纳文史资料选辑》第五辑，1989 年版，第212—216 页。

[②] 参见姚荷生《水摆夷风土记》，上海文艺出版社 1990 年影印本，第 80—249 页。

[③] 政协版纳文史资料研究委员会编：《版纳文史资料选辑》第七辑，云南民族出版社1992 年版，第 220—228 页。

试和适应。诚静怡针对本色化教会提出，"至于中国基督教会方针，必将融会中西文化之优点，择长弃短，取精用宏，以固吾圉，谁曰不宜"①。卓新平主张基督教与中国文化互为主客体，通过"文化披戴""文化融入"与"文化吸收""文化重构"的"双向契合"实现两种文化的互补融合，推动中国现代化的发展。② 王晓朝将基督教看作一种文化现象，具有文化创造力，认为基督教本土化是基督教与本土文化两者间的积极综合或整合过程。基督教传播到异文化社会，经历文化的冲突和整合，表现出强烈的改造、引导、激发地方文化的动力和刺激，并在改造地方文化的过程中改造了自身。他认为，基督教已经完成本土化、中国化，成为中国宗教的重要组成部分，但仍旧需要深度中国化。③ 陈建明梳理了基督教与中国文化的冲突与适应，推动中国新文化建设，建构本土化的神学体系。④ 范正义梳理了基督教与民间信仰在习俗教案、信仰心理、信仰态度和信仰糅合等方面的研究成果，并对关于教案的"文化冲突论"、信徒的两难困境等问题进行了理论反思。⑤

社会学、民族学、宗教学和人类学以实证方式考察基督教文化与中国传统文化的调试和融合。多位学者关注研究基督教与少数民族文化的冲突、调试，并形成了具有民族特色的本土化理论。杨学政、邢福增、苏翠薇、刘劲荣、戴斌武、卢秀敏、秦和平、黄瑾等研究了基督教在少数民族的传播，与少数民族传统宗教发生碰撞、适应和融合

---

① 诚静怡：《本色教会之商榷》，《文社月刊》第一卷第一册，1925 年 10 月。
② 参见卓新平《基督教与中国文化的双向契合》，《世界宗教文化》1997 年第 2 期。
③ 参见王晓朝《论基督教的本土化》，《上海社会科学院学术季刊》1998 年第 2 期；王晓朝《文化传播与基督宗教的深度中国化》，《清华大学学报》（哲学社会科学版）2013 年第 5 期。
④ 参见陈建明《中国基督教宗教如何面向新世纪》，《社会科学研究》2001 年第 4 期。
⑤ 参见范正义《20 世纪 80 年代以来基督教与民间信仰关系研究述评》，《福建师范大学学报》（哲学社会科学版）2005 年第 6 期。

的文化变迁过程。① 宫玉宽阐述了基督教对贵州赫章少数民族思想观念和教育文化的影响，对比分析了朝鲜族和苗族教会在传统文化、伦理、风俗和认同等方面的异同。② 申晓虎论述了传教士在西南少数民族的传教过程中，通过"挪用"本民族的部分神话和民间传说，将基督教文化元素比附或植入地方文化。或用该民族的传统文化阐释圣经，以"建构新的心理构图与信仰内容"，实现基督教的地方化、民族化。③ 他还描述了传教士在怒江傈僳族创制文字、翻译圣经、组织培训班、培养傈僳族传道人、以奉献作为教会运作资金、选举教会自治组织、积极探索基督教本土化，④ 并且研究了基督教对傈僳族传统宗教、语言文字、风俗习惯、民族音乐的适应和影响。⑤ 何嵩昱认为，石门坎苗族基督教信仰继承了苗族传统信仰中的英雄崇拜和神灵观念。⑥ 殷秀峰认为，基督教对少数民族法律的影响是沿着"心理—观念—习惯法—调解机制"由内到外、由深层到浅层逐步展开的。⑦

---

　　① 参见杨学政、邢福增主编《云南基督教传播及其现状调查研究》，建道神学院 2004 年版；苏翠薇、刘劲荣《拉祜族厄沙信仰与基督教的互动整合》，《云南社会科学》2006 年第 1 期；戴斌武《近代西南地区少数民族基督徒群体社会心态探析》，《贵州民族研究》2006 年第 6 期；卢秀敏、秦和平《基督教在黔西北彝汉杂居地区传播的现状调查——以贵州赫章、威宁的两个村落为研究个案》，《北方民族大学学报》（哲学社会科学版）2009 年第 4 期；黄瑾《复合文化：基督教背景下的彝族文化变迁》，《贵州民族学院学报》（哲学社会科学版）2011 年第 2 期。
　　② 参见宫玉宽《贵州省赫章县少数民族基督教现状》，《宗教与民族》2004 年第 3 辑；宫玉宽《中国少数民族基督教会之比较研究——以朝鲜族教会和苗族教会为例》，《中央民族大学学报》（哲学社会科学版）2011 年第 3 期。
　　③ 参见申晓虎《文化的挪用：西南少数民族信仰变迁中的基督教影响》，《民族学刊》2011 年第 4 期。
　　④ 参见申晓虎《怒江傈僳族教会的本土化研究》，《宗教学研究》2011 年第 1 期。
　　⑤ 参见吕偲、申晓虎《交融与嬗变：基督教与怒江傈僳族文化》，《湖北社会科学》2012 年第 7 期。
　　⑥ 参见何嵩昱《"石门坎现象"与苗族文化关系研究——从苗族文化特质角度探析石门坎现象产生的内在动因》，《教育文化论坛》2011 年第 3 期。
　　⑦ 参见殷秀峰《基督教与西南信教少数民族的法律文化（1840—1949）》，博士学位论文，中央民族大学，2012 年，第 111 页。

3. 基督教研究的"社会转向"

在对基督教与中国多样性文化相遇、对话、融合进行研究的同时，基督教本土化研究发生了"社会转向"，关注基督教与中国社会的冲突、适应、融合的过程。对于基督教与社会结构的互动研究可以分为宏观和微观两个层面。首先在宏观层面，李向平认为基督教的大发展并非宗教生态失衡所致，而是由于社会结构变迁的结果；宗教生态论虽然表现为基督教与佛教、民间宗教的关系，但实际是政教关系如何平衡的问题，主张"改变中国人固有的信仰条件、宗教实践的规则以及信仰与社会认同的权力关系"[①]，将基督教本土化引向了政教关系的调整；他将基督教与佛教的相互调适由义理层面引向了社会生活。"礼仪之争"逐渐演变成争论的"礼仪"，双方不再计较义理层面的差异，而转向对生活实践和社会伦理的关注。这种研究转向力图建构宗教之间相互交涉的处理方式，划定信徒的信仰界限。[②] 刘海涛以乡村基督教为研究对象，分析了改革开放后基督教在地方社会迅猛发展的原因。其中既有基督教积极传教、便于交流的特性，也有中国乡土社会缺乏流动、同质群体的熟人社会方便基督教的传播等因素。基督教的传播转变了乡村社会人际互动的关系模式，在其与民间信仰的互动中，一方面相互影响，另一方面又保持自我特色，并且由于缺乏沟通交流，造成了地方政教关系紧张。刘海涛从基督教传播原因、途径、后果和对策等方面所进行的分析，都是立足于社会层面的。[③] 段琦通过对汕头市和南阳市基督教信仰状况的对比，分析了基督教研究中的七种理论的适用情况，认为除了渗透论解释力不足外，其他六种

---

① 参见李向平《"宗教生态"，还是"权力生态"——从当代中国的"宗教生态论"思潮谈起》，《上海大学学报》（社会科学版）2011 年第 1 期。

② 李向平：《"礼仪之争"的历史痕迹——闽东地区顶头村的宗教生活》，《东岳论丛》2003 年第 5 期。

③ 参见刘海涛《透视中国乡村基督教——河北乡村基督教的调查与思考》，博士学位论文，中央民族大学，2006 年。

理论——压力反弹论、宗教生态失衡论、宗法制度解体论、宗教市场论、苦难论、传统文化失落论在相应的范围内都有一定的解释力度。①

张兴洪、张慧星、苏翠薇、韩军学、王爱国、东人达、高志英、孙云霞、张雍德、古文凤、张桥贵、刘春芳、唐晓峰等分别对傈僳族、苗族、朝鲜族和拉祜族的基督教信仰状况进行了实证研究。② 田斌生、任新民从宗教社会学的角度论述了云南少数民族宗教与土司制度、村社组织等社会基本结构，形成一个政治、经济和文化的"功能耦合的大系统"。在开发边疆、"改土归流"等社会潮流的冲击下，原有的社会结构发生异化，导致以民族宗教为架构的精神结构的"畸变"和"失效"，为基督教的传入留下了空间，促使宗教生活出现"组织化特征"和社会整合。③ 杨晓勇通过对云南禄劝彝族基督教信仰的实地调查，以宗教市场论分析了这部分彝族人民皈信基督教的原因。④ 秦和平引入政教关系分析了云南省德宏州少数民族基督教信仰发展问题。⑤ 符耀新、王爱国、刘有安、张俊明则认为，基督教对民

---

① 参见段琦《对中国基督教发展原因分析的检验——以广东汕头和河南南阳调研为例》，《汕头大学学报》（人文社会科学版）2014 年第 2 期。

② 参见张兴洪、张慧星《云南怒江傈僳族基督教信仰调查》，《西南民族学院学报》（哲学社会科学版）1989 年第 3 期；苏翠薇、韩军学《市政透视：少数民族社区中的基督教》，《基督教文化学刊》2004 年第 11 辑；王爱国《云南基督教特殊问题研究——"小众教"产生、演变历史及其治理》，《宗教与民族》2004 年第 3 辑；东人达《近代西南少数民族基督教运动的经济动因》，《贵州民族研究》2010 年第 2 期；高志英、孙云霞《基督教与民族社会文化变迁——云南福贡傈僳族、怒族基督教发展态势调查研究》，载李志农主编《全球化背景下的云南文化多样性》，云南人民出版社 2010 年版，第 314—325 页；张雍德、古文凤《云南苗族村寨基督教社会功能转换问题研究——"小水井现象"探析》，《云南社会科学》2013 年第 4 期；张桥贵、刘春芳《云南少数民族地区基督教的本土适应与社会融入——以洒普山苗族教会本土化为例》，《社会学评论》2014 年第 4 期；唐晓峰《中国基督教田野考察》，社会科学文献出版社 2014 年版，第 102—160 页。

③ 参见田斌生《云南少数民族原始宗教向基督教转变的社会结构——功能分析》，《思想战线》1997 年第 2 期；田斌生《云南部分少数民族宗教信仰转变后的组织特征》，《思想战线》1998 年第 3 期；任新民《试论基督教在怒江地区傈僳族社会变迁中的整合功能》，《思想战线》1999 年第 5 期。

④ 参见杨晓勇《归信过程中的宗教供求关系——对一个彝族基督徒群体的实地研究》，硕士学位论文，四川大学，2006 年，第 49—60 页。

⑤ 参见秦和平《西南边疆民族地区基督教发展与调适——以 20 世纪八九十年代云南德宏州为例》，《民族学刊》2010 年第 1 期。

族关系和国家文化安全造成影响。①

韩军学在《基督教与云南少数民族》一书中，从社会状况、宗教形态、语言文字和生活方式四个方面论述少数民族社会与基督教的关系，认为基督教的传播与传入地的社会经济形态、政治制度、社会组织形式、宗教形态以及诸因素的相互关系有着重要关联。原始宗教、民族宗教（国家宗教）和世界性宗教等发展形态对基督教的制约作用是不同的。韩军学认为，传统主流社会以社会控制作为抵御、排斥基督教传播的主要手段，因此少数民族传统社会的边缘地区、"夹缝地区"成为基督教传播的活跃区。少数民族语言文字对传统文化具有固化作用，能抵制基督教文化的渗透。基督教很难在有统一语言文字的少数民族中传播，却可以在没有文字的少数民族中通过创制文字进行传教。处于刀耕火种的游耕生产方式中的少数民族习惯于不断迁徙，无形中破坏了民族文化的结构，削弱了文化的凝聚力和控制力，促使文化具有更强的开明性和包容力，便于基督教的传入。韩军学认为，发展程度较高的社会形态更容易接纳基督教。社会发展造成了社会分化，宗教信仰与社会生产开始分离，成为纯粹的精神需求。同时，个人宗教信仰的变化也是个人不断脱离集体控制，获取个体自由的过程。他总结认为，基督教在少数民族地区的传播受社会控制的排斥力和社会发展的容纳力影响。作者倾向于将基督教的传播引向社会原因的分析，视宗教是社会结构不可分割的部分，但是这个分析模式并没有脱离费正清的"冲击—反应"模式。②

秦和平认为，高原民族、山地民族和平坝民族对基督教传播的制约作用存在差异。高原民族和平坝民族的地理气候、饮食、社会组

---

① 参见符耀新《广西民族地区自封为基督教"传道人"非法活动透视》，《广西民族研究》1999 年第 1 期；王爱国《宗教生态平衡与抵御境外宗教渗透：兼谈民族识别与民族民间信仰若干问题》，《世界宗教研究》2010 年第 4 期；刘有安、张俊明《基督教的传播对多民族地区的影响及对策建议：以甘宁青地区为例》，《新疆社会科学》2013 年第 4 期。

② 参见韩军学《基督教与云南少数民族》，云南人民出版社 2000 年版，第 121—188 页。

织、政治管理、宗教信仰对基督教传播具有很强的抵制力，很难接纳基督教信仰；而山地民族因不断迁徙致使传统文化流失，没有文字及教育体系，群体力量弱小，遭受压迫和剥削，信仰原始宗教，难以经受基督教的冲击。在他看来，民族凝聚力和认同感并非制约基督教传播的因素，反而成为基督教传播的有效途径。秦和平通过归纳分类，将基督教传播的范围界定在生态、生产、政治、文化等构织的区域社会，得出颇具启发性的结论。其缺陷在于，忽视了社会转型对基督教传播的影响，仅仅关注基督教在传统社会受到区域限制，没有留意在现代社会基督教突破区域界限的现实。[①]

琚田路、孙琥瑭以宗教生态平衡分析西双版纳傣族自治州景洪市基督徒人数众多而教堂偏少与南传上座部佛教僧人逐年减少而寺庙数量却一直增加的现状，强调宗教生态平衡是多宗教之间自发调适的过程，建议减少外力的直接干预。[②]艾菊红分析了西双版纳地区的傣族基督徒多数是被排斥出主流社会的"琵琶鬼"、麻风病人及其后代。这些边缘群通过皈信基督教获得一种新的身份——基督徒，摆脱被"污名化"的处境，维持了与其他傣族群体的边界，融入普世的基督教群体。这部分傣族基督徒借助基督教来管理自己受损的身份，基督教在某种程度上成为他们"去污名化"的手段，实为一种"身份的政治学"。[③]杨文安论述了基督教在西双版纳地区信仰南传上座部佛教的傣族和新平、元江地区信仰原始宗教的傣族中的传播情况，分析了傣族人改信基督教的社会原因、给傣族社会带来的影响，并预

---

① 参见秦和平《基督宗教在西南民族地区的传播史》，四川民族出版社2003年版，第346—350页。

② 参见琚田路、孙琥瑭《宗教生态平衡评议——以云南江城基督教会和景洪基督教会为例》，《吕梁学院学报》2012年第4期。

③ 参见艾菊红《身份的政治学——西双版纳傣族基督徒的身份研究》，《世界宗教研究》2014年第5期。

测傣族人改信基督教有进一步扩大的趋势，而且提出了对策建议。①

　　研究者将"社会排斥"引入民族关系研究和基督教研究，将其具体化为"短缺""剥夺"（Deprivation）理论。刘昭瑞、吴道军、张坦借用格洛克（Charles Y. Glock）的"短缺"理论解释了乡村基督徒、苗族基督徒皈信的原因。② 钱宁将西南少数民族接受基督教的原因归结为，由于民族之间的"压迫""剥削""排斥"形成的"短缺社会"和"边缘社会"。③ 将"短缺"理论应用到民族与民族之间的差异中，有一种将民族压迫和差距主观化和扩大化的嫌疑。因为同样处于"短缺"和边缘社会的其他少数民族并没有接受基督教信仰，具体到某一民族即使有很高的基督教信仰率，也并没有达到全民信仰的程度。此处，在汉族或者处于优势地位的少数民族中也存在大量的基督徒。所以，"短缺"理论缺乏解释力和代表性，是学者拘泥于少数民族有限区域内的宏观叙事的主观假想，只关注民族、地域之间的差异，而忽视了民族内部和区域内的信仰差异。

　　艾菊红同样认同"短缺"理论，认为麻风病人和"琵琶鬼"在傣族社会中遭受污名化，成为边缘群体。当基督教传入西双版纳之后，这些群体被基督教接纳和关爱，"使他们去污名化"，重新获得尊严和生命的意义。④ 麻风病人在患病之后，因疾病传染性被赶出村寨，被认为是"不洁净"的人，禁止进入寺庙拜佛。因为对麻风病的恐惧，与他们居住的子女也被扣上"小麻风"的污名，不被周围人接纳，备受社会排挤。"琵琶鬼"是傣族原始宗教信仰中的一种恶鬼，通过一

---

① 参见杨文安《部分傣族改信基督教的社会影响及对策研究》，《民族学刊》2014年第2期。

② 参见吴道军《近代基督教在少数民族中兴起原因之个案研究》，《暨南学报》（哲学社会科学版）2008年第5期；张坦《"窄门"前的石门坎——基督教文化与川滇黔边苗族社会》，贵州大学出版社2009年版，第63—67页。

③ 参见钱宁《基督教与少数民族社会文化变迁》，云南大学出版社1998年版，第53—70页。

④ 参见艾菊红《身份的政治学——西双版纳傣族基督徒的身份研究》，《世界宗教研究》2014年第5期。

定的"认定"程序，就可以给某个村民贴上"琵琶鬼"的污名，并将其赶出村寨。"琵琶鬼"本身就是污名化的产物，麻风病的污名却是因为对传染病毒的恐惧而人为建构的。在去污名化上，艾菊红也提到麻风病的治愈可以减轻甚至消除污名，而"琵琶鬼"即使皈信了基督教，依然不能被"正常的"傣族社会所接纳，不仅没有去除污名，反而导致双方相互污名化。艾菊红将此结论明确化为皈信者的自我去污名化。在西双版纳的现实生活中存在大量的"麻风寨"和"琵琶鬼寨"，而接受基督教的仅有三四个村寨。即使现在，教会传道人和基督教背景的慈善机构也难以向这些村寨传教。这些被污名化的村民并没有接受基督教的"去污名化"技术。笔者认为，麻风病人和"琵琶鬼"皈信基督教与污名化具有一定的关系，而艾菊红却将此关系引申为因果关系。

在微观层面，学者侧重对教会组织的内部结构、信徒的身份认同以及教会与所处社区的关系等进行实证研究。

一是从教会组织与社会结构的互动来关注基督教的地域适应。李峰以宗教社会学的研究视域突破原来宗教研究重视意识形态、宗教文化的固有范式，关注宗教组织的宗教性和社会性，建构了"通过组织研究宗教，通过宗教分析社会，通过社会透视宗教"的研究思路，将宗教组织的社会性确定为"形式社会性和功能社会性"；以开放的系统理论分析华南某镇教会组织的运行机制以及与政府、宗族、村委会、老人会等外部环境的关系，将教会界定为内向型的互益、非营利组织，并倾向于科层化和自主性发展，但由于社会转型的结构张力，导致教会并没有完全扎根于民间社会，与当地社会结构处于"悬置"状态。① 黄海波分析了上海基督教青年会在历史变迁的中国社会环境

---

① 参见李峰《宗教社会学研究的新视角：宗教组织研究》，《宗教学研究》2005 年第 1 期；李峰《乡村基督教的组织特征及其社会结构性位秩：华南 Y 县 X 镇基督教教会组织研究》，复旦大学出版社 2005 年版，第 355—359 页。

下组织身份建构的路径，认为其在参与不同领域的社会公益事业时遭遇差异性规范制度，不断调整身份建构方式以获得合法性认同，跨越了宗教组织的传统界限，基于基督教社会资本的动员能量，以"要素化"形式通过宗教非营利组织进入社会领域。[①]

黄剑波以人类学科视角，分析基督教在乡村社区中的本土化状况，不仅延续人类学对文化的关注，更侧重基督教与国家权力、群体结构和家庭关系的互动。[②] 黄剑波、刘琪提出，以往中国基督教经验研究只关注教会本身，而鲜有对基督教在个体私人生活和社区公共生活层面的作用，强调了基督教的"地方性"，尊重教会和信徒的"主体性"，但没有突出作为互动另一方的传统宗教信徒或社区组织的主体性。作者将婚礼、葬礼作为信徒的个人信仰实践；将聚会和欢庆基督教节日（圣诞节、感恩节、复活节）作为重要的公共空间营造方式。教会在民族社区中营造的公共空间是有"边界"的。教会与村委会存在竞争、对抗、合作和共谋等互动关系。但文章缺乏对传统信仰与村委会以及基督教会互动关系的描述。[③] 李昕应用人类学理论阐释了云南省富民县芭蕉箐苗族基督教信仰集体行动的产生和发展。[④] 杜忠峰以现象学、民族志等研究方法，分析了基督教通过建构一系列符号化的象征体系，来影响信徒的文化解释图式和日常生活方式，教会组织成为国家政权、社区权威和居民进行互动的桥梁，进而全方位介入家庭与社区的生活"场域"之中。[⑤]

---

① 参见黄海波《宗教非营利组织的身份建构研究：以（上海）基督教青年会为例》，上海社会科学院出版社 2013 年版，第 56—57 页。

② 参见黄剑波《"四为堂"纪事——中国乡村基督教的人类学研究》，博士学位论文，中央民族大学，2003 年。

③ 参见黄剑波、刘琪《私人生活、公共空间与信仰实践——以云南福贡基督教会为中心的考察》，《开放时代》2009 年第 2 期。

④ 参见李昕《集体行动的人类学阐释——以云南富民芭蕉箐基督徒为例》，《思想战线》2009 年第 3 期；李昕《芭蕉箐基督徒集体行动研究》，博士学位论文，云南大学，2009 年。

⑤ 参见杜忠峰《基督宗教传播与少数民族日常生活世界的建构——基于云南丙中洛乡的民族志调查》，博士学位论文，浙江大学，2012 年。

　　二是从群体认同的角度分析基督徒身份和群体边界的建构。方文研究了一个基督教群体在社会生活中建构群体边界的机制和过程；社会处境中的行动者以有限理性通过二元编码机制建构群体符号边界；基督徒以皈依和洗礼获取群体资格，在基督教场域中通过人际和群际行为形成内群偏好和外群歧视，进而扩大群体之间的差异效应，形成了群体边界共识；通过基督徒与非基督徒的相互比较、基督徒在皈信前后的自我对比，以及基督教群体内的分化等社会比较来不断强化群体边界；基督徒通过读经、祷告和团契活动等典范性宗教活动营造群体文化和社会表征体系，保证了群体边界符号的再生产。他还强调基督徒通过"多重二元编码"获得多个群体资格，并将基督徒的宗教生活和世俗生活区别开。[①] 王莹在博士论文中探究在乡村社会中基督徒的身份认同和建构模式，"受洗"成为确认基督徒身份的标签，在语言、思维方式、生活方式和人际关系等方面明确标志着群体的内外界限；通过礼拜、聚会、祷告等宗教生活强化了群体身份认同；基督教同地方传统文化的对话、调试，形成了以地方流行的说唱形式表达基督教信仰内容的灵歌，以及春节等传统节日与基督教的互动融合，成为基督徒身份认同的地方性表达；面对葬礼中的礼仪之争，继承传统葬礼仪式，加入基督教的信仰成分，逐步融入社区公共生活；强调了地方情景和基督教组织对基督徒身份认同的重要作用。[②] 马恩瑜以对基督教堂和信徒生活的田野调查，详细描述了基督教与内地城市社会的互动，探讨了基督教对信徒的身份认同和伦理道德的影响。[③] 徐敏探讨了云南少数民族地区基督教神职人员通过宗教内化并融合传统民族社会地缘、族群、文化、家庭等多重因素开展灵

---

　　① 参见方文《群体符号边界如何形成——以北京基督新教群体为例》，《社会学研究》2005年第1期；《宗教群体资格简论》，《上海大学学报》（社会科学版）2007年第3期。

　　② 参见王莹《地方基督徒的身份建构研究——以中原地区Y县基督教会为例》，博士学位论文，上海大学，2008年。

　　③ 参见马恩瑜《当代中国城市基督教研究——对石家庄市基替教会的调查研究》，博士学位论文，中央民族大学，2008年。

性服务和社会服务，逐步获得当地信徒的支持和认同。① 东人达、高志英、唐戈、李国明、宫玉宽研究了基督教传播过程中民族认同和宗教认同的互动关系。②

（三）理论述评

基督教传播不仅是两种文化的交锋和会通，更是基督教与所依托的社会组织、社会结构的适应、互动和融合。基督教研究的历史梳理以历史学的宏观叙事为主，只能停留在面面俱到的社会事件阐述，难以找到研究的关注点，也不可能形成有深度的基督教适应路径。宗教学和文化人类学主要侧重基督教文化与中国儒释道等传统宗教文化的会通、对话，并取得了丰硕的成果，以至在研究基督教在少数民族地区传播时也沿用了文化会通的研究范式。但是在寻求基督教与其他宗教文化的融合、求同时，却面临一个"终极"困境，即基督教的一神信仰不可能容纳其他神灵。历史梳理和文化会通将基督教研究的关注点聚焦在社会宏观层面。即使存在以村寨社区为单位的论述，也仅仅因为社区是获取资料的单位，最后还将涉及宏观的国家、社会层面。这种研究路径是由个人到群体，再到社会，在微观、中观和宏观等层面的纵向发散，最后的结论更多依靠作者的文化想象和理性推理，是文化建构性的过程。李向平认为，基督教在当代中国快速发展的一个原因，并不是中国社会的落后、

---

① 参见徐敏《云南少数民族地区基督教神职人员身份认同初探》，《云南社会科学》2014 年第 6 期。

② 参见东人达《基督教在西南传播中的族群认同符号》，《宗教学研究》2009 年第 1 期；高志英、龚茂莉《宗教认同与民族认同的互动——20 世纪前半期基督教在福贡傈僳族、怒族地区的发展特点研究》，《西南边疆民族研究》2009 年第 6 辑；高志英《宗教认同与区域、民族认同——论 20 世纪藏彝走廊西部边缘基督教的发展与认同变迁》，《中南民族大学学报》（人文社会科学版）2010 年第 2 期；唐戈《基督教在中国少数民族中的传播：鄂温克族与拉祜族比较研究》，《世界宗教研究》2010 年第 5 期；李国明《佤族宗教认同与民族认同的调适与共存：以沧源永和社区为例》，《河北民族师范学院学报》2012 年第 1 期；宫玉宽《民族认同与宗教对我国少数民族民族认同的影响》，《西北民族大学学报》（哲学社会科学版）2013 年第 2 期。

基督教的文化侵略或者境外宗教势力的渗透，而是"基督教所具有的制度宗教与信仰团契方式，它们所构成的基督教与中国社会政治之间的诸种张力"。在考察基督教与地方社会文化的关系时，最重要的就是关注基督教如何进入地方，"能否建构一种具有地方特征的信仰社群或者基督教会的组织格局"，研究"教会与社会的双向建构历程"。①宗教社会学微观研究开始关注基督教会自身运行模式、教会与所处社会结构（政府、社区、家族等）的互动关系，以及基督徒身份认同和边界建构等，提升了研究的可操作性。基督教组织层面的地域适应照顾到宗教性和社会性两个方面，考虑到宗教与社会结构的互动关系，在选择适当的研究单位的前提下也能保证研究对象的可触及性和代表性。

基督教文化与中华文化以至少数民族文化的会通是基督教在中国大地传播的"开启之钥匙"。而基督教真正在中国社会土壤中落地生根，更应注重基督教组织与中国社会乃至少数民族社会的适应和融合。一位在西双版纳传教 13 年的外地传道人讲过自己的感受，"传教相对容易，牧养太难了"。"传教"主要是传扬上帝的福音，灌输圣经教义；而"牧养"不仅是信仰文化的灌输，更是教会组织的社会支持和社会融合。教会组织的适应与融合成为基督教"本土化""地方化"的"奠基石"。本书在兼顾基督教与少数民族文化适应的同时，重点关注基督教会容纳不同民族信徒，促进各民族信徒的"交通"互动，融入不同民族社会的过程和形式，力争总结归纳出基督教适应西双版纳地方社会的路径和模式。

---

① 李灵、曾庆豹：《中国现代化视野下的教会与社会》，上海人民出版社 2011 年版，第 20—33 页。

三　概念界定

（一）地域适应

地域适应是一个组合词，是"地域化"和"文化适应"两个词意的凝结。以"地域"相对于"全球化""普世性"，突出基督教与地方社会的互动、融入关系；以"适应"强调基督教在传播、融入地方社会过程中的主体性，没有"化"掉自身的普世性和地方社会的独特性。

1. 地域化

"地域化"是相对于"全球化"而言的，在经济学、建筑学、文学、社会学等多个学科使用。建筑学突出"地域化"在自然、经济、技术、材料、形式文化等方面的特性，而将"民族性"降格为形式文化的一个子集。[①] 在文学方面，将"全球地域化"视为中国文学与外国文学特别是西方文学进行跨文化对话的途径，在互动中达到彼此了解和互补。[②] 在社会学方面，"地域化"是对现代性推动下的"时空压缩""流动空间""零距离和无界限沟通"等全球化思潮的反思，重新将关注点放在地方社会结构以及全球化与地方社会的互动关系上。[③] 安东尼·吉登斯指出，全球化实现了时空延伸，以"不同的社会情境或不同的地域之间的连接方式，成了跨越作为整体的地表的全球性网

---

① 参见王冰冰、张伶伶、郑迪《地域化和全球化的矛盾与交集——解析北京长安街建筑创作发展轨迹》，《建筑学报》2008 年第 1 期。

② 参见饶芃子《"全球地域化"语境下中国文学影响研究》，《学术研究》2006 年第 2 期。

③ 参见〔澳〕尼尔·布伦纳《全球化与再地域化：欧盟城市管治的尺度重组》，徐江译，《国际城市规划》2008 年第 1 期。

络"，在经济、政治、军事等方面跨越传统疆域界限，世界各地纳入相互依赖的统一关系，实现全球一体化和同一性；而与此同时，区域化或地方化得到进一步强化。① 罗兰·罗伯逊（Roland Robertson）认为全球化既是"世界的压缩"（compression），又是世界整体意识的增强。他在文化层面上关注全球化与地域化的相互关系，率先提出了"全球地域化"（glocalization）概念。全球地域化涵括"既是普遍化，又是特殊化；既是国际化，又是本土化；既是一体化，又是分散（多元）化"，全球与地方共同存在、相互镶嵌。② 罗伯逊认为，"地域化"（localization）以民族国家为主体，尊重自身的历史传统和文化背景，发展"在地文化"以应对全球同质化，强调民族群体的文化主体意识和反思精神。地域化经历两个基本环节：全球化对地方社会的解构（解地域化）；地方社会进行反思，吸纳全球知识，寻求再发展（再地域化）。③

　　"地域"在"全球地域化"中主要指民族国家，将此借用到基督教"地域适应"上就是基督教的"中国化"，也可指地方社会（local），在基督教研究中体现为对"地方基督教"的建构。④ 在少数民族基督教研究中，多数文章关注特定地域内某个少数民族的基督教信仰状况，比如多个学科对石门坎苗族、滇西北傈僳族基督教信仰的持续研究，成就了对少数民族主体的发现，如"傈僳族的基督教"⑤。"地域"可以指涉国家、社会体系、地理空间、民族群体。具体到本书研究，

---

① 参见［英］安东尼·吉登斯《现代性的后果》，田禾译，黄平校，译林出版社 2000 年版，第 56 页。
② 参见吴梓明《全球地域化：中国教会大学史研究的新视角》，《历史研究》2007 年第 1 期。
③ 参见 Robertson R. , *Globalization: Social Theory and Global Culture*, Sage, 1992；周利敏《"全球地域化"思想及对区域发展的意义》，《人文地理》2011 年第 1 期。
④ 参见吴梓明、李向平、黄剑波、何心平《边际的共融——全球地域化视角下的中国城市基督教研究》，上海人民出版社 2009 年版，第 34 页。
⑤ 参见卢成仁《"道中生活"——怒江傈僳人的日常生活与信仰研究》，人民出版社 2014 年版，第 38 页。

将"地域"界定为：民族国家体制下西双版纳地区自成体系的多民族社会。基督教在西双版纳的"地域化"是指普世基督教与地方社会在时代流转中建构"西双版纳的基督教"；突出了基督教与地方社会的互动性和过程性；阐明了互动的内容：教会的制度组织和教义的文化认同。

2. 文化适应

人类学侧重于以"文化适应"（Acculturation，部分学者将其翻译为"涵化"）理论研究基督教与中华文化的关系，以及基督教对中国基督徒身份建构、生活调试的影响。关于文化适应的界定存在宏观和微观之分。雷德菲尔德（Redfield）、林顿（Linton）与赫斯科维茨（Herskovits）将文化适应定义为"由个体所组成，且具有不同文化的两个群体之间，发生持续的、直接的文化接触、导致一方或双方原有文化模式发生变化的现象"[1]。这一定义体现了文化变迁、文化融合的理念，有力地回应了当时盛行的多元论和同化论思潮。西格尔（Siegel）和沃格特（Voget）等给出一个更为宽泛的定义，"由两个或多个自立的文化系统相联结而发生的文化变迁"[2]。司马云杰将文化适应界定为一种异质文化融入一个民族或国家的社会体系时，重新进行文化模式建构的过程。不仅包括信仰、习俗的重新解释和价值、目标的重新定位等文化因素，更涉及政治、经济、社会因素的调整。[3] 邢福增关注中国基督徒如何看待外来基督教文化与中国本土文化之间的差异，应对文化碰撞带来的"震惊"，探索两种文化协调整合的途径。[4]

---

① D. J. Sam, J. W. Berry, *The Cambridge Handbook of Acculturation Psychology*, Cambridge University Press, 2006, p. 11.

② F. W. Rudmin, "Critical History of the Acculturation Psychology of Assimilation, Separation, Integration, and Marginalization", *Review of General Psychology*, Vol. 7, 2003, pp. 3—37.

③ 参见司马云杰《文化社会学》，中国社会科学出版社 2001 年版，第 309—313 页。

④ 参见邢福增《文化适应与中国基督徒（1860—1911）》，建道神学院 1995 年版，第 21 页。

朱峰走得更远，论述了基督教如何融入福建乡民社会，适应了传统社会结构、家族冲突和方言差异；在这部分基督徒离开故土融入东南亚社会的过程中，基督教提供的教堂、学校、医院、出版社等"普世性网络"，为乡民提供了流动机会和生存空间，并成为族群竞争与合作的区分标志和动员形式，成为社会融合与身份建构的平台，从而总结出移民的文化适应包括"本色化"（Inculturation）和"涵化"（Acculturation）两个过程。[①] 在朱峰看来，本色化是指基督教文化在非基督教文化圈传播过程中适时做出调整，以适应地方社会的信仰和实践活动，具体化为基督教群体如何融入中国传统文化和社会的适应过程；涵化是指基督徒移民群体迁入异域社会，与当地文化群体进行相互适应，从而导致宗教信仰等方面的文化变迁和社会认同、互动的重新建构。

"文化适应"突出了两种异质文化及其涉及的文化群体在相遇过程中进行的调适、融合、变化。具体到基督教与中国社会的"文化适应"，既表现为基督教文化与中国传统文化发生的"震惊"、会通，也表现为基督教组织融入地方社会结构的过程。文化适应不仅强调互动双方"变"的方面，区别于多元论预示的异质文化之间的格格不入，也强调双方"不变"的一面，尊重参与者的自我意识和主体地位，警惕同化论中文化殖民的暗示。

3. 地域适应

"地域化"和"文化适应"既有相同之处，又各有侧重。两者都强调两种文化的互动性和主体性，都囊括了信仰文化和组织结构两个方面。"地域化"突出普遍主义价值观与特殊主义价值观的互动；而"文化适应"并不在意互动双方的文化特质。"文化适应"强调互动者是"变"与"不变"的结合；而"地域化"并不在乎两者之间是持续对抗还是完全同化。"地域适应"继承了"地域化"和"文化适应"

---

① 参见朱峰《基督教与海外华人的文化适应：近代东南亚华人移民社区的个案研究》，中华书局 2009 年版，第 22 页。

的相同之处，又吸纳两者的突出点，弥补了彼此的"盲点"。基督教地域适应专指"全球化""普世性"的基督教与特殊性地方社会两个主体在文化（语言、文字、道德、宗教）和社会结构（地方政权、村社组织、宗教组织）等方面的互动，表现出从彼此对抗到压制同化等不同形态的调试、融合过程，作为融合"孕育体"的"地方基督教"既继承了基督教的一神信仰和团契组织形式，也保留了地方社会的文化心理和传统秩序理念。"地域适应"包括适应主体、适应方式、适应内容、适应状态、适应特性等要素。

1949 年之前，基督教"本色化""本土化"是外国传教士的一种宣教策略，或者是中国信徒和教会寻求自立的目标诉求，互动双方是外国差会和包括基督教会在内的中国社会。1949 年以后，国家禁止外国传教士在中国大陆公开传教。虽然某些教会有国外差传背景，但传教士只能隐于后台，辅助中国信徒扩展教会。这一时期，基督教本土化的内容发生了变化，成为中国传道人员的宣教策略，以及信徒和教会寻求融入中国社会的目标诉求。所以，互动双方变成了中国教会与中国地方社会。在基督教与中国社会的互构中，基督教对自我地位的确立，以及其他社会部门对基督教的界定，表现为基督教适应本土社会的不同状态。地域适应既是一种手段选择，表现为一个过程，同时也是一种状态，表现为宗教与地方社会的融合程度。基督教适应不同的社会处境，表现为时代的继承与变迁、地域的整体性与差异性。本书以西双版纳地域范围内基督教信仰状况为研究对象。在这一区域范围内，信仰者包括世居民族，也包括外来移民；基督教传播既有本地的民族事工，也有外地传道人，甚至包括外国传道人。由于政府宗教管理、基督教协会的行政区划特点、基督教传教和牧养的地域性，以及西双版纳区域社会的整合力，不同民族、外来者与原住民、城市与乡村基督徒、神职人员都保持着频繁的互动和"交通"。在宗教认同上，就如每次祷告会都要为"西双版纳地区的基督教复兴"祷告一样，已经形成浓厚的基督教地域认同。本书对西双版纳地区基督教状况进行整体研究有着坚实的事实根据。而具体分析，因不同民族的文化传统和社会组织存在较大差异，以及现代化在城乡社会中的不同影响，使得基督教在西双版纳的地域适应和社会融合状况呈现不同特点。所以，基督教在西双版纳地区的地域适应不仅具有区域整体特点，在内部还表现出不同民族、城乡的差异性，具有较强的典型性和代表性。

（二）镶嵌

基督教的地域适应并不只是一种信仰文化的传播和接受，更是宗教系统（文化、仪式和组织等）"嵌入"边疆民族社会的过程与形态。波兰尼（Polanyi）首先提出"嵌入"（Embeddedness，也译为镶嵌、根植性等）概念，认为19世纪以前，经济活动"嵌入"社会结构之中，受到政治和社会等非经济因素影响和制约；进入市场经济社会，经济行为逐步从社会中解脱出来，获得自主性，按照自己的逻辑独立运行（称为"脱嵌"），甚至反过来影响、控制社会，造成经济逻辑主导"殖民"社会运行的局面。格兰诺维特（Granovetter）在《经济行为和社会结构：嵌入问题》一文中认为，行为主体既不能脱离所处的社会结构，也不会完全受制于社会结构，而是在具体的社会情景和多元关系中行动，追求自我目标的达成，主张行为主体与社会情景之间相互作用。[①] 罗家德在格兰诺维特的《镶嵌：社会网与经济行动》中文版译者序中对比了波兰尼和格兰诺维特关于"镶嵌"观点的差异，认为波兰尼用"镶嵌"概念主要强调经济行为是一种"制度化的社会过程"；格兰诺维特将这种社会过程视为人际互动过程，并将其分为"关系嵌入"和"结构嵌入"两种形式，强调由人际互动产生的信任保

---

① 参见黄中伟、王宇露《关于经济行为的社会嵌入理论研究述评》，《外国经济与管理》2007年第12期。

证了组织交易的顺利进行，并影响交易成本。① 由此可以看出，波兰尼是从宏观层面界定"镶嵌"的，而格兰诺维特将其具体化在中观层面。

王思斌以"理论迁移"的方式借用波兰尼、格兰诺维特的"镶嵌"理论，研究中国社会工作的发展，将"嵌入"定义为"某一事物进入另一个事物之中去的过程和状态"，明确其包括嵌入主体、嵌入对象、嵌入过程、嵌入机制和嵌入状态等要素。他在结构意义上使用"嵌入"一词，讨论舶来的专业社会工作如何进入本土社会工作实践的原有领域。王思斌的"嵌入"是同一维度（社会工作）两个事物的互动关系；而波兰尼和格兰诺维特的"嵌入"是不同维度（经济与社会）两个事物的互动关系。②

张振伟分析西双版纳傣族宗教生活时认为，傣族宗教生活（佛教和民间信仰）"嵌入"傣族社会结构，在传统社会与政治关系紧密，在现代社会则与经济密切关联，表现了宗教地域适应的能动性。③ 周利敏相继提出"历史镶嵌""社会镶嵌"等概念，将"社会镶嵌"具体分为权力镶嵌、社会关系镶嵌、社会资源镶嵌、社会制度镶嵌与社会资本镶嵌等类型，分析佛教在历史变迁中与政治、经济、历史文化的相互渗透关系，认为宗教并不是"被动地""单向地"适应、"嵌入"少数民族社会，而是在互动中拥有独立地位和自主性，并"反向"影响地方社会。④ 总之，以"镶嵌"概念研究宗教在宏观层面界定了宗教与社会"镶嵌"的内容（经济、政治、文化、社会关系等）、陈述了"镶嵌"的变迁性和过程性，并突出了宗教在互动中的主体性和能动性。

---

① 参见［美］马克·格兰诺维特《镶嵌：社会网与经济行动》，罗家德译，社会科学文献出版社 2007 年版，第 8—15 页。

② 参见王思斌《中国社会工作的嵌入性发展》，《社会科学战线》2011 年第 2 期。

③ 参见张振伟《嵌入式宗教：西双版纳傣族宗教生活的解读》，《学术探索》2011 年第 10 期。

④ 参见周利敏《"历史镶嵌"：宗教权威分析的新视角》，《中国矿业大学学报》（社会科学版）2007 年第 3 期；周利敏《"社会镶嵌"：变迁社会中宗教行为分析的新视角》，《宗教学研究》2010 年第 3 期。

本书采用"镶嵌"视角研究基督教在西双版纳地区的"地域适应状态",将"镶嵌"界定为基督教组织进入民族社区的过程和状态,在结构意义上分析基督教组织与民族社区的互动关系;既涉及宗教维度中基督教与少数民族传统宗教的互动,也涉及宗教与经济、政治、文化、社会等不同维度的互动;呈现了基督教会与民族社区的"嵌入""悬置"①"脱嵌"等多样性地域适应状态,表达了地域适应的过程性和变迁性;关注基督教的适应状态对主体性的影响。

(三) 边疆民族地区

吴文藻将边疆界定为政治之边疆和文化之边疆,政治之边疆也就是国家的边界,是一个地理概念;文化之边疆是指"国内许多语言、风俗、信仰,以及生活方式不同的民族",成为一个民族概念。② 在王明珂的"中心—边缘"理论中,边疆即是汉文化中心的边缘,处在边缘的人口被称为"夷"。民族国家建立之后,在边疆有了一条明确的界限——国境。国民教育使国境线内的人口实现了文化同一性,不可能继续通过"一截骂一截"的文化对比和民族歧视来划隔群体界限。③历史承继的边疆汉族移民以更快速的流动充盈于边境以内;当初的"夷"也不再被向外排挤出国境线或同化为"汉人",而成为政治标签和文化标签共同注释的"少数民族"。汉族与少数民族共居相处,成为边疆社会的历史必然。先前,边疆社会与民族社会高度一致,从中心向边缘不断外推。现在"边疆"停下了向外扩展的车轮,边疆社会也不再是单纯的民族社会。但边疆依然存在,依然有着异于"中心"

① 借用李峰的"悬置"概念,指基督教难以根植于地方社会的情形。李峰:《乡村基督教的组织特征及其社会结构性位秩:华南 Y 县 X 镇基督教教会组织研究》,复旦大学出版社 2005 年版。

② 参见吴文藻《边政学发凡》,载《中国边疆研究理论与方法(中国少数民族研究理论与方法)》,渤海堂文化公司 1992 年版,第 205 页。

③ 参见王明珂《羌在汉藏之间:川西羌族的历史人类学研究》,中华书局 2008 年版,第 47、71—76、321 页。

的文化特质和社会特质。

中国有着长达 2 万千米的国境线，分别与越南、老挝、缅甸等 14 个国家接壤，有 9 个沿边建制省区，135 个边境县（市、市辖区、旗），其中包括 107 个民族自治地方。从政治地理和文化承继方面来讲，沿边建制省区（自治区）都可笼统地称为广义的"边疆民族地区"。而本书狭义的"边疆民族地区"专指位于我国边境沿线，拥有异于内地的社会、经济、文化系统的少数民族分布区。西双版纳傣族自治州地处祖国西南边疆，与老挝、缅甸接壤，与泰国、越南临近；域内生活着傣族、哈尼族、基诺族、布朗族等 13 个世居民族，多数为跨境民族。政治上，傣族统治者建立的土司制度一直延续到新中国成立初期；在领主经济之下，域内各民族基本维持了以村寨、氏族为基本单位的土地公有制；文化上，13 个世居民族各自拥有不同的民族文化，"和而不同"，共生共荣。中华民国之前，西双版纳没有受到内地帝国体制、儒家文化和汉族移民的影响，保持了有别于中原的、自成体系的社会结构。中华人民共和国成立以后，经历了国家体制的"统纳"和现代化的冲击，西双版纳社会结构发生急剧"转型"。基督教适应西双版纳地方社会的过程中表现出异于中原汉族社会的适应方式、适应状况和适应特点；经历了西双版纳"社会转型"的急剧变迁，又表现出地域适应的时代特性。本书选择西双版纳为研究对象，以典型案例反映基督教适应边疆民族社会的个性与共性。

（四）社会转型

社会转型（social transformation）是"从农业的、乡村的、封闭的半封闭的传统型社会，向工业的、城镇的、开放的现代型社会的转型"①。社会转型与社会现代化同步，着重强调社会结构的变迁过程，

---

① 郑杭生：《社会转型论及其在中国的表现——中国特色社会学理论探索的梳理和回顾之二》，《广西民族学院学报》（哲学社会科学版）2003 年第 5 期。

属于狭义概念。在少数民族基督教研究中，部分学者将"社会转型"泛化为"社会变迁"。钱宁提出，云南 8 个受基督教影响的少数民族都在经历社会变迁，傈僳族、怒族、景颇族、佤族、拉祜族和哈尼族正处于原始社会向阶级社会的过渡时期，苗族和彝族正经历封建制度的入侵，而社会转型导致的"价值缺位"和"信仰危机"为新文化的成长或外来宗教文化的切入预备了空间。[①] 本书的研究对象——西双版纳地区在 1949 年之前一直延续着完整的土司制度。即使在民国初年，国家政权直接"入驻"西双版纳，也是"设流不改土"，保留了土司制度，进而维护了各民族稳固的村社组织，也延续了民族关系和宗教关系的生态、社区边界。在现代化过程中，西双版纳由传统型社会逐渐向现代型社会转型，冲破了民族关系和宗教关系的地域界线。而西双版纳地区的基督教传播，在社会转型前后也表现出不同的边界特性。所以，本书以狭义的"社会转型"概念为理论建构背景，分析现代化过程中基督教在西双版纳地区传播的时代特色和地域特色。

四　理论架构

（一）社会融合与社会排斥

在社会现实中，因社会排斥而皈信基督教或因皈信基督教而受到社会排斥的现象比比皆是。社会排斥（Social Exclusion）是对"贫困""弱势群体"重新进行理论阐释的一种尝试，最先由法国学者勒内·勒努瓦（Rene Lenoir）提出，最初是指大民族完全或部分排斥少数民族的各种歧视和偏见，并有意达成一种制度规则，反映了"主导

---

① 参见钱宁《基督教与少数民族社会文化变迁》，云南大学出版社 1998 年版，第 81 页。

群体已经握有社会权力，不愿意别人分享之"的竞争、区分关系。① 目前社会排斥主要应用于社会政策、贫困和弱势群体等领域，概念也逐步明确化为：某些个人、家庭或社会群体因贫困、能力或受歧视而无法参与具有普遍认同的社会活动，被边缘化甚至隔离的过程。② 社会排斥包括经济排斥、政治排斥、文化排斥、关系排斥和制度排斥多个维度，③ 并具有层次性、综合性、累积性、过程性、传承性和多样性等特点。④

本书以社会排斥理论分析基督教信仰的原因，并侧重于分析基督教融入地方社会的过程、策略，以及这一过程不可避免地引入与社会排斥相互对立的社会融合理论。根据研究对象和目的的不同，可以将社会融合区分为两个较为明显的研究领域：实证研究和政策研究。实证研究关注社会融合的现状、影响因素、路径、机制及后果，将其视为一个状态和过程；政策研究将社会融合作为应对"社会排斥""不平等"等社会问题的手段和社会和谐发展的目标，视社会融合不仅是一种状态或过程，更是一种手段和目标。西方国家一直重视移民和族群的社会融合研究，已经形成众多流派，其中，以同化论（Assimilation）和多元论（Pluralism）两种相互对立的理论为两端极限，其他流派各有偏倚。⑤ 同化论认为移民（少数民族）不断抛弃自己原有文化和传统习惯，逐步适应迁入地社会的文化和行为模式，最终获得与主流群体同样的资源，该过程是自然而然发生的，一旦发生，便

---

① 参见［美］戴维·波普诺《社会学》，李强等译，中国人民大学出版社1999年版，第2页。
② 参见石彤《城市"最低收入保障"政策过程的社会排斥》，《中国社会工作研究》2002年第1期。
③ 参见黄佳豪《西方社会排斥理论研究述略》，《理论与现代化》2008年第6期。
④ 参见王立业《社会排斥理论研究综述》，《重庆工商大学学报》（社会科学版）2008年第3期。
⑤ 就美国民族关系理论而言，有盎格鲁理论（Anglo—Conforming）、熔炉理论（Melting Pot）、同化模式（Assimilation Model）、文化多元论（Cultural Pluralism）、族群文化模式（Ethnic Cultural Model）、文化生成论（Emerging Culture）、族群经济社区模式（Ethnic Enclave Economy Model）等。

具有不可逆性。多元论主张当移入地社会具有较大的包容性时，移民（少数民族）更倾向于保持自身的文化观念，并在生活交往中重新建构文化价值，塑造身份认同，从而形成多元化社会和经济秩序。

由于不同学科的研究方式差异，对社会融合的关注内容也不尽相同。帕克秉持同化论的立场，将社会融合区分为经济竞争、政治冲突、社会调节和文化融合四个方面的过程和内容。[①] 戈登在此基础上将社会融合细分为七个维度[②]，认为文化适应（Acculturation）会首先发生，持续过程没有时间限期，如果文化适应和结构融合能够发生，其他方面的融合也会接踵而至。杨菊华根据中国流动人口的特点将社会融合分为经济整合、文化接纳、行为适应和身份认同四个方面，而谨慎地放弃政治维度。[③] 王明珂以"族群边缘理论"探讨民族之间因资源的共享与竞争，"不断地凝结新的集体记忆与结构性失忆"，建构出"一个模糊而不断变化、漂移"的边界，造成民族群体的不断"结合与分裂"，突出了社会融合的"文化建构"倾向。[④] 郑杭生将广义的社会界定为，社会三大部门（政治、经济、民间组织）"是现代社会的三个实体性的组织构成。这是社会构成的硬件。思想文化作为理念性的文化构成是社会构成的软件"[⑤]。由此可见，帕克、戈登、杨菊华和王明珂等社会学、人口学、人类学界的学者皆以"大

[①] 参见 Park R E., "Human Migration and the Marginal Man", *The American Journal of Sociology*, Vol. 33, 1928, pp. 881—893.

[②] 戈登在他 1964 年出版的《美国人生活中的同化》（*Assimilation in American Life*）一书中，建构了衡量民族融合状况的七个变量：文化或行为的适应（包括语言、宗教和风俗习惯）、社会结构（比较亲密的私人接触）、婚姻（族际通婚）、身份认同（民族意识）、意识中的民族偏见、行为中的民族歧视、公共事务（价值观和权力分配）。

[③] 参见杨菊华《从隔离、选择融入到融合：流动人口社会融入问题的理论思考》，《人口研究》2009 年第 1 期。

[④] 参见王明珂《华夏边缘：历史记忆与族群认同》，社会科学文献出版社 2006 年版，第 54 页。

[⑤] 郑杭生：《社会三大部门协调与和谐社会建设——一种社会学分析》，《中国特色社会主义研究》2006 年第 1 期。

社会"（包括政治、经济、社会和文化）概念为前提，将社会融合界定为政治、经济、社会（民间组织）和文化四个方面的全面融合。

社会排斥与社会融合都包括政治、经济、文化、民间组织等多个维度，并强调互动的过程性。根据社会排斥和融合状况，西双版纳地区的基督徒可以分为三类。首先，因为受少数民族社会排斥而皈信基督教。比如傣族中被诬为"琵琶鬼"或罹患麻风病的村民、哈尼族中被诬为"养鬼"的村民、瑶族中被"鬼附"而患疑难病症的村民都会被排挤出传统信仰的祭祀活动，在舆论、帮工、换工等方面受到隔离，甚至被驱赶出村寨。这些村民通过基督教的神圣体系祛除"污秽"，获得"洁净"之身，争取重新融入原来的社会结构。其次，普通少数民族基督徒因皈信基督教而遭到信奉传统宗教的村民和村寨的排挤。这些基督徒受到社区断水断电、禁止葬入集体坟山、不准享受集体分红和政府补贴的威胁。这些人通过依法抗争、相互帮扶、亲缘血缘等方式，争取在地方社会的生存空间和认同。最后，外地迁入的基督徒面临着利益竞争、社会排挤的压力，他们则通过基督教组织提供的社会资本努力融入西双版纳地方社会。在基督教研究中，不能仅仅关注单一宗教维度的社会排斥和融合，而要扩展到经济、政治、文化等多个维度，并关注排斥与融合的互动过程。

（二）边界理论

社会排斥推动了群体边界的形成。不同边界结构影响社会融合状况。彼特·布劳的宏观社会结构理论认为社会结构由异质性、不平等性等多个维度的群体参数建构而成，并以"结构性限制"和"结构性机会"影响着群体成员的社会交往、相互依赖和价值共享；社会融合不仅需要群体内的互动、认同，也需要群体之间的交往和依赖；多维度的群体差异叠加在一起，强化了群体内部的交往和凝聚力，却隔断了群体之间的联系，容易导致社会分裂；多维度群体界限相互交叉，某一维度的群体内交往带动了另一维度的群际交往，从整体上促进了社会融合。他认为，简单的社会结构中，不同部落、氏族的宗教、文化、地域等群体边界相互叠加，形成多个界限分明的"同心圈"，最大限度减少成员的群际交往和人际冲突，却没有降低群际冲突；随着社会结构不断复杂化，群体间的交叉界限逐渐增多，形成复杂的"交叉圈"，增多了群体间的人际交往和人际冲突，却降低了群体冲突的剧烈程度。彼特·布劳对"同心圈"和"交叉圈"的区分，类似于迪尔凯姆以"机械团结"和"有机团结"对社会发展所进行的"二分"，承认社会结构的变迁和社会融合方式的发展。[①]

施坚雅根据中国传统农村社会特定地理区域内的人口密度、每日往返路程等界定出"基层市场社区"。"基层市场社区"内的各村庄居民形成一个闭合的物质交换、劳务供求、婚姻联系、信息交流的内群体交往圈。同一基层市场的村庄享有共同的地域文化；而不同基层市场之间更容易产生文化差异，形成区域边界。[②] 杨懋春的人文区位学并不关注集镇区的分布形式，而关注集镇区形成的社会关系网。在集镇区内，以集镇为核心构成一个完备的有机体，农村供应集镇，集镇辐射农村。经济交易、社交娱乐、学校教育、宗教活动、医药服务、技术服务等交往圈与集镇边界叠合在一起，不论集镇还是农村都形成了明确、同一的区域意识。[③] 施坚雅和杨懋春强调在地理空间、交通条件、经济功能等客观基础上久而久之形成了同一的地域文化、群体意识等区域性边界。弗里德里克·巴斯和王明珂将民族学中特有的自然生态差异和文化建构性引入族群边界。他们并不认为群体边界是由于缺乏互动和交流才形成的隔阂、无知、排斥，正是在群体之间持

---

① 参见〔美〕彼特·布劳《不平等和异质性》，王春光、谢圣赞译，中国社会科学出版社1991年版，第380—386页。
② 参见〔美〕施坚雅《中国农村的市场和社会结构》，史建云、徐秀丽译，中国社会科学出版社1998年版，第40—50页。
③ 参见杨懋春《人文区位学》，五南图书出版公司1983年版，第120—140页。

久、稳定的竞争、流动、依赖中共享一定的文化，同时又将服饰、语言、宗教、住房、生活方式等他们"认为有意义"的文化差异作为边界标志，强调了群体之间的互动性和文化差异的建构性。① 四位学者主要以前现代社会为研究对象。在这些社会中，文化、生活方式、语言、宗教等多维度的群体边界都叠加在一起，呈现出"同心圈"式的社会结构。所以，这些学者的研究成果难以展现出现代社会分化的多维度群体边界形成的"交叉圈"结构。虽然彼特·布劳论述了复杂社会"交叉圈"的形态和功能，但并没有详细探究由"同心圈"转变为"交叉圈"的具体过程和多样化形态，以及这种转变对群体主体性的影响。本书将分析西双版纳由传统时期宗教、民族、语言、生产、群体组织等维度构织的"同心圈"向多维度"交叉圈"社会结构的转变过程，同时分析基督教作为一个边界维度如何与两种社会结构互动，表现出怎样的"嵌入"状态。

1949 年之前，云南省西北地区的傈僳族、西南地区的拉祜族、佤族也普遍存在全村集体皈信基督教的情况。甚至 1949 年以后，一些村寨还出现过村民要么全部都信基督教，要么一起放弃基督教信仰的情况，整个村寨在信仰选择上统一步调，进退一致。② 以往研究一直关注基督教顺应村寨等群体的内部一致性和凝聚力，却忽视了村寨之间甚至民族之间的竞争、排斥关系。基督教在某个村寨、民族的传播，演变为与其他村寨、民族的群体界限、区隔符号，沦落为地方社

---

① 参见［挪威］弗里德里克·巴斯《族群与边界》，高崇译，周大鸣校，《广西民族大学学报》（哲学社会科学版）1999 年第 1 期；王明珂《华夏边缘：历史记忆与族群认同》，社会科学文献出版社 2006 年版；王明珂《羌在汉藏之间：川西羌族的历史人类学研究》，中华书局 2008 年版。

② 秦和平注意到，云南边疆少数民族地区，基督教信仰以整个村寨或家庭为单位，且男女比例均衡；而云南内地却是以个人为单位，以女性信徒为主。这种基督教信仰的地域差异背后，是深层次的地方社会结构的差别使然，云南内地在清朝时期已经实行"改土归流"，对地方社会结构造成很大冲击；而边疆地区一直延续土司制度，或者政府统治虽然已经涉足，但鞭长莫及，对地方社会结构没有实质性触动。所以，基督教信仰的地域差异实质上是基督教适应地方社会的体现。参见肖耀辉、熊国才《云南基督教》，宗教文化出版社 2004 年版，第 15—22 页。

会结构的一个辅助设置。基督教积极嵌入地方社会，迅速地域化、本地化或民族化。但基督教与地方社会的互动变成一种"完全嵌入"关系，导致基督教失去了主体性，从而掩盖了基督教的"普世性"和超越性，限制了基督教的持续发展。这种情况不只是在基督教的地方化中存在，在南传上座部佛教地方化中体现得更为明显。在西双版纳，南传上座部佛教深深嵌入傣族和布朗族的社会结构中，与两个民族的原始宗教相融合，形成两种特点鲜明的信仰体系，依然标志着两个民族的群体界限。总之，在一个以群体竞争、排斥为基本关系的社会结构中，基督教、佛教等世界性宗教在地方化过程中难免沦为区隔符号。

西双版纳传统社会，社区作为民族群体存在的基本单位，以血缘、宗教、语言、地域等多个维度建构出群体之间清晰、稳固的边界。不论是原始宗教，还是佛教、道教、基督教、伊斯兰教等制度性宗教都依附于村寨社区。村民成为天然的宗教信徒，宗教活动也多以村寨为单位进行。社区也成为宗教组织的基本单位，各村寨的寨神、坟山、教堂、寺庙的边界都与社区边界叠合在一起，形成以社区为基本单位的"同心圈"。进入现代社会，社会分工、人口流动促使多维度叠合的社区边界开始分化。宗教获得了独立的组织形式，宗教边界与社区边界逐步脱离。基督教以其迅猛的发展势头，跨越了民族、地域等边界束缚，在多个民族社区吸纳信徒。基督教会的边界与多个社区边界发生交叉，基督教与地方社会的互动呈现出新的形态。

（三）理论架构

基督教在边疆民族地区传播不仅要与少数民族传统宗教信仰进行对抗、排挤、调试、并存等互动，更要努力"嵌入"少数民族社会。本书以社会融合和边界理论为视角，在探究基督教与少数民族传统宗教对抗、调适关系的基础上，关注基督教群体与少数民族社会结构的互动关系，分析基督教与少数民族传统宗教嵌入地方社会的程度和主体性等方面的差异，归纳基督教融入少数民族社会的原因、状态和路径。

　　本书通过两条线对基督教适应西双版纳地方社会的状况进行分析。第一条线是分析社会转型对民族社区结构的不同影响以及由此造成的宗教与社区的不同"镶嵌"状况。社会现代性对民族社区结构会产生不同的影响，受现代性影响较重的社区，社会结构比较松散，有更强的文化包容性，宗教与社区的边界开始分离；而较少受到现代性影响的传统社区，社会结构更为禁锢，强调文化一致性，宗教与社区边界结合得比较紧密。第二条线是分析基督教传入民族社区，与少数民族传统宗教的互动状态。两种宗教信仰在社区层面表现出不同的互动状态，比如传统宗教将基督教排斥在社区之外，基督教在社区内难以立足；基督教将传统宗教排斥出社区，占据了社区的信仰空间；基督教与传统宗教在社区内并存，或者和平共处，或者一方压制另一方；基督教从原来掌控的社区慢慢抽离，传统信仰乘虚而入，分享一定的信仰空间。宗教与社区的"镶嵌"力和基督教与传统宗教的"对抗"力形成的合力助推了基督教适应地方社会的形态变化。

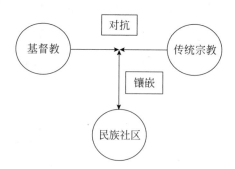

图 1-1　本书理论框架示意图

五　研究设计

（一）研究案例的选择

本书的研究主题是基督教与地方社会的适应（互动）关系，分为适应方式和适应状态两大部分。对于适应方式的研究，根据调查对象的可得性和典型性，选取了一个有基督教背景的慈善机构、一位外地教会差派的传道人和一所本地教会作为案例。基督教适应状态是本书的研究重点，主要关注基督教会与民族社区的"镶嵌"状态，需要以教会与相对应的社区作为个案，而不是单单研究教会或社区，选取案例时必须考虑社区和教会两方面的情况。学界在对社区研究个案的选取上，一种是以单个村寨为研究对象，如杨懋春的《一个中国村庄：山东台头》、龚建华的《神灵与基督的对决——云南省福贡县傈僳族的宗教生活》和卢成仁的《"道中生活"——怒江傈僳人的日常生活与信仰研究》等；另一种是将研究对象扩展出村寨范围，以基层集镇或乡镇为单位，如施坚雅的《中国农村的市场和社会结构》、杨懋春的《人文区位学》和李峰的《乡村基督教的组织特征及其社会结构性位秩：华南 Y 县 X 镇基督教教会组织研究》等。这两种方式都难以选取具有代表性和典型性的"教会—社区"案例。人类学者以类型比较方法，通过"分次扩大异质性村庄数量""同次扩大异质性村庄数量"和"同次扩大同质性村庄数量"三种方式增加社区个案的数量来提高案例的代表性和概括性。[①]本书借鉴类型比较法，以"同次扩大异质

[①]　参见邓大才《如何超越村庄：研究单位的扩展与反思》，《中国农村观察》2010 年第 3 期。

性村庄数量"和"同次扩大同质性村庄数量"来选取社区案例，并发展出"同次扩大异质性教会数量"和"同次扩大同质性教会数量"来选取教会案例，综合考虑民族社区和教会的类型，选取适宜的"教会—社区"案例。西双版纳有 27 所注册教会，只有 4 所是由世居民族建立的，并且都是由傣族建立的。其他世居民族还没有建立自己的教会。比如，哈尼族雅尼支系（又称阿卡人）是西双版纳地区人口仅次于傣族的世居少数民族，已经发展了 300 多名基督徒，但目前在阿卡村寨还没有建立教会。基督教在瑶族中发展较快，但主要集中在个别村寨，也没有建立独立的瑶族教堂。其余 23 所教堂都是由迁移到西双版纳的外地基督徒建立的。这些教堂在建立之初就打破了区域和民族界限，成为多民族教堂。在分析基督教适应世居民族社区时，只能选取傣族教会和傣族社区作为案例。根据傣族社区结构的不同，选取了 1 个城中村社区、1 个乡村基督教村寨、1 个乡村佛教村寨及其相应的教会组织作为 3 对案例，分析教会与傣族社区的不同"镶嵌"关系及其原因。在分析基督教适应不同民族社区的状况时，选取了 1 所由外来基督徒建立的乡村多民族教会以及相应的哈尼族村寨、瑶族村寨、壮族村寨和民族杂居村寨共 4 个民族社区，分析民族社区结构和文化风俗对"镶嵌"关系的影响。

（二）资料收集方法

本书主要关注基督教适应西双版纳地方社会的历史过程和现实状况。因宗教敏感性以及教会与民族社区互动关系的多变性，很难采用定量研究方式收集、分析资料，因此，本书选择了定性研究方式，主要通过查阅文献、参与观察和访谈等方法来收集资料，针对宏观和微观、历史与现实、态度与行为、静态与动态等不同性质的"社会事实"灵活选取调查方法，以尽可能真实、全面地收集相关资料，集中、明确地展现基督教适应地方民族社会的状况。

分析西双版纳社会结构和宗教生态关系变迁会涉及西双版纳社会发展史和各个世居民族的社会文化、宗教信仰等资料，笔者通过到中国人民大学图书馆、云南省图书馆、西双版纳州图书馆、档案馆查阅相关书籍收集整理了相关资料。由于基督教在西双版纳的传播历史较短，相关文献资料很少，而且数据出入较大。所以在查阅文献、档案资料的同时，通过访谈宗教部门管理人员、整理教会资深信徒口述史，来梳理西双版纳基督教传播历史。通过收集教会、村寨、慈善机构的内部文件、宣传材料、通知告示等获取一定的文字资料；通过跟随传道人巡游传教、参与教会宗教活动获得大量感性体验和知识；通过访谈教牧人员、普通信徒、村委会主任、寨老、村民归纳整理了关于教会与社区的互动资料。笔者在调查过程中始终处于神圣与世俗的交替体验中；所得资料也可归结为宗教性和社会性两大类。

（三）研究框架

本书采用美国结构功能主义学派社会学家默顿（Robert Merton）的中层理论视角，将基督教与少数民族社会的互动界定在教会与民族社区的关系层面，结合民族类别、区域差异、社会流动等因素，分析教会与不同民族社区融合的状况。通过文献资料和田野调查，在西双版纳地区宗教生态关系历史变迁的大背景下，探讨基督教适应地方社会的纵向历史和横向现时比较研究。在西双版纳传统社会中，各宗教（包括基督教）与民族社会彼此"镶嵌"，促成了民族、宗教、社区等边界叠合在一起，保证了群体内部长期、稳定的互动，稳固了群体边界。而在现代西双版纳社会，基督教跨越了民族、地域等边界区隔，在不同民族传播，吸纳多民族信徒进入教会。基督教与少数民族传统宗教在民族社区内相遇，教会的嵌入力与传统宗教的排斥力短兵相接、此起彼伏、此消彼长，构成一个互动共生的变动过程。基督教会（聚会点）和传统宗教群体在对抗互动中又与社区世俗权威交织在一起，促使基督教会与社区表现出"脱嵌""嵌入"和"悬置"等多样化形态，与传统信仰群体建构出清晰或模糊的边界，影响行动者选择信仰的自由程度。

本书第一章从宏观层面叙述西双版纳地区的社会结构和宗教关系，由传统社会的"同心圈"转变成现代社会的"交叉圈"，介绍了基督教适应西双版纳地方社会的历史背景和整体处境，为后文的具体论述做好铺垫。通过探究"普世"基督教与民族社区多样性适应形态背后的社会结构因素，归纳基督教在边疆民族地区地域适应的路径和模式。第二章和第三章详细介绍了基督教在西双版纳的地域适应方式。第二章主要论述了外来宣教机构或个人，通过开展社会事业、差传等方式在西双版纳地区传教。第三章选取当地一个较为典型的教会组织，叙述其发展状况和传教方式。基督教主要通过慈善机构的社会服务事业、差传和当地教会自主发展等方式，在西双版纳多个民族中传播基督教。基督教在边疆民族地区的传播，最终落脚到地方教会和民族社区的互动关系上。第四章和第五章论述了基督教与地方社会的适应状况，重点归纳教会组织与不同民族社区的"镶嵌"关系。其中第四章专门论述基督教与傣族社区的适应状况，分别选取了1个城镇基督教社区（曼嘎村）、1个乡村基督教社区（曼养村）、1个乡村佛教社区（曼邦村），以及相应的基督教堂（或聚会点），归纳出由于现代性对社区结构的不同影响，造成曼嘎老堂和曼嘎新堂"脱嵌"于曼嘎村，曼养教堂则"完全嵌入"曼养村，而曼邦聚会点"悬置"于曼邦村的多样化"镶嵌"状态。第五章专门论述了1个乡镇教会（勐瑶教会）与4个不同民族社区的"镶嵌"关系，归纳出由于民族社区结构的不同，造成勐瑶教会"脱嵌"于哈尼寨（移民社区）、"并存嵌入"瑶族一寨（瑶族社区）、"强力嵌入"会帕村（民族杂居社区）、"悬置"于倮人村（壮族社区）四种不同状态。第六章归纳了基督教在西双版纳地区的适应方式和适应状况，总结了基督教如何跨越地域、民族界限，与不同民族社区发生互动关系。由于城乡差异、社区发展历史、社区结构和信教历史的不同，基督教会与不同类型的傣族社区表现出不同的"镶嵌"关系，与不同民族社区也呈现出不同的"镶嵌"关系。教会相对于民族社区表现出的"跨越性"和不同的"镶嵌"状态，体现了基督教适应地方社会的能动性和主体性。

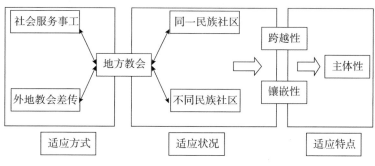

注：←——→ 表示互动关系，===⟩ 表示推理

图 1 - 2　本书研究路径示意图 [①]

（四）研究特色与难点

1. 研究特色

研究视角的拓展：宗教适应存在于教会之内，又扩延到教会之外，立足宗教实践，突出神圣世界与世俗世界的"交通"；关注基督教组织（教会、聚会点）与地方社会（民族社区）的适应、排斥和融合过程，将基督教本土化导向社会视域。

研究框架的定位：突破了基督教田野研究中从社区内的具体微观事件，直接延展到宏观社会文化的固有模式，以西双版纳地区为整体研究对象，通过对比不同的"教会—社区"关系搭建起具体信仰事件与宏观

---

① 本书只简单交代了外来宣教（社会服务事工、外地教会差传）与地方教会、民族社区的互动关系，重点论述了地方教会与地方民族社区的互动关系。

宗教文化的"桥梁",实现了微观—中观—宏观的渐次延展路径。

研究观点新颖:基督教进入一个异域社会,与少数民族传统宗教在民族社区中相遇,在与传统宗教的对抗、调试、共存等互动关系中牵连到社区权威、家庭关系、村民互助等,其教会组织与民族社区发生"脱嵌""嵌入"和"悬置"等形态各异的"镶嵌"关系,显现了基督教在适应地方社会过程中的主体性、互动性、变迁性和处境化。

2. 难点

本书以西双版纳地区基督教信仰为例,在适应方式中选取了3种基督教传教方式,涉及1个慈善机构、1位传道人和1个教堂;在适应状况中又选取了3个傣族村寨和各自对应的教堂或集聚点(3个教堂和1个聚会点)、1个多民族教堂和4个民族社区。由于涉及如此众多的调查对象,在调研的深入程度和资料收集的全面性上面临一定的挑战,使整个研究有"流于形式"的可能。笔者从2010年就开始进入本书所涉及的大部分调研点,在调研点的熟悉和资料积累等方面打下了一定的基础。此外,本书只关注教堂与民族社区的互动关系,在教堂侧重于"自治、自传、自养"资料的收集,在民族社区只留意节日、习俗(葬礼、婚礼)、宗教祭祀等集体性活动,属于中观层次研究,从而避免了资料收集的繁杂性,保证了研究思路的清晰和主题明确。

第二章

西双版纳社会发展和宗教关系变迁

宗教是社会系统的重要构件，是社会生活的产物，又服务于社会结构，并随社会发展不断变迁。西双版纳传统社会，因其独特的地理生态、民族分布格局、政治设置、经济生产方式，从而造就了不同的宗教文化和以社区为基本单位的"和而不同"的宗教生态关系。基督教在适应和融入西双版纳地方社会的过程中，没能打破原有宗教关系格局，而是与民族社区紧紧"镶嵌"在一起。进入现代社会后，社会结构以及宗教与社会结构的关系发生变迁，从而打破了原来的宗教生态关系。在新型宗教关系下，基督教跨越传统社区界限，吸纳不同民族、地域的信徒进入教会，展现其适应、融入地方社会的新特性。

一 西双版纳地理区位

（一）地理地貌

西双版纳傣族自治州下辖景洪市和勐海、勐腊两县，地处祖国西南边陲，介于东经 90°56′—101°50′、北纬 21°08′—22°36′，是亚洲大陆俯冲向东南亚半岛的过渡地带。其东及东南与老挝水陆相依，南及西南与缅甸山水相连，并与泰国、越南隔土亲近，国境线长 966.3 千米。其西北及北部与普洱地区澜沧县、普洱市相邻，东北隔补远江与普洱地区江城县相望。南北纵 160 千米，东西横 186 千米，面积19124.5 平方千米，其中山地面积占土地面积的 95%，坝子占总面积的 5%。流经此处的澜沧江—湄公河，从青藏高原奔流而下，串联起中、缅、老、泰、柬、越诸国，滋养着大湄公河次区域的万物百态，孕育出绚丽多姿、五彩斑斓的风土文化。西双版纳傣族自治州在我国与东南亚各国的经济、政治、文化等方面的交流合作中，具有得天独厚的"桥头堡"前沿区位优势。

西双版纳在地质上属于西南槽褶皱区中的三江（怒江、澜沧江、金沙江）印支褶皱南段，澜沧江深断裂南北纵贯于本区中部，形成了景洪断裂、勐海隆起、勐腊凹陷的"马蹄形"地貌特征。西部、北部、东北部有天然寒流屏障无量山、哀牢山及怒山余脉，中部为澜沧江及其支流侵蚀冲刷形成的阶梯式盆地平坝，西南、东南紧邻孟加拉湾和北部湾。州内坡度在 8°以下、面积大于 1 平方千米的坝子共 49个，万亩以上的坝子有 23 个，其中以勐遮坝子面积最大，约 160 平方千米。这些平坝大都处在河谷盆地中，周围是丘陵高山，地势上的立体差别造就了自然生态的立体分布。总体上，平坝与高山丘陵交错分布，对州内不同民族之间的居住态势影响深远。西双版纳傣族自治州总体上是西北高、东南低的地势走向，大小坝区密布于崇山峻岭之间。[①]

（二）行政区划沿革

在景洪市澜沧江畔和橄榄坝、勐腊县大树脚、勐海县勐混镇等多个地方，发掘出肩石斧、石锛等新石器时代的器物。由此可以推测，

---

① 参见西双版纳傣族自治州地方志编纂委员会编《西双版纳傣族自治州志·上册》，新华出版社 2001 年版，第 1、159 页。

在四五千年前，古代濮人、百越、狄羌等族群即已生活或踏上了西双版纳这片土地。夏、商、周时期，西双版纳境域并无确切记载。到西汉时，西双版纳州境成为益州边隅。从东汉、三国直到两晋，则一直隶属于永昌郡。隋唐五代时期（6—10世纪），西双版纳傣族进入阶级社会，形成了"渤西双邦"部落联盟，建立了勐泐王国（茫乃政权），从属于唐王朝的地方政权南诏。宋淳熙七年（1180年），傣族首领帕雅真通过征战统一勐泐，建立景陇王国，隶属于宋王朝地方政权大理国。元至元三十年（1293年），朝廷设立彻里路军民总管府，领6甸，隶属云南行省，开始施行土司制度。元延祐三年（1316年）起，改彻里为车里。明洪武十七年（1382年），车里军民府改为车里军民宣慰司。清雍正七年（1729年）七月，在澜沧江以东思茅、普藤、整董、勐乌、六大茶山、橄榄坝六个版纳实行改土归流，置普洱府，江外（澜沧江以东）六版纳仍归车里宣慰司管辖。

中华民国二年，设立普思沿边行政总局，西双版纳正式纳入国家管理体制，划十二版纳为8个行政区，隶属迤南道，管辖区域与清雍正改土归流之前基本相同。中华人民共和国成立后，在西双版纳相继成立了镇越、车里、佛海、南峤4个县级人民政府，隶属普洱专区。1953年，成立西双版纳傣族自治区，辖区包括车里县、佛海县、南峤县、镇越县。1955年，撤销4县，把西双版纳重新划为12版纳，并将西双版纳傣族自治区改为西双版纳傣族自治州。1960年，自治州将版纳制改为县制，并将易武县改为勐腊县。① 2010年，撤销云南农垦集团西双版纳农垦分局，设立西双版纳州农垦局，成为西双版纳州直属单位，下辖12个农场。② 现今，西双版纳一市两县三区共辖31个

---

① 参见西双版纳傣族自治州地方志编纂委员会《西双版纳傣族自治州志·上册》，新华出版社2001年版，第97—100页。

② 在2010年农场改制之前，云南农垦集团西双版纳农垦分局共有10个农场，改制后划为12个农场，在本书中，作者在引用2010年以前的资料时沿用10个农场的建制，2010年后的资料就使用12个农场的建制。

乡镇和 1 个街道办事处,有 220 个村民委员会(辖 2179 个自然村)和 22 个居民委员会,以及 12 个农场。[①]

二 传统社会状况和宗教关系

中华人民共和国成立之前,西双版纳境内 13 个世居民族,分别居住在平坝、半山区和山区的立体生态空间中。依赖不同的生态环境,各民族的生产生活方式也各有特色,比如傣族、壮族、回族居住在平坝,以水稻种植为主,过着定居生活;哈尼族、拉祜族、布朗族、苗族、瑶族、彝族等居住在山区和半山区,以刀耕火种为主。政治上实行土司制度,中央政权不直接过问地方政务,由傣族召片领和各级土司管理当地各民族事务;在民族内部,实行以乡村社区为单位的自治。在宗教信仰方面,既存在自然崇拜、祖先崇拜等原始宗教,也有道教、佛教、伊斯兰教和基督教等制度性宗教。在信仰群体上,不同民族甚至同一民族的不同支系信仰不同的宗教。在同一信仰群体内还出现了不同宗教文化的叠加融合,如傣族的原始宗教与佛教、"回傣"的伊斯兰教信仰和鬼神意识、瑶族的原始宗教与道教、壮族吸纳的傣族宗教元素等。生态环境区隔了民族分布,造就了不同的生产生活方式,进而形成各自独立的民族群体组织,勾画出民族之间、地区之间、村寨之间的界限。宗教信仰与民族结构相融合,宗教关系表现为文化上的交流会通和群体上的区隔分界。在传统社会中,宗教与民族社会是一种"强嵌入"关系。

---

① 参见西双版纳傣族自治州统计局《西双版纳傣族自治州统计年鉴 2009》,2009 年版,第 1 页。

（一）传统时期社会状况

1. 民族分布

西双版纳13个世居民族在长期的生存历练中，形成了固定的居住格局。傣族在西双版纳两县一市均匀分布，几乎占据了所有平坝。勐腊的三个壮族村寨和勐海的两个回傣村寨，也"镶嵌"在平坝的傣族村寨中间。其他少数民族可统称为山地民族，居住在围绕平坝盆地的山区和半山区。早期来此的汉族因不适应平坝的湿热气候，避居于勐海、勐腊等地山区，以经商、务农为主，被称为"山头汉族"。总体来讲，傣族在西双版纳境内人数最多，却被大山分隔在大小不一的坝区内，力量不便于集中；山地民族也被平坝盆地所割裂，只能占据各个孤立的山头。虽然各民族都有聚族而居的特点，却没有形成联合成片的单一民族群体。1953年第一次全国人口普查，西双版纳总人口为227850人，其中，傣族123427人，占总人口的54.17%；汉族14726人，占总人口的6.46%；回族498人，占总人口的0.22%；哈尼族32840人，占总人口的14.4%；拉祜族490人，占总人口的0.22%；布朗族12440人，占总人口的5.46%；彝族9115人，占总人口的4.0%；基诺族3860人，占总人口的1.69%；瑶族7135人，占总人口的3.13%；佤族3736人，占总人口的1.64%；苗族101人，占总人口的0.04%；壮族479人，占总人口的0.21%；其他19003人，占总人口的8.36%。[1][2] 总体而言，西双版纳因特殊的地理地貌和民族特性形成了各世居民族以村落聚居为基础，坝区民族（主要指

---

[1] 参见西双版纳傣族自治州地方志编纂委员会《西双版纳傣族自治州志·上册》，新华出版社2001年版，第373页。

[2] 此次人口统计中，因民族识别尚未完成，所以各民族人口数据存在出入，比如当时基诺族尚未被识别，多数壮族被识别为傣族，阿克人、克木人、补过人、昆格人等尚未确定归属哪个民族。清末以后，随着柯树勋入主西双版纳，汉族以为官、经商、当兵开始居住在坝区城镇，而这部分汉族在此居住没有超过100年，并不属于世居民族。

傣族）与山地民族立体式交错分布的格局。

关于各民族的立体分布格局前人已做过深入研究，并形成一定的共识。

第一，民族之间的关系状况决定了民族居住格局。各民族在争夺优良生活空间的过程中，发生了残酷的冲突甚至战争，最终具有较强势力的民族占据了条件较好的土地，并将其他弱小民族驱赶、排斥到山腰、山头甚至偏远山地。[①] 在历史沿革中，各民族为了争夺自己的生存空间，扩展自己的势力范围，彼此之间经常发生战争和民族迁移。宋淳熙七年（1180年），傣族首领帕雅真通过征战统一勐泐，建立景陇王国，成为西双版纳的统治民族，占据了所有坝区。其他民族主要争夺山林的占据权。如"百濮"支系的布朗族原先居住在哀牢山地区，由于民族争斗或民族压迫，不断地由北向南迁徙，最后到达中缅边境的布朗山。而在其迁移路途中也留下了生生不息的"遗迹"。现在由哈尼族居住的南糯山、格朗和等处的老茶树，就是当年由布朗族栽种的。

第二，民族居住格局反过来影响民族经济社会发展。在对周围生活环境的适应中，"各民族对气候、地貌、土质乃至经济类型经历着从适应到依赖的历史过程，形成一种居住和分布定势"[②]。如氐羌支系的哈尼族、拉祜族和彝族等多数居住在海拔较高的凉爽山区，从事刀耕火种的粗放种植业；而百越支系的傣族、壮族在河谷地带长期生活中逐步适应了湿热气候，主要进行水田稻谷种植。西双版纳处于亚热带地区，干季和雨季分明。在干季，山地民族会下山到坝区做短工或是为土司服劳役，外地商人也会进入坝区赶街串寨，买卖商品。但在雨季，整日阴雨连连，气候湿热，容易得疟疾（俗称"黑尿病"），汉

---

① 参见郑杭生《民族社会学概论》，中国人民大学出版社2011年版，第60页。
② 赵世林、伍琼华：《傣族文化志》，云南民族出版社1997年版，第5页。

族和其他山地民族在雨季来临之前早早地收拾行囊离开坝区，返回本土。① 傣族长期生活在低热的河谷地带，体质、饮食上已经适应了这种气候，并发展出相应的医药文化。各民族在迁移过程中，倾向于寻找适宜的生存环境，特别是与自己的生产生活方式相适应的地理生态环境。② 傣族寻找适于水稻种植的河谷，山地民族寻找凉爽的山地，从而形成了民族群体的立体分布。各民族适应各自的生态环境，形成独具特色的生产生活方式，安守各自的生存空间，和平相处。自然生态与民族关系共同影响了民族群体的居住选择，又客观上造就了多民族群体的立体分布。

2. 土司制度

西双版纳地区的傣族土司政治制度进一步巩固了民族分布格局。12 世纪傣族头领叭真征服各部建立"景龙金殿国"，归属大理政权管辖。蒙古政权征服云南后，对澜沧江以西的"僰"实行"委土人酋长为首领，不变其原有制度，使世袭统治之"的土司制度。明清王朝对西双版纳地区的统治，沿袭了土司制度。民国时期，代表中央在西双版纳主政的柯树勋，呈报《治边十二陈》，提出"设流不改土"的政治改革主张，获得批准。1945 年 2 月，云南省政府主席龙云册封刀世勋为"车里宣慰使"。1956 年 12 月 19 日，通过土地改革，彻底结束了约 800 年的土司制度。

土司制度在西双版纳地区形成一套完备的行政管理体系。中央一级政权以召片领为首，下面设有"召童叭萨""召景哈""怀朗曼凹""召童叭竜办"四大部门，分别负责政治、经济、军事等事务。地方一级的各勐土司是整个政权的中坚力量，也真正掌握着经济、军事的实际权力。由"召贯"和"叭浩"辅助治理地方事务，并负责与中央的政权联系。傣族民众分为"召庄"（自由民）、"傣勐"、"滚很召"

---

① 参见江应樑《摆夷的经济文化生活》，云南人民出版社 2008 年版，第 63 页。
② 参见赵世林、伍琼华《傣族文化志》，云南民族出版社 1997 年版，第 6 页。

（仆人）等级别，勐内相同级别的村寨组成一个"召火西"，共同承担劳役或其他义务。居住于坝区的壮族（当时被识别为傣族）和回族同样被纳入这种"火西"管理体系内。村寨头人被委任为"叭""鲊""老先"，负责村寨管理。村寨包括几个家族，每个家族称作"景哈翁沙"，有属于自己的家族田和鱼塘等。每个家族由头人负责土地的分配和内部管理。由此可见，村寨一级的管理（包括家族内部管理）属于农村公社和家族公社制度的范畴，是一种自治形式；召片领、召勐、召火西的管理属于政权组织范畴，但这种政权形式很少直接插手村寨事务。村寨成为土司制度的基本组织单位。

傣族土司将本区域内的其他少数民族划分为 12 个区域，设立"卡西双火圈"，通过"火圈"行政组织形式把山地民族置于统治范围内。傣族最高统治者"召片领"在每个"火圈"封该民族的一个头人为"叭笼"，封傣族官员为这些"火圈"的"波朗"，形成一个自上而下的交叉、重叠统治模式。各级土司对山地民族的统治以征收贡纳和劳役为主要目的，并不干预各民族的内部管理事务，不改变他们的社会组织形态。山地民族的社会形态多数处在农村公社和氏族公社阶段，以血缘、地缘和宗教为纽带维持氏族、家支和村寨等群体的凝聚力，并在征服自然、争夺资源的过程中形成群体之间的边界。村寨成为血缘和地缘交结的凝聚点，成为各民族成员寻求归属的依托和进行自治的基本单位。历代王朝对西双版纳没有实现中央集权统治，而当地傣族土司也没有将其他少数民族置于直接统治之下。在西双版纳，不论是作为统治民族的傣族，还是其他少数民族，都拥有自由发展的空间。①

---

① 拉铁摩尔主张中国北方的农耕民族与游牧民族存在生产生活方式的天然区隔，长城一线成为农耕文化与游牧文明的分水岭。而在云南境内，立体的生态环境也造就了山顶、山腰与平坝各民族立体分布的文化生态。在传统社会，这种立体文化生态成为民族分布的天然屏障。不论在傣族占据统治地位的西双版纳、德宏地区，还是彝族、白族和汉族占统治地位的滇中地区（元江、新平、景谷以及金沙江流域），傣族居住坝区，彝族居住山区。在西双版纳，彝族向傣族土司纳贡服役；而元江甘庄坝上寨的傣族却租种彝族土司的土地。

3. 经济生活

西双版纳属于封建领主经济，接受中央王朝册封的召片领在名义上拥有所有土地。而召勐实际控制着各勐的平坝土地以及周围山林。普通民众以村寨、家族、氏族的形式占有土地。傣族将村寨占有的土地分为"纳曼"（村寨公有田）、"纳召"（官员俸禄田）、"纳洼"（庙地）和"纳贝"（荒地）四类。此外，还存在大量的家族田——"纳哈滚"，由不同家族集体占有。山区各民族也是以村寨、氏族、"大房子"为单位占有土地，然后将寨公田、家族田、氏族公有土地分配给各个家庭使用。虽然"山头汉族"已经发展到了土地家庭私有制阶段，甚至在勐腊县的易武、依邦形成了颇具规模的小集镇；但是因聚族而居的民族格局，汉族占有的土地也以村寨界限与其他民族区分开来。土地占有以封建领主制、农村公社制、家族公社制三种形式并存为主，形成以家庭—家族—村寨—勐—召片领等多层级所有制形式。这种土地所有制以地缘为基础，延续了血缘传统，并加以政权的控制。成员离开村寨都要将分得的寨公田、家族田交回村寨或家族。如果是从一个勐迁移到另一个勐，还需要召勐的同意，重新进行土地和义务的分配。

各民族居住在不同的生态环境中，形成与之相应的生产和生活方式。傣族、壮族居住在湿热的河谷平坝，土地肥沃，灌溉便利，适宜种植水稻，以定耕或轮耕为主。所以，傣族和壮族习惯于定居生活，村寨规模较大，房屋建筑是利于通风防潮的两层竹楼，食物以酸辣为主，衣着以鲜亮淡雅为主色调，喜欢在河中沐浴。山区土地坡度大，养分容易流失，且难以利用水力设施，只能靠自然降雨进行灌溉，但拥有广阔的山林。山地民族主要从事砍树烧山、刀耕火种的生产方式，种植旱稻、玉米等耐旱作物。刀耕火种分定耕和游耕两种。布朗族、基诺族、哈尼族、拉祜族实行定耕式刀耕火种，并不进行村寨集体迁移。而苗族、瑶族、克木人以游耕为主，需要经常迁移，寻找适宜的山林进行砍烧。一般而言，实行定耕的布朗族、基诺族、彝族、哈尼族等居住在较平缓的半山腰；而过着游耕生活的苗族和瑶族往往生活在高山深箐之间。山地民族村寨规模较小，房屋较低矮，服装以黑色、青色等深色调为主，注重金银修饰。各民族在生产、生活方式上也逐步形成了平坝—半山腰—山区的层级区分。

在传统社会，地缘关系是经济关系的基础，并制约着政治、社会和文化关系。虽然平坝和山区因物产不同存在互补交换的需要和事实，并有频繁的人际往来，但民族的地域界线依然明显。比如在民族通婚上，傣族只与同样处在平坝的壮族、回族通婚，而鲜有与哈尼族、彝族等山地民族通婚的现象；"山头汉族"也只是在彝族、哈尼族、拉祜族中寻找结婚伴侣。这里虽有民族歧视的成分，但更多原因可能是生态差异造成的生产生活方式的不同。

（二）传统时期宗教文化

1. 傣族宗教信仰

西双版纳的傣族原本信仰本民族的原始宗教，崇拜水神、猎神、谷神、家神、寨神、勐神等。这些崇拜囊括了自然崇拜、祖先崇拜和社神崇拜。南传上座部佛教传入傣族地区后，与傣族原有宗教碰撞、冲突、混杂、并存、彼此吸纳、相互借鉴，在历史的沉淀中叠加融合成傣族独特的民族信仰。傣族神话《谷魂奶奶的故事》（"雅欢毫"也翻译为谷魂爷爷）中，叙述了代表佛教的佛祖和代表原始宗教的谷魂经过斗争较量，并和解共存，最后谷魂被纳入寺庙的神灵序列。宗教祭祀上，南传佛教的僧人也常常参与原始宗教的活动。比如傣族民众相信恶鬼的存在，为防范它们害人或糟蹋庄稼，要请巫师用竹片和草绳编制"达了"，再念防鬼经，使其具有神圣的功效。后来，寺院僧人也参与制作"达了"，同样具有效力。傣族最为看重的"赕"佛活动中包含着浓厚的鬼神信仰和祖先崇拜的成分。父母一方或双方去世就要参与"赕",首先为死去的父母献供品,分两种情况:非正常死亡的只能在寺庙大门外献供品,正常死亡的在寺庙的院子里献,由僧人念经,请逝去的父母来享用,然后才进入大殿向佛祖献上供品,拜佛念经。难怪在外国传教士看来,"无论如何这里信佛的人远没有信鬼神那样严明认真"①。

图 2-1　傣族村寨路口用于赕鬼的祭品

傣族信仰体系复杂多样。在原始宗教的神灵体系中,从家神"丢瓦拉很"、寨神"丢瓦拉曼"到勐神"丢瓦拉勐",构筑起一个有序的信仰空间。每个层次的保护神都有各自的空间界限。凡家中有人外出远行、离家归来或留宿外人,男主人都要首先告知家神,持香跪拜,求得家神的许可和保护。村寨有家庭搬出或迁入时,由"召曼"祭祀寨神"丢瓦拉曼"、寨鬼"丢瓦拉棒",告知当事者的名字,至此搬出者成为"外人",而迁入者获得村寨成员资格,死后可以葬入坟山。勐神的祭祀由祭师"莫勐"主持,土司向"莫勐"传达祭祀的请求,为全勐群众祈福。在祭勐神、寨神时,禁止外人进入,在各路口或村

---

① ［美］杜德（Dr. william, cliffton Dodd）:《在西双版纳传播基督教见闻》,载《版纳文史资料选辑》第七辑,岩宰(傣族)译,云南民族出版社 1992 年版,第 226 页。

寨四周悬挂"达了",并派人把守看护。

在傣族的鬼神信仰中,最厉害的恶鬼有两种:"琵琶"和"扑食"。江应樑和姚荷生都记载了这两种恶鬼。其中,"扑食"(姚荷生写为"扑死")就如王明珂描述的羌族信仰中毒药猫的故事。那些从外村嫁进来的女人白天和平常人一样,晚上变成猫去祸害邻居。傣族信仰中的"扑食"多数也为女人,会变成牛、猪、马、虎和飞虫,喜欢吃腐肉和吸人的脑髓。关于"琵琶鬼"的描述却莫衷一是,江应樑和艾菊红认为被"琵琶鬼"(为"皮迫"或"披巴")附身的人会去缠祟其他村民;而姚荷生认为村寨妇女豢养"琵琶鬼"(为"琵拍"),然后放鬼出来害人。① 笔者曾经听一位傣族末代土司讲过"琵琶鬼"的故事。他说,一个傣族货郎到村寨里卖东西,一个村民偷拿了他的货物,等那人走后,这位村民就被鬼附身,口吐白沫,胡言乱语。王明珂认为毒药猫的故事是在父权社会中为了消除村寨成员对意外死亡、奇怪病疫的恐惧和骚乱,以村寨外的女人为替罪羔羊使村寨得到洁净,疏解社会紧张,强化村寨和家族凝聚力,再次明确村寨界限。

在佛教传入以后,几乎每个村寨都建有佛寺,成为村寨的另一个守护神;在以"陇"或"播"的行政区划内设有一个中心佛寺,在每月十五日和三十日,各佛寺住持集中到中心佛寺,汇报本寺情况,听中心佛寺的祜巴讲经;中心佛寺的住持又要定期向大佛寺"洼龙勐"汇报情况,交流佛学;最大佛寺建在宣慰街,寺院住持由召片领出家的直系亲属担任。所有佛寺都要听从召片领,尊称其为"松溜帕真召"(意为"至尊佛祖")。在泼水节等重要节日召片领会为各勐土司或普通百姓摸顶祝福,显示其在现世具有的崇高神圣性。傣族原始宗教已经形成凝聚家庭、村寨和勐的神灵体系,却缺乏涵括整个傣族的

---

① 参见姚荷生《水摆夷风土记》,上海文艺出版社 1990 年影印本,第 213 页;江应樑《摆夷的经济文化生活》,云南人民出版社 2008 年版,第 231 页;艾菊红《身份的政治学——西双版纳傣族基督徒的身份研究》,《世界宗教研究》2014 年第 5 期;王明珂《羌在汉藏之间:川西羌族的历史人类学研究》,中华书局 2008 年版,第 111 页。

至圣神。佛教在融合原始宗教信仰的基础上，从村寨到地方，再到整个西双版纳傣族，建构出完整的信仰空间。其中，信仰单位的地域性特点最为突出。这与农业社会以土地为基础形成的社会结构相适应。

图 2-2　傣族小和尚

2. 其他世居民族的宗教

西双版纳世居民族中，汉族传承了宗族制的祖先崇拜，并崇信汉传佛教。勐海的"山头汉族"村寨规模较小，并且比较分散，没有建立祠堂，也没有佛寺。在易武、曼腊、依邦等老茶山，大量红河州石屏县汉族茶商前来做生意，形成一些颇具规模的汉族聚居区，零星建有一些佛教寺庙、宗祠和会馆。壮族延续传统万物有灵的自然崇拜、祖先崇拜、英雄崇拜，并受傣族信仰的影响，进行祭祀"帕雅神"和寨心的社神信仰，建有土地庙。回族虔诚地信仰伊斯兰教，村寨内建有清真寺。因与傣族持续通婚，受到傣族鬼神观念的浸染。如这部分回族像傣族一样进行赕鬼，将装死人的"木匣"留在坟地，以免把鬼魂带回村寨。哈尼族有自然崇拜、鬼魂观念、祖先崇拜和社神信仰，表现为祭风雨雷电、水井、土地神（叫谷魂）、树魂、赶恶鬼，在女室火塘的房顶设有祭祀祖先（家神"张米麻"）的祭台"阿培婆罗"，认为寨神"米桑罗"保佑村寨内一切生灵的平安，并有立寨门"竜巴门"的习惯，视为人鬼分开的界线。在布朗族的观念中，鬼神不分，但有善恶之别，祭祀树神、山神、火神等，并有"叫魂"活动；存在对竹鼠、癞蛤蟆的图腾崇拜；祭祀家神、氏族神和寨神；接受佛教信仰，村寨建有寺庙。基诺族信仰万物有灵、灵魂不灭，也是鬼神不分，只有好鬼与坏鬼的区别；崇拜祖先阿嫫腰北，视大木鼓为圣物，并有"打黄牛"的祭祖仪式；集体祭祀天神、地神、谷神、寨神（"左米思巴"）。拉祜族有灵魂鬼神观念，崇拜天神"厄莎"；把祖先供奉为家神，设有祭祀家神的神位"页尼"；建有庙房或者视神树为村寨的保护神。彝族不仅崇拜风雨雷电自然万物，还供奉祖先、天地、灶君、仓笼、上神等神灵，举行祭火神、招谷魂、祭土地神、祭仓笼神、祭灶神、祭竜神、赶寨鬼等活动。瑶族敬畏风雨雷电、盘王、家先、神农、灶神、社王等原始宗教的神灵；也崇拜玉皇、玉清、上清、太清、上元、中元、下元等道教诸"神仙"。西双版纳瑶族信仰的道教主要是天师道，以画符念咒、驱鬼降妖、斋醮祈禳为主。

自然崇拜是人们渴望认识、控制自然环境的反映。祖先崇拜是对血缘群体的依附和眷恋；社神崇拜是不同的血缘群体共同生活在一个区域内，在日常生活中超越了血缘界限，形成了集体性地域认同，某个祖先神或英雄神上升为本区域内的社神。西双版纳所有民族的宗教信仰含有原始宗教的成分，多数正处于原始宗教阶段。宗教信仰依附于民族群体之上。各民族虽都存在自然崇拜、祖先崇拜和社神崇拜，但各自崇拜的内容和祭祀活动却有差异。汉族信仰汉传佛教，傣族和布朗族信仰南传上座部佛教，瑶族信仰道教，回族信仰伊斯兰教，这些民族的制度性宗教融合了原始宗教或者掺杂了鬼神观念，从而使制度性普世宗教带有了强烈的民族特色。民族群体因生态差异被区隔在不同区域内，在同一区域内的几个民族持有相同的生产生活方式，但因资源争夺和不同的迁移历史保持着明显的社会距离。不同民族以村寨为单位掺杂居住，并彼此保持适当社会距离。反映在总体信仰关系上，家庭、家族、氏族、村寨、民族内部的同一性和凝聚力，群体外部的区隔性和排斥力，交织成张弛有度的信仰网络。

3. 宗教生态关系

在传统社会，民族、宗教、地域、政治、生态、文化（生产方式、生活习俗）等多个维度的群体边界相互叠加，彼此嵌入，共同建构民族群体之间资源竞争和群体内部利益共享的身份认同。这一时期即使有宗教文化传入西双版纳地区，在嵌入民族社会的过程中也必须适应这种社会结构。比如南传上座部佛教传入西双版纳的傣族和布朗族社会，但两个民族不因信仰同一种宗教就融合为一个群体。佛教与傣族、布朗族的原始宗教相互吸纳，形成各具特色的民族信仰。在传统社会，制度性宗教的传入并没有改变西双版纳的民族关系结构。外来移民同样没能改变界限分明的民族格局。明末清初，壮族从广西迁入西双版纳，与傣族比邻而居，并与傣族保持通婚，穿傣装，说傣语，住干栏式竹楼，祭寨心和"帕雅"神等傣族原始宗教的神灵体系，曾一度被识别为傣族。但这部分壮族依然保持着过春节、小年、新米节等壮族传统节日，传承着本民族祭拜祖先、天神和英雄神的信仰基因，进而维持了两个民族的群体界限。清朝时期，一部分回族因经商、逃难来到西双版纳，与傣族建立亲密的联系，娶傣族姑娘为妻，穿傣装，说傣话，受到傣族鬼神信仰的影响，并与傣族一起被编入土司管理下的火扫、火西组织体系，被形象地称为"回傣"或"帕西傣"。但"回傣"的伊斯兰教信仰、饮食禁忌、宗教节日，以及创造性地过春节，建构出与傣族不同的民族身份。"回傣"和壮族等移民群体都以村寨为单位呈现民族界限。南传上座部佛教在傣族和布朗族中呈现不同的形式，参与两个民族寨神的祭拜活动，护佑村寨平安兴旺，增强村寨凝聚力，维持村寨的群体界限。换句话说，一个村寨内不允许存在不同的信仰群体,信仰与村寨界限完全重叠。

在传统社会,坝区和山区因为生态环境不同,生产生活方式的差异,形成事实上的地域、经济、社会的区隔状态。所有民族都要向土地索取日用的一切,相互争夺土地资源,形成与各类土地相适应的生产生活方式和文化传统。不同民族因资源竞争而形成相互区分的群体界限,宗教、生活方式、语言、服饰等都成为界限区分的符号。民族社区是占有土地资源的基本群体组织,也是这些界限符号的承载体。社区界限与这些符号界限叠合在一起,相互强化,彼此缠绕。所以,不同宗教成为不同民族群体、民族社区彼此区分的象征。社区内部是同质性的民族成员,持有同质性的宗教信仰;而社区之外可以容忍不同民族成员和异教徒的存在。各民族传统信仰也能接纳外民族成员,使其转变为本民族宗教的一员。但这种以地域为基础的信仰群体,只有进入村寨社区,才能被接纳为信徒。在这种社会形态下,多种宗教只能存在于不同的社区;不同民族社区之间相互区分、排斥,促成了以社区为单位相互制衡、和谐共处的宗教生态关系。

(三)传统时期基督教的适应与融合

1. 基督教传入西双版纳

美国长老会在泰国宣教成功以后,再传入西双版纳地区,成为唯一将基督教植根于此地的教派。由于缺乏确切的文字记载,对基督教在西双版纳的传播历史,主要通过新中国成立后访谈一些知情人获得。基督教何时传入西双版纳,都莫衷一是。[①] 目前西双版纳傣族自

---

① 《西双版纳傣族社会综合调查(一)》(民族出版社 2009 年版,第 113 页)记载基督教传入时间为 1913 年,到 1931 年左右才建盖教堂(1958 年访谈所得)。《版纳文史资料选辑》第五辑(1989 年版,第 212 页)记载为 1920 年传入并开始建盖教堂。《西双版纳傣族自治州民族宗教志》(云南民族出版社 2006 年版,第 223 页)记载传入时间为 1917 年 10 月。第一个接受基督教信仰的傣族村寨——曼嘎村寨简介中记载为 1913 年。杨民康的《本土化与现代性:云南少数民族基督教仪式音乐研究》(宗教文化出版社 2008 年版,第 239 页)记载 1883 年西双版纳开始建盖教堂。

治州基督教协会正在筹备"西双版纳傣族自治州基督教百年庆典"。据协会负责人讲，基督教正式传入的时间是1917年，现在协会想通过筹备活动再次复兴基督教，等到2017年才正式组织庆典。美国传教士杜德（Dr. william, cliffton Dodd）根据同伴和自己的传教日记写成《泰族》一书，记载了他们在西双版纳的传教经历。1893年，美国传教士尔拉维和马高瓦里第一次踏入西双版纳的疆界，在景洪等地进行考察和传教。第二次，马高瓦里独自一人再次到景洪传教，并到达勐捧、勐腊等地。第三次，杜德在1897年11月从打洛进入西双版纳，到达勐混、景真、勐遮后返回。第四次，杜德于1910年11月绕道昆明，到达景洪。第五次是1914年杜德陪同马高瓦里到景洪。1915年传教团委派了一名泰国泰族传教士，第六次进入西双版纳传教。传教士六次进入西双版纳，只进行了短暂的游历，了解当地风土人情，医病施药，散发《圣经》，每个村寨只住一两晚上，收效不大。1917年10月15日，传教士马森和彼贝（音译）开始在景洪建立传教点，进行常住传教。① 在短短25年时间里，传教士频繁往来于西双版纳各地考察和传教，被访者时间记忆混乱也实属正常。

传教士依照当地礼节向召片领刀承恩赠送饼干、布匹和糖果等礼品，表达了在景洪建立一座医院，医治当时流行成灾的麻风病的想法，请求划一块土地。召片领在征得当时普思沿边行政总局局长柯树勋的同意后，将澜沧江边的百亩土地租给传教士，租期为99年。传教士陆续建盖了一个电锯木板加工厂、一所医院（分住院部和门诊部）、一座教堂、一所学校、三幢住宅楼房，并在海拔较高的"占天"山建了一栋别墅，用于盛夏之时避暑居住。由议事庭"召景哈"和当地头人动员周围傣族村民去伐木、打围墙、捡卵石、烧石灰，帮助传教士建盖房屋，工资按日结算。

---

① ［美］杜德（Dr. william, cliffton Dodd）：《在西双版纳传播基督教见闻》，载《版纳文史资料选辑》第七辑，岩宰（傣族）译，云南民族出版社1992年版，第221—223页。

2. 基督教地域适应方式

从 1917 年传教士入驻西双版纳到 1944 年左右传教士全部离开，先后共有三批传教士常驻景洪进行传教。记载比较清楚的有巴克太太（Mrs. Cark）、胡古丁、纳尔逊医生（Neson）、汤姆士牧师（Reu. Thomas），第一批到来的还有一对"傣允"（泰国人）夫妇。[①]杜德属于第二批常驻景洪的传教士，入驻时间是 1918 年 10 月 26 日。传教士采取几种方式进行传教。

第一，注意与土司、政府官员搞好关系，争取政权支持。传教士曾赠送召片领两支枪，召片领回礼一个大锣，以示友好。杜德 1910 年曾送给柯树勋一本《圣经》。在 1915 年杜德再次到达景洪时，柯树勋还一直珍藏着这本《圣经》。1936 年巴克太太从元江回到景洪，负责教会事务。她经常邀请当地商人和官员的眷属来家做客，喝咖啡，吃洋点心，做游戏，取得这些贵妇人的好感。1938 年，姚荷生被云南省政府派到西双版纳做民族调研，与纳尔逊医生建立了深厚的友谊。纳尔逊尽心为姚荷生医病，姚荷生为纳尔逊做翻译；两者经常聚餐，姚荷生邀请纳尔逊品尝中餐，纳尔逊以西餐招待姚荷生，饭后或下棋玩牌，或促膝畅谈。传教士与社会上层的交往，为传教活动营造了良好的政治氛围。虽然傣族土司和汉族官员、商人并没有信仰基督教，但召片领为传教士开具到各地传教、考察的通行证，派人帮其抬轿和背行李，为其提供政治支持。医院医治麻风病人的费用，由政府和土司负责征收，在门户税中增加一项麻风费，每一家 5 个铜板。传教士宣称，信仰基督教可以免除捐税和劳役，更是利用治外法权和不平等条约干涉中国内政，以吸引当地下层民众入教。

---

① 由于多数资料的收集是通过访谈傣族老人所得，然后翻译为汉文；有些文献是英文翻译成泰文，再翻译成汉文，所以传教士的名字就失真了，并且没有人物事迹，更难以鉴别。巴克夫妇从景洪到元江花腰傣地区传教。巴克是一名医生，在元江治疗疟疾很有成效，却不幸染疾病逝，后来巴克太太带一批花腰傣信徒返回景洪。1941 年，纳尔逊医生去勐海途中，过河时不慎失足淹死。

　　第二，以慈善换人心，拯救世人，发展信徒。传教士建立了西双版纳第一所医院，并用傣文印发传单进行宣传，不分民族、阶层，收治一切患病者，对贫苦百姓少收或者不收医药费。专门在离城十几里的"藤燕"（灌木林）建盖房屋，收容被村寨驱逐出来的麻风病人，免费进行医疗，并向他们宣讲福音，后来这个被隔离的村寨就取名"曼燕"。据姚荷生记载，曼燕村整理得比其他村寨清洁很多。纳尔逊医生每个星期要到曼燕两次，为患者打针，成为这些"受苦人的救星"。[1][2] 在傣族原始宗教信仰中，认为"琵琶鬼"会祸害百姓和村寨。一旦有人被"确认"为"琵琶鬼"，全体村民就会集中起来，烧掉他家的房子，杀死牲畜，将他全家赶出村寨。传教士接纳了这些肉体和灵魂都"无家可归"者，将他们引入了上帝的伊甸园，皈信了基督教。在教会附近，有一个被诬为"琵琶鬼"的傣族群众聚居形成的村寨，最早接受了基督教。因一对"傣允"（泰国人）传教士夫妇最先在此居住，取名为"曼嘎"。在勐宽（现属勐罕镇），同样有一个被诬为"琵琶鬼"的村寨接受了基督教。

　　第三，开展民族事工，降低在信仰沟通上的阻力。传教士在进入西双版纳传教之前，先在泰国进行泰语学习；委派与傣族同族源的"傣允"传教士在傣族群众中传教；注重在当地傣族信徒中培养传教助手。胡古丁在西双版纳培养了 8 名傣族传教士、五六名医生，并将部分信徒送到泰国学习圣经、英文和泰文。传教士建立了一所小学，教授汉语、英语和傣语课程，宣讲圣经，由美国传教士负责英文课程。在傣族信徒和泰国传教士的协助下，美国传教士将圣经《旧约》和赞美诗翻译成傣文；在集市上，用图画的形式向前来赶街的多民族群众宣讲圣经故事，方便了传教和信徒对基督教真理的认识。姚荷生在 1938 年看到的情景是，美国传教士并不直接传教，而是由其培养

---

① 参见姚荷生《水摆夷风土记》，上海文艺出版社 1990 年影印本，第 80—83 页。
② 本书调研于 1938—1939 年。

的傣族助手负责向当地少数民族群众讲解教义。

第四，传教士对傣族所信奉的佛教抱持蔑视和诋毁的态度。傣族保持着浓厚的原始宗教信仰，并有一千多年的佛教信仰传统，强烈排斥基督教的传入。而传教士认为，傣族跪拜的佛像只是泥塑、石刻的偶像而已，并非真神。20世纪20年代，传教士为了达到诋毁佛教的目的，出钱蛊惑个别布朗族群众将破鞋袜、破裙子、破裤子等放在宣慰街佛寺的白塔佛像上。因为傣族认为将这些脏东西放在佛像上是对佛祖的最大冒犯，引起当地群众的愤怒和谴责。

图 2-3　外国传教士建盖的医院

3. 基督教会"嵌入"民族社区

几批传教士前赴后继，在西双版纳苦心经营二三十年，发展信徒二三百人，以曼嘎、勐宽、曼燕的傣族信徒为主。跟随巴克太太从元江搬迁来的花腰傣基督徒，在巴克太太离开景洪后也相继返回原籍。传教士离开后，三个傣族村寨的信徒依然坚持基督教信仰和传教，一直持续到1957年才完全停止。

在西双版纳地区，因傣族浓厚的鬼神观念，经常有人被污蔑为"琵琶鬼"，全家被赶出村寨，聚居形成许多"琵琶鬼寨"。在受傣族信仰文化影响的个别少小民族中也存在"琵琶鬼"观念，比如克木人也很惧怕"琵琶鬼"。在景洪市有个叫"五家寨"的克木人寨子，就是由被驱赶出来的五家"琵琶鬼"村民聚居形成的村寨。传统社会，西双版纳各民族遭受麻风病的折磨，尤其以居住在湿热坝区的傣族为甚，几乎每个坝子（勐）都有麻风病村寨。因为麻风病菌会通过呼吸道或破损的皮肤传染，所以一旦发病，全家都要被驱赶出村寨。但是，等患有麻风病的家人去世或子女长大成人，未患病的成员可以搬回原来的村寨或者通过通婚嫁到其他村寨。所以，对麻风病的社会排斥是有时间限制的，是可以克服和消除的。而"琵琶鬼"被赶出村寨，全家再不允许返回，与原来的村寨彻底断裂，被永久性地排斥。[①]所以，两者对基督教的态度也有差别，麻风病人保持徘徊态度，而背负"琵琶鬼"污名的群众却义无反顾地委身于上帝。所有文献多着笔于曼嘎等"琵琶鬼"村寨的基督教信仰，而对受传教士医治的"曼燕"麻风病人的基督教信仰却叙述得模棱两可。所有的麻风病或"琵琶鬼"村寨都受到社会排斥，但只有三个村寨改信了基督教。所以，社会排斥只是个别村寨改信基督教的一个原因，并非充分条件。

---

① 被诬为"琵琶鬼"后，受牵连的只是居住在一个家庭内的成员，已经分家出去的子女、兄弟姐妹、父母并不受牵连。这可能是因为分家后，每个家庭的家神是不同的。而傣族祖先崇拜只追溯到去世的父母，对共同的先祖并不在意。

传统社会中,宗教信仰以村寨社区为基本单位,内部保持信仰的一致性,对外维持村寨边界。这三个傣族村寨被排挤出傣族大家庭,被迫转向一种陌生的文化秩序寻求精神依托。排斥和歧视是造成社会距离的推力,基督教和村寨边界共同维系了这种社会距离。在社会排斥的作用下,这些寨子不仅与普通的傣族寨子有明显的界线,与整个社会也保持着相当远的距离。基督教信仰同样被禁锢在这几个傣族村寨之中,难以突破村寨边界。

三　现代社会发展与宗教关系

从传统社会迈入现代社会是一个漫长的历史过程。从柯树勋入驻西双版纳,到民国初年始设流官,进行行政区划;再到中华人民共和国成立后,废除土司制度,实行民族区域自治,在行政上将地方民族社会纳入国家体制,经济上逐步摆脱种植、采集和狩猎等获取资源的方式,第二、三产业快速发展,呈现出经济形式多样化、社会分工多元化的趋势。大量外来人口进入西双版纳,改变了传统的民族分布格局;社会分工、城市化、民族通婚进一步打破民族界限和地区界限,多民族杂居社区不断涌现。现代化必然带来人的解放和个性的发展,社会个体逐步从自然压力和社会束缚中挣脱出来。基督教因为传统社会结构的转型,跨越了民族界限和地域界线,在多个民族迅速传播,并在发展和交流过程中形成了西双版纳"地域一体性"。基督教传入民族村寨,基督教信仰与传统信仰同处一个村寨甚至一个家族、家庭;不同宗教的信徒进入现代社会组织,成为同学、邻居、同事、朋友等。宗教不再与民族、村寨绑缚在一起,两者之间开始出现裂痕。宗教关系由隔离、排斥走向了相遇、对话。

（一）现代社会变迁

1. 纳入国家体制

封建帝国体制下，西双版纳以土司制度维持了民族自治的社会结构和多样性文化。中华民国的成立标志着中国正式进入民族国家政权体制。中华民国元年7月，柯树勋呈报的《治边十二陈》主张土官和流官并存；次年9月，成立普思沿边行政总局，正式纳入国家行政编制。中华人民共和国成立以后，进行土地改革，废除土司制度，成立西双版纳民族区域自治政府。国家法律和国民教育替代了少数民族习惯法和以宗教教育为载体的民族文化传承方式。国家体制打破了各少数民族村社自治的政治格局，将所有民族纳入国家一体化建制。

2. 经济生活多样化

西双版纳在封建领主制度下，属于自给自足的小农经济。布朗族、拉祜族、瑶族、佤族、基诺族以及部分哈尼族等山地民族还处于原始社会阶段，主要从事刀耕火种的游耕农业，没有明显的阶级分化。1949年以后没有经历土地改革，直接过渡到社会主义社会，成为"直过民族"，经济情况基本没有变化。直到改革开放的春风渐次吹到祖国西南边疆这块神圣的土地，社会经济才实现了跨越式发展。西双版纳根据自身特点，借助外部资金和人才支持，积极发展第二、三产业。水力发电、旅游、铁矿石、水泥、自来水、啤酒等产业快速发展。城市化进程推动了西双版纳房产建筑业"直升式"发展，改变了民族居住格局。在第二、三产业蓬勃发展的同时，西双版纳的第一产业有了质的蜕变。平坝改变单一水稻种植，在景洪市、勐腊县等海拔低的地区种植香蕉等经济作物；在勐海县则种植甘蔗、云麻、亚麻、石斛、蔬菜瓜果等经济作物。山区抛弃了"刀耕火种"的粗放种植方式，在勐海县、易武、象明、基诺山、大渡岗等高寒地区以种植茶叶为主；在景洪市、勐腊县以及勐海县的打洛镇、勐满镇等地势低、气温高、水源充足地区改种橡胶树。到 2010 年，西双版纳三大产业结构占比为 27.6：29.6：42.8。① 西双版纳立足生态旅游、绿色农业的可持续发展思路，合理控制高污染产业。许多生活日用品主要靠外部供应，而本地产品橡胶、香蕉、茶业等以外输为主，推动着交通运输、商品贸易的长足发展。大量外地商人涌入，当地居民的经济意识逐渐觉醒，商品由少到多、由简到繁，将整个地区所有民族都纳入经济熔炉之中。

1949 年以后，来自内地的政府人员、驻扎部队、农场职工使得西双版纳的民族成分和分布格局更为复杂。但是因为体制差别，这部分人并没有真正与当地人"打成一片"，只是在西双版纳的田坝山间增添了几个独立封闭的"小天地"而已。在计划经济体制下，政府调剂市场供给，民众之间的交往状况并没有太大改善。适得其反，因为国家支配市场，坝区傣族和山地各民族之间的物质交易从此隔断，变成各民族群众与国家政府之间的纵向联系。直到党的十一届三中全会以后，市场放开，各个民族进入市场，交往形式呈现多样化、多维化、深入化，群体、地区之间的相互依赖更为迫切，联系更为紧密。经济上的统一价值准则无形中促进了民族间、宗教间的交流和共处。民族、宗教间只有在文化上相互尊重、彼此容忍，才能保证物质交流的顺利进行；反过来，民族、宗教间的经济交流必然伴随群体间的人员互动，带动从语言、风俗习惯到价值观的相互了解。宗教已不是群体之间进行利益争夺的宣传标语和组织手段。当两个群体有着相同的利益诉求，彼此依赖时，两个群体就能越过群体界限友好往来，发展合作交流，促进和谐融洽的交往。

---

① 2011 年西双版纳州十一届人大六次会议政府工作报告。

3. 民族分布杂居化

现代工业促进了人员流动和社会分工，并通过国民教育构筑起各民族共享的基础文化，为世居民族冲破地域束缚、相遇和交流提供了便利。外来人口以工作分配、政府移民、投亲靠友等途径迁入西双版纳，已有45个民族在此聚集。世居民族也增添了新的血液，汉族大量迁入，已遍布全州各个角落；普洱地区的哈尼族"碧约""卡多"等支系，红河、文山地区的苗族和瑶族陆续进入，改变了西双版纳传统民族结构和分布格局。30多万汉族人民陆续迁入，一跃成为西双版纳人口最多的民族。除了居住在城镇的工作人员、街市商人外，还包括十大农场的职工。[①] 农场各个生产队分散在广大农村地区，与世居民族村寨交错分布。到20世纪90年代，西双版纳10个农场、65个分场、896个生产队与两县一市25个乡镇、115个村委会、796个村寨比邻而居。[②] 从普洱市墨江县结群迁移而来的哈尼族在世居民族村落"夹缝"中寻找生存空间，零星组建了许多移民新寨。这些村寨一般规模较小，因为能找到的"剩余"土地毕竟很少，能养活的人口有限，限制了村落规模的肆意扩张。1949年以后，大量白族人口迁入西双版纳，人口已经超过回族、佤族、壮族、景颇族等世居民族。白族以商人和工作人员为主，一般居住在城镇。1944年，"十二版纳人口总计十八万余，以摆夷为主要土著"[③]。到2010年第六次全国人口普查时，全州总人口为1133515人，其中，汉族人口为340431人，占总人口的30.03%；傣族人口为316151人，占总人口的27.89%；哈尼族人口为215434人，占总人口的19.01%；拉祜族人口为61504人，占总人口的5.43%；彝族人口为66731人，占总人口的5.89%；布朗族人口为47529人，占总人口的4.19%；瑶族人口为22266人，

---

① 在2010年改制之前有10个农场，改制后增加为12个农场建制。

② 西双版纳傣族自治州地方志编纂委员会：《西双版纳傣族自治州志·中册》，新华出版社2001年版，第448页。

③ 云南省民政厅1944年编写的《思普沿边开发方案》。

占总人口的 1.96％；基诺族人口为 22124 人，占总人口的 1.95％；苗族人口为 19055 人，占总人口的 1.68％。① 立体生态造就的民族立体分布，现已逐渐挤压成一个重叠平面。生产方式的发展突破了民族分布的地域限制，依附于民族群体的宗教区隔也得以解放。民族与宗教相互纠结、共同建构的社会隔离、地理界限开始松动。

图 2-4　易武茶山汉族老户家的对联

图 2-5　国营农场纪念碑

---

① 　数据来自 2010 年西双版纳州第六次全国人口普查主要数据公报（第 1 号）。

随着社会经济的发展，西双版纳城镇化有了突飞猛进的发展。2010年，西双版纳城镇人口为39%，城镇化显著，[①] 在很大程度上冲击了各民族传统居住格局。我们看到，城镇社区不再是单一民族的村落社区，而是多民族杂居的异质性社区。民族社区对民族交往和日常生活的束缚力量日益减弱。传统农业社会，土地成为各族群众生产生活的基本保障。进入现代社会，社会分工细化，生产专业化，在生产、分配、交换、消费各个领域都为人们提过了寻求生计的机会。人们的利益诉求逐渐脱离土地的束缚，摆脱地域、民族群体的局限，促使利益诉求家庭化、个人化。2010年第六次全国人口普查数据显示，西双版纳州共有家庭314020户，人口为1087224人，平均每个家庭的人口为3.46人，比2000年第五次全国人口普查时的每户平均人口3.73人减少了0.27人。[②] 现代社会，家庭结构逐渐由扩展家庭向核心家庭转化，家庭规模小型化，利益诉求的维系力在分散、弱化。

4. 个体独立性增强

在传统社会，一些需村寨成员共同协作、相互帮扶的生产劳动（如建房、耕作、收割），现在借助先进机械设备，一个家庭甚至单独个人就足以应付。另外，乡邻之间的换工、帮工可以通过市场购买的方式来替代。熟人社会的互助合作，变成了陌生世界的理性契约。社会公共服务和市场经济支撑了社区成员个性的张扬。社区成员成为独立的个体，没有必要完全委身于村寨社区。日益频繁的社会流动加速了传统社区和初级社会团体的解体。传统社区丧失了共同利益的关注点和相互扶持的切合点，凝聚力和排他性销蚀殆尽，统一的行为准则失去效力，共享的文化习俗和宗教礼仪出现凌乱。社会分工与城市化迅猛发展，将各民族从相互区隔的生态空间中聚拢到一起，形成多民族杂居社区。

---

① 2011年西双版纳州十一届人大六次会议政府工作报告。
② 数据来自2010年西双版纳州第六次全国人口普查主要数据公报（第1号）。

传统社会里，村寨是一个利益共同体。个人一旦离开村寨集体，其正常生活马上就会遇到困难，甚至无法生存下去。在生产力低下的前工业社会，村寨社区充当了提供社会服务的初级单位，成为维持社会良性运行的基本组织形式，是各种社会设置的基本单元。所以，社区权威、宗教文化、社会风尚等都以社区为限。民族成员个体的自主性服从于民族群体的自主性，民族自主性更多体现在村寨社区的自主性上。而现代社会，一些社区以强大的吸取力，撕破周围社区的保护层，将人员、资源、文化等统统纳入自己的领地，社区空间容纳不下大量聚集的各类资源，"撑破"原来的社区边界，持续向四周扩展。随着社区不断吸收周边资源，空间不断膨胀，形成一个容纳多个民族成员和文化的庞大社区，这就是城市化的真实写照。庞大社区的归属感已经不再是个体之间面对面的直接交往，变成了国家与个人的直接对话。边缘贫瘠的社区已经没有资源为成员提供安全感和归属感，社区边界变得支离破碎，个人与社区的关系开始变得苍白无力，渐渐成为田园诗般的历史回忆。

（二）现代时期宗教关系

1. 基督教的复兴

20 世纪 50 年代，因政治运动，西双版纳基督教信仰基本停止。教会产业由政府接管，教堂成为武装部的仓库。被隔离治疗的曼燕麻风寨在城市扩建过程中，被分散到景洪市普文镇、勐龙镇和嘎洒镇的麻风病村寨。曼嘎村破除了"琵琶鬼"的污名，投入人民公社集体生产中。1965 年 4 月在西双版纳傣族自治州第三届人民代表大会第二次会议上，通过了《关于保护人身自由和人格平等、严禁诬陷劳动人民为"琵琶鬼"的决议》。1982 年 8 月 18 日西双版纳傣族自治州第六届人民代表大会第一次会议，再次通过决议，重申 1965 年通过的这个决议仍然有效。大量涌入的外来人口也包括大量的基督徒。这些移民在迁出地就已经信仰基督教，只是因为宗教政策的限制，信仰处于蛰伏状态。在宗教政策落实以后，他们与当地傣族基督徒或者彼此扶助，或者各自发展，共同开启了西双版纳地区基督教的复兴之路。

20世纪70年代末期，宗教政策还没有放开，曼嘎村的傣族信徒就开始悄悄聚会。每次礼拜都安排在晚上，并且轮流在不同信徒家里聚会，一直坚持了五六年。到1985年，正式固定在一位宗教领袖家公开聚会，有50多个信徒，并有两个汉族信徒加入。次年，曼嘎村信徒向政府申请，打算收回传教士留下的教堂。但多次申请，都没有得到解决，矛盾不断激化，以致发展到信徒强行闯入教堂进行礼拜。最后，经过协商，政府赔偿曼嘎村5万元，由曼嘎村划一块地，重新建一座教堂。当时，我国香港教会捐资9万元，泰国教会捐资20万泰铢。1992年，曼嘎老堂落成，信徒发展到200多人，汉族信徒人数超过了傣族信徒。曼嘎村恢复信仰以后，开始向当年从曼燕分散出来的麻风病信徒传教。1996年10月22日，嘎洒镇曼养教会举行开堂仪式，正式成立教会。随着教会人数的不断发展以及教会内部管理人员的矛盾，2002年部分信徒从曼嘎老堂独立出来，建立了曼嘎新堂。教会开始向信仰佛教的传统傣族村寨传教，并成功建立了两个聚会点，各有二三十名信徒。其他个别傣族村寨也有零星的基督徒，在临近教会参加礼拜，没有形成单独的傣族教会或聚会点。

外来移民成为基督教信仰的主体，而且是基督教快速传播的助推器。20世纪70年代，普洱市墨江县哈尼族移民携基督教信仰而来，改变了基督教的分布格局，从此勐腊县成为基督教信仰重镇。[①] 1981年，勐腊县迁移来的哈尼族基督徒恢复信仰，开始聚会。1982年，勐

---

① 1970年1月，勐腊、墨江两县商定，从墨江农村（大部分是哈尼族）移民386户，2241人到勐腊、勐捧、尚勇三个公社落户，开发边疆，发展生产。后又有部分哈尼族从思茅市墨江县自发聚众迁移而来，多数为"碧约""卡多"支系。

捧的基督徒开始过圣诞节。勐捧教会成为勐腊县第一个教会，并最早组织信徒受洗。同一时期，大量外来移民纷纷恢复信仰，成立教会。1982 年，勐瑶教会恢复信仰。所有移民教会都没有设定民族界限，积极向周围其他民族传教，发展成为多民族教会。20 世纪 90 年代，从红河搬迁来的苗族基督徒，因血缘、亲缘关系聚拢形成移民村寨，但因没有户口只能在路边、坡地寻找暂时的聚居点。因与周围村寨距离太远，或因民族之间的固有歧视，没能吸纳周围其他民族信徒，形成单一民族教会。他们以教会组织将村民团结在一起，形成颇具凝聚力的村落社区；并通过基督教信仰与当地基督徒建立联系，借助宗教支持努力融入当地社会。泰国、德国、巴西、荷兰、中国香港和浙江等外地教会和传道人进入西双版纳，通过慈善、扶贫、布道、培训当地传道人等方式散播福音，但没有建立单独的教会。

西双版纳现有 27 座政府注册教会，还有大量没被批准的聚会点或处于"潜伏"的家庭教会；政府注册有 5000 信徒，实际信徒人数已经超过 2 万，主要分布在景洪、勐腊两地，勐海县城和个别乡镇也已经建立教会或聚会点。1994 年，成立了西双版纳傣族自治州基督教协会，成为整个西双版纳地区基督徒的自治组织。

勐腊县的基督教信仰主要从普洱市墨江县、江城县传进。江城县与勐腊县接壤，从江城嫁过来的姑娘或上门女婿将基督教信仰带到了勐腊。从墨江搬迁来的信徒和江城信徒同属于神召会背景。[①] 在基督教复兴之时，江城成为向勐腊县传播基督教的信仰中心。勐腊县基督徒纷纷到江城的教堂参加礼拜活动。所以，勐腊县的教会多数带有神召会的信仰底色。景洪城区的两个教会是在曼嘎村信仰基础上发展起来的，属于长老会背景。勐腊县和景洪市基督教会在信仰和交往上存

---

① 在勐腊县，从墨江搬迁过来的部分哈尼族基督徒属于安息日会，安息日会在星期六组织礼拜，与神召会、长老会存在教义上的争论，相互之间没有来往，但并不存在冲突。本书没有涉及安息日会的论述。

在一定的距离。随着大量外来人口涌入景洪城，其中不乏基督徒，教会信徒逐步增多；城区教会占有中心城市的区位优势，成为接受外来教会支持和援助的中转站；掌握着基督教协会和基督教妇女事工等政治资源，两个城区教会逐步成为西双版纳基督教信仰中心。勐腊教会开始脱离与江城教会的紧密联系，向曼嘎新堂靠拢，形成西双版纳基督教信仰的区域整体。

2. 宗教相遇

农业社会，生产、生活和信仰都以个人为中心点，向外扩张到家庭、社区以至部落或集镇，血缘、地缘和精神共同体由内向外层层叠合。[①]"差序格局"中乡邻持有共同信仰，很难接触到不同信仰的"他者"，不存在普遍的宗教相遇现象。现代社会，交通通信发达，人口流动脱离地域限制。但"人的本质并不是单个人所固有的抽象物，实际上，它是一切社会关系的总和"[②]，"人之能群"的特性并没有改变。从家庭到学校、工作单位、社团（如教会、兴趣小组），再到组建新的家庭，一个人归属于多个群体。流态社会的结构由静态的同心圆转化为不断变动的多圆交叉，个人就处在多圆的交集上。这时个人能量不仅体现为圆圈的大小，更体现在交叉圆圈的多少上。交叉圆圈的多少表示一个人在阶层、地域、组织等维度的社会流动能力；圆圈的大小表示此人在一个群体中的影响力。在流态社会，人的群体归属不断变化，网络结构只能做瞬间截图。宗教相遇只有在具有归属感和吸引

---

① 费孝通（《乡土中国》，生活·读书·新知三联书店 1985 年影印本，第 21 页）将中国传统社会的社会结构界定为"差序格局"，以家庭地位高低决定亲戚"街坊"的宽窄。〔美〕施坚雅（《中国农村的市场和社会结构》，史建云、徐秀丽译，中国社会科学出版社1998 年版，第 50 页）和杨懋春（《人文区位学》，五南图书出版公司 1983 年版，第 140 页）将汉族传统社会由家庭、宗族扩展到村寨和集镇，形成一个交易、社交、教育、宗教、服务乡村生态圈。王明珂总结羌族的祭祀圈与资源共享圈相互重合，由姓氏、村寨扩展到"沟"。祭祀圈由内向外容纳的人数和地域不断扩大，神的"位格"也层层提升。
② 中共中央马克思恩格斯列宁斯大林著作编译局编译：《马克思恩格斯全集》第 3 卷，人民出版社 1960 年版，第 5 页。

力的团体中，才能真正成为具有宗教意义的相遇。而秉持不同宗教信仰的个人在日常团体生活中交流互动，伴随着宗教文化的彼此包容、调试、排斥、接触、融合、叠加、转变等形式。

宗教在何种情景中相遇，影响着宗教关系的处理。宗教市场论、生态论和宗教对话都将"相遇"界定在宏观社会范畴，涉及佛教、基督教、民间信仰之间的宗教关系，通过竞争、制衡或求同实现和谐。在中观层面的社区、家庭中，宗教相遇的社会情景变得具体和富有情感。个体自主性的获得和群体归属感的牵连：个人相对于家庭，家庭相对于社区的自主性与归属性的对立统一。不同信仰者在具体社会情境中，在亲情、生活的润滑磨合下相互适应，和谐共处。在个体层面，个人自由选择宗教信仰，可以实践多种宗教体验，形成一种"拼盘式"信仰。[1] 宗教相遇发生在个体身上，两种宗教观点在一个人的内心相遇，通过个人思维和圣灵体验对比和反思两种宗教孰优孰劣，最终归于个人的精神层面，对宗教关系不产生直接影响。[2]

3. 宗教关系模式

在现代社会，社会分工促进了社会流动。这种流动既包括社会阶层之间的地位流动，也包括为土地所束缚的下层乡民的空间流动。国家体制下的国民教育和超脱于地方小群体的"外部社会化"，使地方乡民（包括少数民族）走出封闭保守的小社群，学习标准化的语言和文字，掌握社会交往的手段和原则，能为其他社会成员所接受，在社

---

① "拼盘式"信仰是在一神信仰基础上建构出的概念，因为多神信仰（如原始宗教、佛教、道教、民间信仰）可以容纳多个神灵并存，没有清晰的神灵体系外延，对多种信仰的拼合、并存、融合并不感到震惊。一神信仰在被打破神灵体系的外延，需要与其他神灵并存融合时，就出现了震惊。在多神信仰看来不是问题的问题，对于一神信仰却是真正的挑战。参见［英］斯蒂芬·亨特《宗教与日常生活》，黄剑波等译，中央编译出版社 2010 年版，第 11 页。
② 参见［西班牙］雷蒙·潘尼卡《宗教内对话》，王志成译，宗教文化出版社 2001 年版，第 64 页。

会分工中扮演的相应角色。对于一个国家而言，必须存在一种所有社会成员能进行交流、互动、共享的同质性、高层次文化，才能保证个体的自由流动、社会分工的畅通运行。在此前提下，国民教育、国家法律和国族认同（中华民族认同）成为国界内的普遍主义文化；基督教、佛教、道教等世界性宗教成为可以跨越国界的特殊主义文化；而民族宗教及其文化习俗却拥有根深蒂固的韧性和活力，标志着深沉的民族身份。持有不同信仰的各民族群众进入由国家普遍主义文化建构的交流氛围中（如现代城市社区、企事业单位等），相遇、对话、适应、并存。少数民族传统宗教（包括少数民族信仰的佛教、道教、伊斯兰教）虽然遭遇现代化的持续冲击，但依然陪伴着乡村社区，守护着民族群体的精神家园。基督教的优势在于跨地域、超社区教会的建立。基督教不再与任何群体维度重合，保持了自身的独立性。① 而基督教能突破社区界限，也完全得益于现代国家体制的建立。如果没有现代化推动下的经济多元化、民族杂居化、交流规则化和个体自主性，基督教很难建立多民族教会，更难以将触角伸到传统民族村寨。正是现代化为基督教进入传统村寨社区开山铺路，并为其生存扎根保驾护航。国家体制追求的一体化、一致性，成为基督教跨民族、跨区域的助推力。

宗教政策落实以来，基督教传播打破社区界线的限制，呈现迅猛发展态势。究其原因，不论是各民族的原生型宗教，还是在此基础上形成的次生型宗教（比如南传上座部佛教之于傣族和布朗族，道教之

---

① 在基督教发展中，进行了政教分离，两者不再相互绑缚，各自独立发展，基督教从而获得了主体性和独立性。参见张秀华《基督教与西方和中国的现代性》，《学习与探索》2008年第1期。

于瑶族,伊斯兰教之于回族)都与地域性社区相牵连。① 由于宗教与民族、社区凝固在一起,具有顽强的保守性和排外性。原生型和次生型宗教只是将民族和社区成员作为其天然信徒,没有强烈的扩张和吸纳倾向。基督教对于当地少数民族是一种混生型宗教,且没有上升为某个民族的全民信仰。尤其是基督教身着"现代化"外装,能适应现代社会的流动性和民族国家的同质性,以信仰"社团"取代多位一体(民族、经济、宗教、风俗)的天然社区。比如勐腊县勐瑶乡侬人村委会和纳卓村委会各有一个基督教堂,覆盖周围瑶族、汉族、傣族、哈尼族等村寨的信徒。基督教穿透了社区的地域限制、民族界限,形成一个纯粹的信仰团体。外来移民更容易投身于这种没有民族和社区界隔的信仰团体。比如曼嘎基督教堂(曼嘎老堂)之前是曼嘎村的社区教堂,以傣族信徒为主,现已成为多民族教堂,并分出曼嘎新堂。据曼嘎新堂统计,目前教堂注册信徒有2000多人,平时参加礼拜活动的有1400人左右,包括汉族、傣族、拉祜族、哈尼族、壮族、瑶族、苗族、白族、彝族、佤族、基诺族、满族、回族、侗族等多个民族。综上所述,西双版纳传统社会界限区隔下的宗教生态平衡已经打破,正在建构新的宗教关系模式。

---

① 张桥贵依据民族与宗教的关系,将云南世居少数民族宗教概括为原生型的原始宗教,覆盖了原生型宗教,又转变为民族传统的次生型宗教,既受原生型、次生型宗教影响,又受基督教影响的混生型宗教;梁庭望依据壮族宗教的演进分为原始宗教、原生型民间宗教和外来创生型宗教;陈晓毅以宗教在一个地区的历史发展次序,分为底层民俗宗教、中层儒释道三教、上层天主教与基督教的"三层楼"宗教生态结构。三种宗教分类方式都考虑了时间和结构,并弥补了杨庆堃的制度化宗教(Institutional Religion)和扩散化宗教(Diffused Religion)二分法的欠缺。张桥贵的分类方式兼顾了民族关系,更适合西双版纳的宗教现状,比如布朗族和傣族都信仰南传上座部佛教(次生型),在原生型宗教上又显示出民族差异,布朗族的寨神由男女氏族神"代袜么""代袜那"(原生型)演化而来,傣族不仅有寨神"丢瓦拉曼",更有勐神"丢瓦拉勐"(原生型);部分哈尼族和傣族信仰基督教(混生型),哈尼族基督徒受原始宗教(原生型)影响过"嘎汤帕"节,而傣族基督徒受佛教(次生型)影响过"泼水节"。参见张桥贵《云南多宗教和谐相处的主要原因》,《世界宗教研究》2010年第2期;陈晓毅《中国式宗教生态:青岩宗教多样性个案研究》,社会科学文献出版社2008年版;梁庭望《壮族原生型民间宗教结构及其特点》,《广西民族研究》2009年第1期。

四 小结

传统社会，西双版纳各民族在资源划分与竞争、社会支持与对抗中，逐步形成了家庭与家庭、村寨与村寨、民族与民族由小到大、不同层次的社会群体，这些群体又通过宗教、语言、生态、生产生活方式的差异加以强化。这种社会结构体现在宗教上，一个家庭祭祀同一个家神；不同家庭崇拜不同的家神，却共同信仰同一个寨神；不同村寨信奉不同的寨神，却一起祭拜同一个民族神。一个人在家庭、村寨和民族中，面对的都是相同信仰者，将不同信仰的"他者"区隔在"自我"群体以外。信仰的"他者"永远生活在周围，不必直接面对。宗教关系体现了群体的利益关系，对抗、排斥成为处理信仰"他者"的最简单、最有效方式。基督教正是从这种社会对抗、社会排挤中寻找到西双版纳传统宗教结构的薄弱一环，在个别被社会抛弃的麻风病村寨和"琵琶鬼"村寨传教成功。这时，基督教并没有突破民族、地域的界限，依然以村寨为基本信仰单位，保持与其他宗教群体的明确界限。基督教的传播和信仰形态受到传统社会结构的制约。

现代民族国家建立了统一的政治经济体制，推行普遍主义的文化、法律、价值认同，不断冲击着各民族彼此分离、内部自治的社会结构。信仰不同宗教的各民族成员脱离原来的村寨社区，相聚在现代组织体系中。西双版纳的宗教关系由对抗、区隔转化为相遇、适应。基督教信仰也跨越民族界限，在教会内达成了各民族信徒的团结、"合一"，在传统民族村寨中基督徒与传统宗教的信徒共处、并存。外来基督徒在融入西双版纳社会的过程中，也将信仰扎根在这片土地上。现代化与传统社会、基督教与传统宗教、外来基督徒与世居民族相互对立又彼此统一，共同作用于基督教在西双版纳"局域社会"的适应和融合。

第三章

外来宣教的地域适应

　　西双版纳地处中国西南边疆，与缅甸、老挝接壤，临近泰国，域内少数民族多数为跨境民族，与泰国和缅甸少数民族属于同根共祖的同一民族。这些少数民族的基督教信仰又带有西方传教背景。另外，国内其他地区的基督教传教机构和个人也积极向西双版纳这块基督教信仰的荒漠地区进发。一时间，各国传教士和国内传道人云集西双版纳。由于宗教管理条例等国家监督的"在场"，这些机构和个人不能在西双版纳地区从事直接传教活动，只能通过社会服务事业，以基督教慈善来宣传主的"大爱"，进行感恩式传教；或者甘冒"违规"风险巡游于乡村教会、家庭教会，进行直接传道牧养。

　　基督教自传入中国之始，即以文化会通、文字事工、慈善事业、干涉司法、培植本土传道人等方式传播福音，寻求适应中国地方文化的有效方式，在成败曲折中探索了千年之久。改革开放后，宗教政策落实。外国传教士、国内传道人和本民族传道人员既继承了传统传教的历史经验，又根据地方社会的政治环境、民族特点创造性地调整传教策略，形成了既符合传教人身份又适应地方社会的各类传教方式。本章选取带有基督教背景的国际慈善机构和外地教会差派传道人传教的两个典型案例，分析两种传教方式在适应地方社会环境、采取的宣教策略、对少数民族文化的态度等方面的差异，归纳基督教地域化过程中的灵活性和多样性。

一　社会服务事工

基督教传入伊始，利玛窦等耶稣会士将基督教与中国儒教社会结合起来，在尊重、学习儒家文化的同时传扬基督教信仰，形成了以"文化传教"的"利玛窦规矩"。传教经验在历史变迁中延续，又发展出以林乐知为代表的通过办学、办报、建书局等文教手段进行"辅助传教"的方式。① 传教士在传教实践中，更是以济贫扶弱、医病施药、学生培训等世俗手段形成传播福音的社会"功能辐射"模式。基督教社会服务让中国民众感恩于基督教爱的施予，同时接纳基督教的信仰文化。美国长老会在西双版纳传教之初，建医院、学校、工厂，成功播撒下福音的种子。宗教政策落实以后，具有基督教背景的国内外慈善机构和个人，以扶贫、培训、医疗等方式在西双版纳地区进行社会事工，在麻风病人救治、乡村医生培训、英语教师培训、儿童及孤儿关怀、艾滋病预防等方面都卓有成效，赢得了一定的社会声誉。

西双版纳基督教的复兴和发展离不开外来宣教机构和人员的扶持、传教和牧养。美国、泰国、澳大利亚、新加坡等外国传教士有些进入村寨传教，有些针对教会牧养，来一批，走一批，反反复复，络绎不绝。直到 2010 年左右，才开始慢慢减少。现在，很少再看到传

---

① 参见李向平《"本色化"与社会化——近代上海"海派基督教"的社会化历程》，《上海大学学报》2004 年第 3 期。

教士来此传教的身影了。笔者在调研中，曾遇到一位韩国传道人到西双版纳各教会探访。他们夫妇二人曾经在西双版纳一所学校做了三四年的韩语老师，一边工作，一边传教，2010 年回国。目前，外来宣教士主要通过三种方式在这里"扎住根"，继续宣扬基督教文化。第一，成立慈善机构，通过服务项目关爱社会，传承基督教文化，并不直接进行传教活动。第二，通过开办英语培训班、企业管理咨询公司、咖啡馆等盈利企业，宣传基督教文化和理念。第三，传教士全家在西双版纳定居，并不完全专注于传教，而是在工作、生活中树立基督徒的榜样，通过交友、互动潜移默化地影响身边人。

本书选择了一个有基督教背景的慈善机构，陈述其发展历史、所开展的慈善项目，论述在其引领下村寨和个人的皈信经历。1994 年，这家慈善机构创始人与云南省卫生厅达成合作意向，开始在西双版纳进行乡村医生培训，进入组织草创阶段。1996 年，一位新加坡医生加入这个培训团队，在昆明开拓了第二个项目点。1997 年，一批专家加入，壮大了力量，订立了组织工作目标，正式组建了慈善机构。2005 年，随着国内外慈善人士的继续加入，这个机构发展成为国际慈善机构，服务范围由西双版纳、昆明向全省扩展，涵盖了农业培训、微型企业干预、英语教师培训、社区开发、儿童服务、艾滋病、麻风病、理疗康复、医疗等业务项目。

（一）服务项目适应社会需求的变化

这一慈善机构根据社会需要不断调整服务项目，起初以医疗为主，培训乡村医生。因为当时西双版纳地区医疗条件落后，医护人员尤其是基层乡村医生匮乏。慈善机构发起人是一名医学博士，与云南省卫生厅达成合作协议，从村寨招收初高中毕业生进行基础医疗技能培训。后来又与西双版纳州教育局合作，开展教师培训项目，包括学前教育、英语教师培训、乡村代课教师培训，由乡镇分管教育的副镇长负责召集受训老师；慈善机构负责聘请师资，一般找华侨英语教师来讲课。

在进行培训项目的同时，这个慈善机构延续了基督教在西双版纳医治麻风病人的历史传统。麻风病项目包括两个方面。首先是针对患者的医治、关怀和援助。医疗队为患者做眼睑手术，为截肢患者安装假肢，进行伤口护理，提供具有保护作用的特制手套和鞋，改制炊具，方便患者日常生活。其次是社区康复部帮助患者开发家庭经济项目，患者不能从事重体力劳动，因此帮助他们进行饲养奶牛等轻体力劳动；为患者建盖房屋、通电引水等扶贫项目；指导患者及其家人如何降低歧视，重新燃起对生活的期盼，积极融入社会。由于外界的歧视和误解，患者的子女很难融入学校生活，被迫辍学在家。项目组安排工作人员进驻村寨指导孩子学习。后来，政府专门在村寨里建了一所学校，开设小学和初中课程，派老师进寨教学，保证孩子完成九年义务教育。随着患者得到医治，经济条件相对优越，歧视逐步淡化，患者开始融入社会，为周围群众所接纳。这所村寨学校也并入了普通乡镇中学。

在这个慈善机构开展医疗服务、培训乡村医生期间，有一些家长前来咨询有关脑瘫儿童、畸形儿童的医疗和看护事宜。因此，慈善机构在 2003 年开设了残疾儿童护理咨询服务，2006 年正式设立儿童服务项目。当时西双版纳州还没有专门为畸形、脑瘫儿童家庭提供服务的机构，也没有负责收养弃婴和孤儿的福利院。慈善机构为抚养残疾、畸形或感染艾滋病毒的儿童家庭提供社会支持网络，对家长和看护人进行技能培训。慈善机构收养、看护和治疗那些没人收养的残疾弃儿，为弃儿寻找收养家庭，共为 21 名儿童找到温暖的家。目前，西双版纳福利院已经投入运营，慈善机构收养的儿童全部转到福利院，负责本项目的部分员工也进入福利院工作。笔者在教堂看到一家外国信徒带着他们自己的孩子和 4 个收养的孩子来参加主日礼拜。在跟这位信徒交谈中了解到，他也曾是这个慈善机构的员工，现在自己开一家咨询公司。这四个孩子就是他在慈善机构工作时收养的，其中三个孩子天生兔唇，已经做过手术；另一位拉祜族女孩是由一位14岁妈妈生的，脑发育不全，现在已经康复。这些孩子都用英语同这对夫妇交流，已经融入了这个家庭。

图 3-1　员工为麻风病人清理伤口

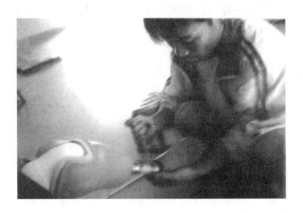

图 3-2　员工为麻风病人安装义肢[1]

目前，这个慈善机构正在开展三个项目：艾滋病健康教育项目、性工作者高危人群项目和乡村艾滋病项目。2005年，慈善机构成立了

---

[1]　图 3-1、图 3-2 由慈善机构提供。

艾滋病预防项目，专门针对性工作者进行艾滋病安全意识培训和替代职业技能培训。2006 年，又增设了乡村艾滋病预防项目，以宣传干预为主，从知识、态度、行为三个方面，提高认识，减少歧视，减少高危行为。2007 年，与政府卫生部门合作，为艾滋病毒感染者提供关怀和医疗服务。

（二）"活出属灵生命"的团队成员

目前，这个慈善机构西双版纳项目部共有 14 名员工，包括 1 名地区负责人，3 名项目负责人，所有员工都是基督徒。慈善机构按照项目设计的需要来招收员工，员工来自荷兰，以及中国昆明、普洱、西双版纳等地区，包括汉族、哈尼族和傣族等，不分民族和地区。米嗦是这个慈善机构的项目负责人，是当地哈尼塞雅尼支系，2000 年进入慈善机构。她说："我们的员工都是基督徒。一是他自己生命的成长，二是要付出自己的爱心。我们不看重文化学历，更看重爱心，我们会介绍，做这个工作很辛苦，如果愿意可以来尝试。"实际上，多数员工都是在本地招收的，在语言习俗方面没有隔阂，更利于工作开展。慈善机构准备在拉祜族中开展项目，就着手招聘拉祜族员工。

我访谈了 3 位当地员工，他们都是进入这个慈善机构之后才信基督教的。他们在 2000 年左右进入这个机构，以前从来没有接触过基督教。因为老员工都是基督徒，在办公室祷告、唱诗、读经。他们在平时工作中慢慢接触基督教，星期天跟随同事去教会。在言传身教中，就水到渠成地接受了基督教。米嗦讲到自己的信仰经历，"以前我们是不信主的，因为以前这里没有基督徒。当时只知道这里需要做这些事情的人员，我们就来了。然后，有人说去教会，我们不知道是什么就跟着去，后来就慢慢地认识主了"。

在项目开展中，员工带着基督的爱服侍世人；在个人时间过宗教生活，比如饭前祷告、参加主日礼拜。慈善机构对员工的宗教信仰并没有硬性规定，平时员工之间相互邀请，结伴而去教会礼拜。如果项目结束，员工不能再以慈善机构的名义去联系服务对象，只能以朋友或者教友的身份进行交往、探访。员工将信徒身份和工作身份区分开来。正如米嗦所说："我们带着属灵的心去做属世的事情，从属世的需要到属灵的需要。我们慈善机构只做属世的，不能做属灵的，但是我们可以活出属灵的生命。"

（三）"佛爷"成为基督徒

当地少数民族员工在慈善机构基督徒的耳濡目染之下，放弃少数民族传统信仰，皈信基督教。在改信基督教的过程中，不仅要经历两种信仰的对比、对抗、纠结、取舍，还要面对来自家族、村寨等传统势力的误解、规劝、排挤等压力。一位傣族村寨的佛爷进入慈善机构之后，在基督徒同事的引领下，由南传上座部佛教改信基督教，经历了信仰神性的抗争和世俗社会的纠葛。这位大佛爷 1973 年出生在一个传统傣族村寨，8 岁进寺庙学习佛经，9 岁正式"升和尚"，15 岁升大和尚，19 岁升大佛爷，从 8 岁到 22 岁都在寺庙中与经书佛像为伴。大佛爷在村寨里享有很高的威望，受人尊敬。他还俗之后，村寨打算推举他做"波章"。"波章"在傣族信仰生活中占有重要地位，由还俗的佛爷担任，并且必须妻子健在；负责管理寺庙的经济开支；在赕佛仪式中由"波章"领读经文第一句，然后佛爷才能开始念经。① 由于他还没有结婚，就推辞了。2000 年，这个慈善机构在傣族村寨开展麻风病康复项目，需要一位傣语翻译。这位佛爷在寺庙中学过傣文，还俗后又外出打工，掌握了汉语，就应聘进入这个慈善机构。以下为"大佛爷"基督徒的自述。

---

① 参见赵世林、伍琼华《傣族文化志》，云南民族出版社 1997 年版，第 393 页。

佛与主的对比：

那个时候，我看到他们在办公室祷告。礼拜天，他们带我来教堂，给我讲圣经。我觉得很惊讶。我信佛教，只有佛祖。这里为什么会有教堂，我从来没有听说过。我来看看是怎么样的，然后也翻经文，对比一下是怎么样的。我看到的那个基督教的（神），对我来说比较感动。因为我看到，在约翰福音3章16节说（神爱世人，甚至将他的独生子赐给他们，叫一切信他的，不至灭亡，反得永生），我是你们的神。我读了好多佛经，在佛经里根本找不到，爱也找不到。佛经只是让我们做好事，比如说，要拯救你们的不是我，是另外一个人，是"帕召米逮"。哪一个经文上也从来没有说，我是你们的神。我觉得，佛不是真正的神，他也是一个好人，他看到这个世界混乱了，想让人做好，然后写一个经文出来。然后，我们人觉得他很好，就抬他成为一个神。但是，在基督教的《圣经》里，耶和华是神。他说，我就是生命，我就是道路，除了我，没有别的神。其实，好好思考一下，神已经来了，因为耶稣钉在十字架上，为我们赎罪。

信仰见证：

我在佛教的时候，很多人都跪拜我，尊敬我。来到基督教，我改变了，我觉得，虽然没有人跪拜我，但是我看到了弟兄姐妹比较合一，比如，我有什么困难，就可以分享给弟兄姐妹，虽然他们没有什么可以帮助很大，但是可以为我祷告，我们心里彼此合一。我觉得，这个也是我很感动的。在佛教那边，虽然他们跪拜我，可是我有什么困难给他们讲，他们会觉得，"嗯！不是我的，不是我的"，没有合一。

我以前也可以说是坏人，我抽烟、喝酒，多多少少赌啊，也是有的。以前，我们寨子每个人都知道我有这样的习惯。现在，虽然不是很好，但是我可以戒掉烟，不喝酒，不赌，不嫖。这也是上帝已经改变我的心灵，改变我的想法。因为我们自己没有办法看到自己是错还是对，需要别人帮助我们。在佛教那边，我是最大的，没有人敢说我。但是在基督教这边，如果有什么歪一点点，心里感觉到对我不好，就是有这样的感动，第二点就是弟兄姐妹会来帮助，可以来提醒，这才是真正的一家人。

（访谈参与人：慈善机构员工、笔者，访谈地点：曼嘎老堂大院，访谈时间：2014 年 6 月 15 日，星期天）

这位佛爷进入慈善机构以后，受到公司员工的引领和感染，开始接触基督教。在佛与主的对比中，他从佛经和圣经里寻找"真神"和爱，在两种信仰中挣扎，信仰的天平慢慢倾向了基督教。佛爷将佛教比作道德"圣人"，精确归纳了佛教作为伦理性宗教的特点；而神爱世人、以血赎罪都是基督教作为救赎性宗教的真实写照。在佛教信仰中，大佛爷作为人神交流的沟通者，享有尊贵的地位。但是这位佛爷没有感受到村民之间彼此扶助、相互监督、共同进步的"合一"。村民虽然跪拜、尊敬他，但彼此之间存在无形的社会距离。虽然他有很多缺点，但村民或因为佛爷的神圣权势，或因为漠不关心，没有出于"爱"去帮他指出和劝导；当他遇到困难时，也都退避三舍，没有伸出援助之手。大佛爷在傣族社会中经历到的社会距离，却在基督徒的相互帮助和共同祷告中被拉近，成为他虔信基督教的动力。宗教改信是一个过程，对教义的认知、村寨内的社会距离以及基督徒之间的相互扶持都聚集在这位佛爷的信仰实践中，左右着他的信仰走势。

（四）适应地方社会关系

这个慈善机构所设立的乡村医生培训、教师培训、麻风病项目、儿童服务项目和艾滋病项目等都是社会所需要的，又是政府当时无力去做或者不适合做的。在项目达成、开展过程中，政府和慈善机构有着共同的目标和关注点。慈善机构与卫生部门、残联、民政局、防艾局都有合作关系，得到政府相关部门的许可和支持。慈善机构开展的项目都需要奉献爱心。慈善机构工作人员以基督教的奉献精神服侍世人，在工作中认真、努力、仔细。相关部门也乐意把这些工作委托给慈善机构。政府部门举行相关会议时，也会邀请慈善机构的负责人参加，双方保持良好的互动关系。

慈善机构的员工都有基督教背景，多数在教会参与服侍或者是教牧人员的家属。星期天，员工都去教会参加礼拜，参与教会事工。米嗦在教会每月负责主持一次主日礼拜，参与辅导青少年主日学。一位员工的丈夫是教会的长老，自己也负责教会青年团契的讲道侍奉。而另一位员工更是从慈善机构辞职，组建了"阿卡团契"，专门从事传教事工。一位教会传道人的妻子得了尿毒症，也是通过这个慈善机构获得肾源，并免费进行手术。慈善机构与教会关系紧密，彼此扶持，有利于员工灵命成长和慈善机构间接传教。

慈善机构曾经在一个麻风病村寨开展麻风病康复项目，为患者清洗伤口，免费进行手术，提供护理器具。这群备受社会排斥、失去生活支持的"弃儿"，在慈善机构的细心照料和热心扶持下病痛得到医治，生活有所改善，孤独的心获得接纳，在感恩员工爱心奉献之余，也试图去了解基督教信仰。员工以基督徒的爱心和服侍精神为救助对象树立了信仰标杆，成为其追求信仰的榜样。但慈善机构不能直接传教，他们找到旁边信仰基督教的傣族村寨。这个村寨由被诬为"琵琶鬼"的傣族群众聚居而成，在1949年之前就皈信了基督教。由这个村寨的教牧人员向这些麻风病患者传播福音，进行牧养。最终整个寨子的村民都走上基督教信仰的道路。现在，两个村寨全部信仰基督教，共用一个教堂。2013年，教堂进行重建，两个村寨按每人500元共同筹资。两个村寨的村民也相互通婚。基督教信仰拉近了村寨之间的距离，形成一个信仰共同体。慈善机构成为麻风病村寨信仰转化、两个村寨合一的牵线搭桥者。当我问到这些村民为什么会皈信基督教时，米嗦说："怎么说？就是生命影响生命吧，奉献爱。他们生命触动到，就问我们为什么会这样去爱他们，接纳他们。别人都不要他们。我们作为基督徒，就做一下见证。只有耶稣才能这样爱他们啊。他们就想认识这位爱他们的神。"

慈善机构以"非以役人，乃役于人"的精神，用基督的爱救助世人，对救助对象不分信仰一视同仁，宣教并不是其直接目标。基督徒员工用爱心和关怀来感化，用言行、信仰"生命"做见证。这种行为的示范作用对传教效果有更大的影响。目前，西双版纳两个信仰基督教的麻风病村寨，都留下了这个慈善机构的身影。他们虽然不用《圣经》教义进行教导和牧养，但是以《圣经》的原则和基督教的"大爱"救助这些患者肉体上的病痛，给予他们精神上的慰藉，将教义和信仰体现在现实行动中，更直观、更感性、更能获取认同感。在实际行动中，与其他传教机构和个人项目配合，形成宣教的合力。

图 3-3 笔者与外国基督徒收养的残疾孩子

图 3-4　青年团契中基督徒在服侍残疾孩子

（五）慈善机构的基督教精神与地方社会

宗教慈善是为了践行信仰本真，无论是以慈悲、大爱的社会关怀获得神的拯救、福报，还是以扶贫、救助、捐资、服务等形式彰显宗教的社会价值和功能，都能唤起世人对宗教的感恩、好感、反思甚至信仰。从高僧大德到传教士都以慈善活动显示自我神灵的慈悲和大爱，吸引众多信仰追随者，从外在的拯救达到心灵的皈信。基督教慈善机构在西双版纳地区开展社会服务项目，以社会现实需要及时调整项目内容，为自己赢得生存空间，获得合法地位；另外，项目调整满足了社会需要，解决了社会急切问题，也就更能实践上帝在世人身上的大爱，宣扬基督教精神。慈善机构员工是项目活动的实践者，而基督教信仰是其彰显基督之爱的根本保障。本地少数民族员工在耳濡目染中受到基督教文化的熏陶，成为基督徒，在项目中践行属灵与属世的信仰生命，将自我拯救和服务社会结合在一起。慈善机构的项目多数受政府委托，因基督徒的奉献精神和平民亲和力，而赢得了良好的社会资本和声誉。教会成为慈善机构信仰动力的持续供给者。员工对教会的委身与在慈善机构的奉献精神相辅相成、相得益彰。这种关系成为宣传基督教的关键点，慈善机构在前铺路架桥，以行动彰显神的爱；教会紧随其后，以传道牧养宣讲神的话语。一位傣族大佛爷能放弃自己坚信二十多年的佛教，甘愿舍弃自己尊贵的信仰地位，面临家庭纠葛和村寨的排挤（第五章详细论述），依然委身于耶稣基督，皆归因于耶稣的爱和基督徒的彼此合一。

直接传教和间接传教适应于不同的社会情景，采取不同的宣教策略，并能相互协助。在宣教第一阶段都是以间接传道为主，不论是传道人通过交友、工作、生活，与传教对象建立信任关系，还是慈善机构通过社会服务，以自己的行为感化对方。在第二阶段，传道人继续跟进，进行基督教《圣经》教义的宣传和牧养。慈善机构在传教道路上泾渭分明，不会直接宣教，而是将那些怀有感恩之心并想委身上帝的潜在信徒，介绍给地方教会，由教会致力于福音的灌输和牧养。基督教慈善事业以"属灵"的精神为支撑，以属世的手段服务于世俗社会，在活动过程中也彰显着基督教神圣的一面。慈善机构"不分地区"招收员工，其中包括很多外地信徒。员工的地域身份并不具备在当地传教的合法性。当地少数民族员工具有语言、习俗和宗教信仰等方面的优势，便于在本民族开展慈善工作，并为本民族群众树立了基督教信仰标杆，产生示范效应。慈善机构在慈善项目中宣扬基督教精神，而不直接传教，是一种"踏线式"的传教方式。

二　外地教会差传

本章所言的外地教会差传，指外地教会差派传道人在西双版纳地区开展的传教活动及其策略。近年来，大量外地传道人以信仰的力量和奉献精神，只身来到西双版纳，奔走于少数民族村寨。这些传道人既有国外的，也有国内其他地区的。《云南省宗教事务管理规定》第二十五条规定：外地传道人在西双版纳宣教属于跨地区进行宗教活动，应该向西双版纳州民族宗教事务局提出申请，并报云南省宗教事务局审批。但是外地传道人主动申请并能够获得批准者寥寥无几。外来传道人既没有合法组织机构为载体，也没有正当职业作为谋生手段，更没有当地少数民族信徒天然的信任资本。他们不仅要克服传道中语言、习俗、生活方式等民族隔阂，还要时刻警惕政府盘查。这种目的明确、风险更大的宣教方式应如何适应地方社会呢？

笔者在调研过程中，结交过几位受外地教会差派的传道人。其中，印象最深的是一位"项老师"。项老师的真名我并不清楚，只是大家都习惯称呼他为项老师而已。因为宗教管理条例不允许异地传教，他经常受到当地政府部门的监视、拘留，甚至也曾被当地教会告发。在这种情况下，我没有追问项老师的真名。他是一位 50 多岁的老人，原籍沿海 A 省，信仰基督教 30 多年，曾经是当地教会的负责人，后来辗转中国各地宣教，在西双版纳传教已经 13 年之久。我有幸陪同他度过 6 天的传教时光，此后又有多次接触，对个人宣教有了较深刻的体悟。

（一）寻找生存空间

项老师宣教的重点在乡村。因为城市教会都有一定数量的传道人，并有规范化的组织形式，能覆盖城区和周边乡村，信徒并不缺乏牧养。由于大量传道人聚集在景洪城，还会出现争夺信徒的事情。有些信徒经常游走于两个教会，在老堂参加主日礼拜，到新堂参加青年团契，有充分选择的余地。城市教会人员复杂，政府管理力量也更为集中，外地传道人传教有很大的政治风险。乡村信徒生活比较贫苦，没有很强的奉献意识和能力，根本不能供养专职传道人。乡村传道人和普通村民一样，都要为生活奔波，教义修养和灵命的成长就受到限制。城市教会的牧养力量很难触及这些地处偏远山区的乡村教会。由于城市传道人进入乡村宣教需要很大的人力、财力成本，不可能长期住在农村，只能是几天的短期宣教，因而乡村教会对信徒的牧养非常匮乏。所以，项老师选择牧养力量薄弱、政府难以监控的乡村教会进行宣教，寻找合适的生存空间。项老师说："他们是没办法住，他们待在下面一个月、两个月可以吗？我们可以的。我们不畏辛苦，待在下面没问题。"项老师并没有固定的常住点，每天提着行李，奔走在各个乡村教会。这种"行脚僧"式的传教方式不受空间距离的限制，弥补了地方教会辐射的局限性。

我非常好奇他远离家乡，只身一人在偏远乡村传教是否会遇到"软弱"的时候。他就讲，自己经常在乡村跑，饮食不规律，患上了肠胃病。一次在布朗山传教，把肚子吃坏了，一晚上拉肚子十几次，最后身体非常虚弱，站不起来，弄得全身都是污物。当时他很悲伤，想只要能活着回到家，就不再来了。后来，自己还是牵挂这里，把这件事情抛之脑后，继续西双版纳的传教旅程。

西双版纳地区尤其是边远山区，存在一些基督教的邪教异端。如项老师牧养的苗族信徒曾经被东方闪电"掳掠"，目前还有个别村民参加东方闪电的聚会。项老师一直争取将这几位村民拉回教会，都没有成功。"二两米教""金牛教"和"好消息"等异端教派通过向三自教会渗透拉拢信徒，或直接在偏远村寨发展信徒，对整个基督教信仰环境造成很坏的影响。政府对宗教的监管力度很大。项老师因为异地传教被当地政府抓过几次，最终都有惊无险。项老师在传教过程中，不可避免会接触这些邪教异端，却能坚持自己的信仰原则，与异端保持距离。保持正确的信仰是项老师能够在西双版纳坚持13年的基础。他每天坚持祷告、读经、讲道、探访，他的生活都是在神圣世界中度过的，培植了他稳固的信仰基础。比如我们经过某个乡镇时，他提到那边有个教会属于"金牛教"，因为他跟教会领袖的神学思想不同，所以很少交往。项老师说："我是被公安局抓熟了，公安都认识，后来成为朋友了。有人向政府告发我，公安局就说，'他不告你，我哪里知道你来了'！有个警察说，'你在这里用时间证明，你做的是好事'。"我在调研中，也曾经被当成传道人遭到边防派出所的突袭盘查。2014年4月6日，是当月的第一个星期天，教会要组织圣餐礼拜。我跟随当地教会的传道人到一个乡村聚会点讲道。我们刚进入教会，在进行讲道前的祷告时，我身边突然坐下一位边防武警，对我进行盘问。我拿出自己的证件，讲明自己的来历和调研目的。事后，传道人说："他们是专门来查你的，你一看就是外地人。我们是被人告发了。才进来不到十分钟，警察就来了。哪有这么巧的事情？"

图 3-5　边防武警对笔者进行盘查

图 3-6　笔者跟随传道人在宣教途中

（二）与外地教会"交通"的桥梁

我跟随项老师探访了三个苗族村寨的基督徒。我们到达第一个村寨时，教会堂委会负责人王弟兄已经在路口等我们。王弟兄全家跟项老师很熟悉，没有太多的寒暄；对我这位陌生人的到来，他们也没有太多惊讶。交谈中，我了解到项老师经常带一些同工来这边探访。晚上，村民不顾一天工作的劳累都聚集到教堂听项老师讲道。项老师从随身携带的行李箱拿出电脑、投影仪、iPad等现代电子设备。因为村寨还没有架设电网，教会用柴油发电机供电，在偏远山村进行了一堂多媒体讲道。讲道结束，项老师又为一位生病的老年信徒按首祷告。第二天上午，当地宗教领袖孙长老的儿子小严开车接我们去其他村寨探访。小严和妻子曾跟随项老师到沿海A省学习神学，并在项老师的支持下在基诺山建立教会，传播福音，后因政府取缔而被迫中止。这几天都是由小严开车拉我们去各个村寨探访；探访结束后，又把我们送上去普洱地区的公共汽车。

外地传道人看似在单枪匹马地传教，实际背后都有教会的支持。他们成为外地教会与西双版纳地方教会连接、互动的桥梁。在这次探访期间，项老师联系了四件事情。第一，有8位信徒要去沿海A省接受神学培训，项老师想让大家见一下面。第二，沿海A省有家基督徒开设的工厂在招工，项老师在各个教会做宣传，鼓励信徒走出去打工。第三，有一批神学生在沿海A省培训期间与当地神学生发生了矛盾，最后不欢而散。现在这个教会的工商团契来边疆地区慰问和扶贫。教会负责人联系项老师，想来探访一下这批神学生。项老师跟这批学生打电话，劝他们忘记以前的不愉快，热情接待。第四，有10位沿海A省大学生同工来西双版纳体验生活。项老师负责将这些人安置在各个教会。这些事工都是在沿海A省教会资金、神学和社会网络的支持下进行的。而沿海A省教会的企业团契和大学生同工到西双版纳慰问、探访、服侍都由项老师负责联系、组织安排。由于宗教管理条例的国家"在场"时刻悬浮在整个传教过程中，项老师要保证这些外来者的"安全"。这时，对于沿海 A 省教会来说，他已经变成当地人，成为大家的依赖。

外地传道人能进入村寨和教会讲道、牧养，需要跟当地村民和宗教领袖建立相互信任、彼此扶持的亲密关系。在几天的传道过程中，当地宗教领袖和村民为我们提供食宿，对我们的行踪习以为常，秘而不宣。我们的到来和离去，都显得那么平静，村民和传道人都彼此习惯了对方的生活方式。尤其是，小严将家里的农活留给自己的妻子一人承担，开车拉我们奔走于各个乡村教会，为我们安排食宿。这让项老师能专心于讲道、探访等宗教事宜。小严夫妇跟项老师是师生关系，在传教方面属于志同道合者。严长老也是教牧人员，在教义方面的造诣比较高。在主日礼拜时，由项老师讲道，严长老做点评，严长老用当地方言讲解、点评项老师的讲道，如"卜卦""瞧日子"都是当地传统信仰的方言。他对项老师的尊重，可能是因为项老师为西双版纳宣教工作所做的贡献，或者是看重项老师背后外地教会的社会资本。项老师带来了福音和各类社会资本，但对当地社会还很陌生；而严长老对当地的人和事却非常熟悉。因为他的生活中心就在这里，他不仅信仰基督教，并用教理来处理自己的生活。基督教要适应这里的生活重心，安下一个基点，从而融入当地的生活圈。

（三）地方教会的主体性与基督教的"普世性"

项老师只专注于神学教义的牧养和属灵的救治，从不插手当地教会的管理事务，尊重教会的自主地位。中国基督教的本土化首先是指教会的自立，也就是在经济、神学教导、教会管理等方面摆脱对外国传教机构的依赖。当地教会虽然接受项老师及其所代表的教会的资助、神学培训和教导，但这些培训和资助是不带有任何附加条件的。

教会拥有独立的自主权，比如苗寨教会堂委会换届，是由村民通过提名、商议选定的。虽然王弟兄对选举结果有异议，认为新一届堂委会主任没有信仰根基，但项老师自始至终都没有涉身其中，避重就轻地以神学教义劝导大家合一，并没有发表任何意见。项老师的巡游传道具有随机性。在主日礼拜，即使项老师不能巡游到此，教会也可以独立组织礼拜，讲道、赞美、发圣餐。对于这些教会来说，项老师是辅助、"加添"、引导的角色，是客人。就像项老师自己说的那样，"我终究是要离开这里的，我什么也带不走，留下的是关怀和主的话语"。

项老师虽然在西双版纳乡村教会传道 13 年，但他不会讲少数民族语言，对少数民族习俗文化持有些许的轻视态度。他说："这边的少数民族封闭，思路跟不上。"他给去沿海 A 省参加培训的信徒起基督教名字。如我们在严长老家遇到一位项老师以前的学生"约翰"。"约翰"是哈尼族碧约支系，曾经在项老师的引荐下去沿海 A 省学习神学，后来因为忙，没有参与服侍，但仍坚持基督教信仰。项老师一直称这位哈尼族信徒为"约翰"，他在给其他信徒打电话的时候，也会称对方为"玛丽"。与他形成鲜明对比的是，严长老叫"约翰"的汉名"李××"。这位信徒应该还有一个哈尼族名字，因为哈尼族实行父子连名制，以父亲的名作为自己的姓，以此延续家族谱系。目前，西双版纳地区的哈尼族多数已经改用汉名，同时保留哈尼族名字。我接触到的当地少数民族传道人和信徒都没有用基督教名字。只有项老师会习惯性地称呼他们"约翰""玛丽"。我在跟项老师谈论用少数民族语言传教时，他对此表示不认可。他认为，现在少数民族都汉化了，能听懂汉语，没有必要用民族语言传教。他还进一步批评那些以会用民族语言讲道而自喜的传道人。我跟随项老师在苗寨探访时，都是由项老师用汉语做饭前祷告。当我第二次单独去这些苗族村寨调研时，由当地苗族信徒做饭前祷告，他们事先征求我的意见，要用苗语进行祷告，因为说不好汉语。从这里可以看出，少数民族在日常信仰生活中，更倾向于用本民族语言祷告、读经，与神进行沟通。所以，项老师并没有真正融入少数民族社会，而是带着汉文化的优越感传扬上帝的福音。

项老师不仅在苗族教会牧养，也在布朗族、哈尼族、瑶族教会牧养；不仅在西双版纳地区传教，还在普洱地区如此行，并打算到缅甸、老挝和柬埔寨等地传福音。项老师将基督教视为一种全球同质性文化，力求跨越政治建制的国境、行政区划界线和民族文化界限，在传教视域中建构一个全球场域。这种传教的全球视域，导致项老师虽然兢兢业业、不辞劳苦地在西双版纳耕耘 13 年之久，却很难真正理解当地文化，融入地方社会。他一直悬浮在上帝基督的爱里，却没有真正落入这块土壤。就如他所说，他只是一个过客。过客对他乡的界域并不在意，他的目标在于开拓"主"的疆域。

三　小结

吉登斯认为，资本主义、工业主义、监督和军事力量是现代民族国家的主要特质。[1] 在基督教全球地域化过程中，资本主义和工业主义为基督教的全球化扫清了地域局限和文化差异的障碍；而民族国家的监督力和军事保卫力维护了自我主体地位，保证了对全球化同质性的吸纳、抵制、创新和再输出。现代民族国家成为基督教全球地域化的话语背景和行为处境。基督教与少数民族文化的会通和冲突、与少数民族社会的排斥和融合都离不开民族国家的"在场"。外地教会差传和社会事业两种地域适应方式，都受到国家监督的判定。在适应国家权威方

---

① 参见［英］安东尼·吉登斯《现代性的后果》，田禾译，黄平校，译林出版社 2000年版。

面，慈善组织拥有合法的社团资质，以实际行动来显示基督教的"大爱"，用世俗服侍传递"属灵"的感召，属于"踏线"运作；而外地教会差传是越过法律规范的许可，在异地宣讲福音，属于"跨线"运作。

慈善机构倾向于在开展项目的少数民族中招聘员工。这些员工懂本民族的语言、传统习俗和宗教信仰，能够向其他员工讲解本民族的文化习俗，减少项目开展中的隔阂、误解，保证项目工作更贴合少数民族的实际情况。慈善机构的基督徒员工在日常工作生活中向少数民族员工传播福音，通过这些员工的皈信在本民族树立信仰标杆并散播福音。个人宣教者并没有掌握本地少数民族语言和文化习俗，以基督教神学知识和汉文化手段游弋于多个少数民族，以两种所谓的"先进文化"突破了民族界限；将当地少数民族信徒送到培训机构接受神学教育，培植少数民族传道人和坚定的信仰者。少数民族在适应现代社会变迁过程中，掌握了汉文化，能听懂外来传道人的汉语布道，但用本民族语言独立组织礼拜、讲道、祷告、赞美。真正承担汉文化与少数民族文化的交融、基督教与少数民族传统宗教的会通的实践者是少数民族本身。只有少数民族群众才同时掌握汉语和少数民族语言，鲜有汉族去尝试掌握少数民族语言；只有少数民族基督徒才体验过民族传统信仰和基督教两种神灵体系，鲜有其他民族的传道人进行基督教与少数民族传统宗教的对话。

两种基督教传播方式并非各自独立，而是相互联系、彼此扶持，具有共同的连接点——教会和社区。外地教会差派的项老师一直周游于各个民族乡村社区和教会探访和牧养，与慈善机构在服务对象上存在重叠。慈善机构的员工都是基督徒，分别在景洪城的两个教堂进行宗教生活，参与青年团契、祷告会和主日礼拜等圣工服侍。虽然三种传教方式的适应策略不同，宣教方式存在差异，但是各方人员都要进入社区，与当地居民交往，并在教会里达到"属灵的合一"。各条基督教处境化"线路"最终拧成一股地域适应的"绳"。

第四章

一个地方教会的适应与发展

　　不论是以慈善事业、英语培训、开办企业为依托的基督教机构，还是从事传教、牧养的专门团体和个人，都需要一个支撑信仰的基石——教会。所有宣教事工最终都要落实到地方教会的适应和发展上，包括教牧人员的充实、信徒的壮大、机构的增设、宗教活动的改进、信仰体系的完善，等等。基督教属于制度性宗教，具有一个相对稳固的结构形式和神学体系。基督教会在适应西双版纳地方社会过程中表现出基督教本土化的共性和特殊性，成为独具地方特色的信仰组织。地方教会的适应策略和扩展途径是基督教地域适应的承担方式和成果体现。本章选择曼嘎新堂作为分析个案，主要是因为曼嘎新堂是西双版纳信徒最多的教会，其运行模式成为其他教会争相学习的榜样。

　　学术界对教会组织的研究主要是以组织管理理论和系统理论为视角探讨教会从外部环境中吸纳资源，通过组织内部运作，将产品和行为输出或作用于外界环境和对象，并将外部对象的信息反馈回组织系统。本章并不侧重对教会组织运行路径的描述分析，而是关注教会在社会变迁中的成长，由自发性组织转变为自为和规范性组织，最终成为西双版纳地区教会组织模式的标杆。本章将从教会获得自主地位、教牧人员的吸纳和成长、组织结构和神学体系的发展、传教模式和运行模式等方面进行论述。

一　曼嘎新堂的建立

讲述曼嘎新堂的发展史，首先从教会主堂牧师玉的讲起。玉的牧师是傣族贵族，"文化大革命"中父母受批斗，自己也受到牵连。傣族女孩一般在十六、七岁就已经嫁人，而玉的到 21 岁才找到结婚对象。她丈夫是曼嘎村村民。曼嘎村是由被诬为"琵琶鬼"的傣族人聚居形成的村寨，1949 年之前全村人都皈信了基督教，成为有名的福音村。她丈夫的曾祖母曾经在外国传教士家做保姆，成为第一代基督徒，到她丈夫这一代已经是第四代了。在丈夫的引领下，她最终皈信了基督教。宗教政策落实以后，玉的和她丈夫带领曼嘎村村民恢复了基督教信仰，并建盖了曼嘎老堂。后来，玉的又建了曼嘎新堂，从曼嘎老堂分出来，并发展成为目前西双版纳地区最大的基督教堂。玉的牧师当时与她丈夫结为夫妻，并不是偶然的。因为曼嘎村村民被诬为琵琶鬼，普通傣族不愿意跟他们通婚。玉的因当时阶级成分和家庭负担，婚姻大事也成为难题。在信仰文化、民族歧视、政治划界等社会排斥之下，两人终于走到了一起，也开启了这位"傣族贵族"在基督教信仰道路上的传奇人生。

20 世纪 70 年代，我们就开始恢复信仰，轮流在不同信徒家里做礼拜。聚会、祷告都安排在晚上。这样过了五六年。到 1985 年，才可以公开在我家聚会。因为我老公的父母都是基督徒。那个时候有 50 多个信徒。我们向政府申请，想把政府征用的老教堂要回来。但是，我们申请了多次，一直反映到省上，还是不能够归还。1987 年左右，信徒发展到 70 多人。我们夫妇带领着信徒去老教堂。当时是武装部的仓库。我们把锁砸开进去做礼拜。政府就押了军分区的两辆车，开到老教堂去包围。他们喊话，让我们出来，不出来就开枪。最后，闹得实在太大的时候，他们赔偿我们 5 万块钱。那个时候，5 万块钱是一大笔钱。我们夫妇就带着信徒去建曼嘎老堂。当时，我丈夫也是村委会主任。曼嘎村就奉献那块地建教堂。

教堂盖好之后（1992 年左右），过了六年（2000 年左右），信徒增加到 1400 多人。[1] 那个时候教堂容纳不下这么多人了。上帝也给我一个新的异象，去重新建一个礼拜堂。开始的时候，我们是申请曼嘎老堂的培训中心楼，是按礼拜堂的格局去建盖的。盖好以后（2002 年），我就给教会管理小组开会，准备分堂。那个时候，我们有 12 个人的管理小组。首先我和岩在长老来分教会。那边新堂（曼嘎新堂）也是属于曼嘎老堂的附堂，但是还差着 80 万的工程款。如果谁去那边做主堂，就要承担这笔钱。岩在长老选择在老堂（曼嘎老堂），我就选择新堂。其他 10 个管理人员也分到两个教堂。让大家报名，谁想跟我，谁想跟岩在长老，5 个在老堂，5 个在新堂。然后，我在主日宣召，管理小组的哪 5 个人要跟我去新堂，我需要一部分信徒，要有负担的。两个负担，一个是要能奉献金钱的，要偿还 80 万元建筑费；第二要有传福音的负担。你们要跟我，下个礼拜直接到新堂做礼拜就可以了。第二个礼拜去新堂的就有 200 多个信徒。我们就从我 1 个主堂、5 个管理人员、200 多个信徒，来奉献、传福音，第二年就有了 500 多个信徒。因为我是号召他们一对一去传福音，一

---

① 据杨民康记载，1998 年曼嘎老堂大约有 1300 名信徒，参见杨民康《本土化与现代性：云南少数民族基督教仪式音乐研究》，宗教文化出版社 2008 年版。

个就去带一个信徒或两个信徒。2003 年 5 月，政府将两个教堂的资金砍断。2005 年，政府才发给我们宗教场所许可证。

（访谈参与人：玉的牧师、笔者，地点：曼嘎新堂牧师办公室，时间：2014 年 2 月 18 日）

在曼嘎老堂发展壮大的过程中，大量汉族以及其他少数民族信徒陆续进入这个傣族村寨教会。该教会最终脱离村寨的供养、管制，成为独立自主的教会。曼嘎新堂从建盖到管理，已与曼嘎村毫无瓜葛，成为覆盖整个景洪城区的地域性教会。在分堂时，曼嘎新堂的 6 位管理人员包括 3 位傣族、3 位汉族；信徒也不再局限于傣族。曼嘎新堂与曼嘎老堂切断了资金供养关系，靠信徒的奉献来偿还教堂工程款，实现了资金独立。教会积极鼓励信徒去传福音，不受村寨、民族等群体界限的束缚。教会取得合法地位之后，完全走上了"自养、自治、自传"的"自立"道路。

二　教会与传道人的相互适应

传道人是传播福音、牧养信徒的主要承担者。虽然基督新教抛弃了教职人员对"救赎"权柄的把持，提倡信徒相互牧养和自我得救；但传道人掌握更多的教义教理，有更强的委身奉献精神，负责牧养普通信徒，成为教会发展的支柱。传道人的神学素养以及其团队结构左右着教会的神学体系和发展方向。教会是传道人委身的信仰群体，选择、接纳、培养传道人，为其提供宣道、服侍、成长的平台。传道人适应教会的运行模式和神学体系，并为教会的发展奉献自己；教会的发展也有助于提升传道人的神学"装备"和"灵命"成长。基督教作为世界性宗教，能够适应少数民族的社会和文化，首先是传道人能融

入当地教会，能更直接、更有效地传播福音，加快基督教的本土化和
地域化。

（一）坚守与包容：吸纳外来传道人

曼嘎新堂的发展受到韩国长老会的很大影响。2008 年，曼嘎新堂
接纳了一批 10 人的传道人团队。这批传道人是由驻扎在昆明的韩国
长老会宣教组织培养的。这个宣教组织在云南省各地州招收少数民族
神学生，进行为期 3 年的全日制神学培训，与正规神学院的学制相差
无几。他们在西双版纳地区招收过几批神学生，培训结束后，再分派
到当地教会参与服侍。韩国宣教机构在与曼嘎新堂接洽后，双方达成
意向，由曼嘎新堂整体接纳这批神学生。韩国宣教机构也改变了将神
学生分散到各地教会的初衷。这个团队由 1 位中国籍老师（被称为李
老师）和 9 位神学生组成，整体进入曼嘎新堂。

这 10 位传道人组建了一个敬拜赞美乐队，为教会带来了现代气
息；所有成员都能讲道，提高了教会的牧养水平。比如，在奉献形式
上，以前每个信徒走到前台将钱投入奉献箱，场面混乱拥挤。在这个
团队的建议下，奉献时改为递袋子，按座次同时发放几个奉献袋，信
徒把钱放入袋子，然后将奉献袋传给下一位信徒，快捷有序。昆明的
各大教会都以递袋子的方式进行奉献。这批神学生在学习期间参与昆
明教会的服侍，学习了大城市教会的运作方式。在奉献的神学教导
上，老传道人只能讲，上帝让信徒奉献，所以就要奉献；而神学生在
神学教理上讲得更透彻，奉献是上帝让信徒得祝福。在奉献时，加入
奉献读经，《新约·哥林多后书》9 章 6—7 节，"少种的少收，多种的
多收，这话是真的。个人要随本心所酌定的，不要作难，不要勉强，
因为捐得乐意的人是神所喜爱的"。曼嘎新堂具有美国长老会的神学
背景；而这批神学生是由韩国长老会培训的，两者在神学思想上一脉
相承。所以这个团队的神学思想能较容易地融入教会的神学体系，不

会造成教会神学思想的转向，进一步提高了教会的神学水平。

这个团队在融入教会的过程中，也遇到过一定的波折。当时曼嘎新堂每月给他们发 200 元的薪俸，再由韩国宣教机构补贴 300 元。2009 年，宣教机构不再资助这批神学生，需要教会承担全额薪俸。实际上，当时曼嘎新堂所有教牧人员都是兼职，并不领取薪俸。在这种情况下，教会堂委会与这批神学生进行谈判，商讨提高薪俸的问题。不然，这个团队可能会选择离开。教会在被迫适应中，改变了教会的牧养模式。不仅神学生成为全职侍奉，其他教牧人员也慢慢转为全职侍奉。这成为教会走向专职化的起步，也是曼嘎新堂飞跃式发展的开端。专职教牧人员提升了信徒的牧养质量，使信徒有更深的神学理解，有更多时间和精力去传教牧养，发展更多的教徒。教会在管理、传教、牧养、资金等方面形成良性循环。曼嘎新堂能够一次接纳 10 人的传道人团队，是因为当时教会已经有 500 多名信徒，是西双版纳地区人数最多的教会，有能力为其提供宽阔的侍奉平台。所以，传道人的神学素养和教会的前期积累是双方能够融合的两个必不可少的条件。

现在神学生团队已经有 4 名成员脱离服侍。[①] 由神学生组建的赞美团又从教会信徒中补充成员。目前有 2 个贝斯、1 个电子琴、1 个架子鼓、6 名歌手。赞美团保留 6 名神学生，填补进来的 4 人中，有 2 个傣族人，2 个汉族人。两位神学生团队的司琴也参与教会两个诗班的活动。随着教会年轻信徒和传道人的逐步成长，在青年读经班、青年团契、主日学等活动中，神学生与其他传道人员彼此"配搭"，相互合作，共同承担教会事工。这个团队已经没有明显的群体界限。在神学生团队融入教会的过程中，教会也在融入神学生团队。

---

① 教会传道人脱离侍奉的比较普遍。第一是因为教会内部矛盾，受到排挤；第二是因为传道人的薪俸相对于社会其他行业的工资要低很多，生活比较清贫，承受不起经济压力；第三是因为受到社会舆论和家庭压力，尤其是妻子不给予支持，成为很多传道人脱离服侍的原因。

　　教会不断吸纳传道人，并将其"抬举"到合适的位置，让其更好地牧养教会的"群羊"。传道人的融入和教会的纳新，为教会保持活力和传道人"灵命"的成长提供了契机。宋健长老是东北人，跟随某个慈善基金会来到西双版纳。他在慈善机构工作期间，也在曼嘎新堂做兼职传道人。在教会侍奉五年之后，那个机构搬离了西双版纳，宋健依然留下来，由兼职传道人转成了全职侍奉。他四十多岁，有着丰富的社会阅历，并在香港中国神学研究院获得函授硕士学位。他的社会关系网络和神学知识得到玉的牧师的赏识。2010 年 7 月，他正式做全职传道人，到年底泰国牧师来按立教牧人员时被按立为长老，在牧师的扶持之下很快融入了教会。

　　宋健被按立为长老，在教会中引起了很大的反响。笔者在调研中，听到对此事的不同评论。一位普通信徒认为，玉的牧师有管理教会的"恩赐"，能知人善用。当时教会普遍认为应该按立带领神学生一起进教会的李老师。他在教会侍奉了两三年，为教会的发展做出了一定的贡献，却只被按立为传道。① 当时虽然有许多信徒和教牧人员不理解，但是这些年过来，证明玉的牧师启用宋健长老，是慧眼识珠。这位信徒对玉的牧师表现出敬佩和赞赏。一位神学生则认为，当时他们老师负责教会的所有事情，而且他们神学生也听从老师的安排，却和他们一样只按立了传道。这是玉的牧师提拔宋健，用来压制他们老师。据笔者观察，在属灵上，宋健按立了长老，而李老师只按立了传道；但在属世的行政管理上，李老师担任办公室主任，并带领赞美团，而宋健虽然担任堂委会副主任，却是一个虚职，更多时候在扮演玉的牧师的秘书。2014 年，云南省基督教两会到西双版纳按立教牧人员时，有部分教牧人员没能参加按立仪式。随后，州基督教两会为这些人员补办了按立仪式。当时只有两位牧师和宋健长老做按立

---

　　① 在当地教会的神职人员排序方面是牧师最高，其后是长老、执事（负责世俗管理），最后是传道。

人，说明宋健已经得到了整个西双版纳州基督教界的认可。所以，教会在人事安排上是相对公平的，在均衡各方力量的基础上，广纳人才，保证了教会的团结和发展。这也是玉的牧师在教会中享有最高权威的原因所在。一位乡村教会的长老在跟一位神学生闲聊时也表示对宋健长老的赞赏，"虽然西双版纳的神职人员都公认宋健长老的水平很高，但他依然很尊重玉的牧师"。

（二）传道人的成长和新老更替

曼嘎新堂从建堂时的 200 多人，发展到 2008 年的 500 多人，再到现在注册信徒 2000 人，每周参与主日礼拜的有 1400 多人。教会也由单一的傣族教堂转变为多民族教堂。教会人数的增加和民族成分的复杂化见证了教会传道人的传道精神和能力，同时为传道人的成长提出了新的要求。2014 年，曼嘎新堂有 1 位牧师、5 位长老、14 位传道人。除了宋健长老和神学生团队以外，其他传道人多数是在本教会的培养下成长起来的。这些传道人员跟随教会发展的步伐，在个人"灵命"和牧养能力方面也获得了"成长"。曼嘎新堂是由傣族教会发展而来的，多数傣族同工成为教牧骨干。教会不断接纳不同民族的信徒，这些傣族同工面临如何适应多民族文化的问题。2014 年刚被按立的玉叫坚长老，开始只会傣文，不认识汉字，经过几年的努力，已经可以用汉语向信众讲道；在进入傣族村寨传道时，又可以用娴熟的傣语讲道、赞美，深受信众和其他教牧人员的拥戴。目前，大量少数民族传道人尤其是年轻传道人已经熟练掌握了汉语，却对本民族的文字和语言变得生疏。比如 35 岁左右的傣族传道人，只会说傣语，不认识傣文。在去傣族村寨牧养的时候，玉叫坚长老就要指导他们用傣文圣经和赞美诗主持礼拜。目前，已经有两位傣族传道人重新掌握了傣文。

老一辈传道人没有受过系统的神学培训，讲不出其中的内涵。神学教育是我们的优势。我们对圣经的解释更透彻，让信徒能更容易理解和认识真理的信息。但老一辈有更充沛的"属灵"生命。一般信徒看重"属灵"的经历，对上帝的见证。现在，几乎所有事工都由我们年轻一代撑起来了。跟随牧师从老堂到新堂那批同工在神学服侍上已经逐步退居二线。他们主要负责葬礼、教诗歌、主日接待。他们多数是配角，没有参与实质性的东西。

（访谈参与人：传道人、笔者，地点：马云家，时间：2014年3月30日）

2008年以前，教会主要由牧师和几位长老负责讲道。此后，神学生团队、宋健长老以及本教会成长起来的中青代传道人逐步成为教会讲道的骨干力量。几位老一辈传道人慢慢淡出讲道队伍。现在，一些同工和信徒对玉的牧师的讲道能力评价不高，但是高度赞赏其管理能力，表现出足够的信服。而玉的牧师讲道水平的降低，正是因为新生传道力量的进入和成长，这反衬了教会整体牧养水平的提高。这与玉的牧师的接纳、提拔和培养是分不开的。更重要的是，教会有足够的信徒奉献，为传道人提供薪俸。从教会复兴到曼嘎新堂建立，都是在老一辈同工的辛勤奉献下一步步走过来的。

（三）二次按立："属灵"与"属世""权柄"的张力

2014年2月16日，云南省基督教两会举行西双版纳地区教牧人员按立典礼，对全州长老、执事和传道进行了按立。1992年，云南省基督教两会组织过一次教牧人员按立仪式，直到2014年才再次组织，已经有22年。地方教会每年都提交教牧人员按立申请，一直没有得到审批。除了两位牧师由云南省基督教两会统一按立之外，其他教牧人员都是请泰国牧师来按立的。曼嘎新堂有三位长老在八年前就已经按立，另一位长老和多位传道人也已经在2010年按立。在教会内部，信徒已经认可他们的"属灵"权柄。但是因为没有经过省基督教两会的审批，也没有在政府宗教管理部门备案，所以没有获得政府的合法性认可。已经按立的教牧人员只有参加这次省基督教两会的按立仪式，才能获得"属世"的合法"权柄"。按照基督教的教规教义，基督徒只能受洗一次，教牧人员的圣职也只能按立一次。所以，这次除个别圣职升迁的教牧人员之外，多数属于重复按立。这引起了部分教牧人员的抵触情绪，拒绝参加这次按立仪式。曼嘎新堂的一位神学生也拒绝进行重复按立，通过牧师做思想开导，才同意参加按立。玉的牧师说："按照圣经是不可能的，我就求主赦免我们的罪。为了得到政府的认可，获得一个合法的身份，不让一些魔鬼抓住把柄，更好地传福音，只有进行第二次按立。"黄云传道对重复按立的解释更具启发性。他说："2010 年泰国牧师来按立，是从上帝的角度来按；2014 年省两会来按立，是从政府管理的角度来按。一个是'属灵'的，一个是'属世'的。'属世'的就是顺服掌权者。"

在这次按立中，云南省基督教两会审查了 30 位长老的申请，只批复了 28 位。另外两位申请者已经超过 70 岁的法定年龄，未被批准，其中一位就是曼嘎新堂的。在按立仪式中，由两位省基督教两会的牧师和两位当地牧师作为施礼牧师。部分教牧人员因为临时有事，未能参加当天的按立仪式。在第二个礼拜日，西双版纳州基督教两会又为上周没能参加按立仪式的教牧人员进行按立。两位因超过法定年龄未被批准的长老却出现在按立队伍中。这显示了州基督教两会对省基督教两会的抗拒和回旋策略。省基督教两会依据宗教管理制度拒绝按立超龄申请者。州基督教两会对他们按立，主要是考虑到这些传道人员几十年如一日的辛勤付出，给予精神支持。按立仪式中，笔者听周围信徒议论，是因为省基督教两会很多年都没有按立长老，所以他们才会超龄。如果按正常程序审批，他们早就该按立长老了。所以，这次就该按立他们。普通信徒没有质疑两位长老按立的合法性，却把问题的责任推向省基督教两会。

虽然这次教牧人员按立违背了圣经原则，一些传道人员甚至拒绝二次按立，但是曼嘎新堂为了让传道人员获得合法的传教身份，依然让所有教牧人员参加了按立。教会请泰国牧师为传道人员按立圣职，以违规方式获得"属灵"的权柄；以顺从省基督教两会的按立获得"属世"的合法权柄，却违背了圣经原则。省基督教两会以超龄拒绝按立两位长老，地方教会却以违规的方式再次按立，实际既没有获得合法权柄，也违背了圣经原则。表面看来，这次展演对教会和长老没有任何意义，实际成为地方教会对省基督教两会的无言反抗。在信徒看来，这次按立已经赋予两位超龄长老合法权柄。地方教会和教牧人员在顺从与对抗、违规与合法中摇摆，努力获得传教牧养的"属灵"与合法权柄。

图 4-1　教牧人员按立仪式

三　宗派传统的突破与调试：教会适应社会发展

新中国成立后，中国基督教摆脱不同教派的牵绊，走上了联合礼拜的"后宗派时代"。宗教政策落实以后，在基督教复兴中添加了更多现代因素。曼嘎新堂由一个傣族村寨教会发展为多民族教会，与村寨完全脱离关系；在延续美国长老会传统的基础上，接纳不同教派背景的信徒和传道人，在礼拜形式、人员培训、神学体系建设、教会体制转型等方面适应社会形势的变迁。在传承与发展中，教会牧师神学思想的前瞻性、包容度和个人威望、资深信徒的抵抗、顺服和转变、外来信徒带来的新元素、年轻信徒对新事物的接受等教会内部几股力量交织在一起。圣经成为各方力量协调、平衡的指导原则。

（一）培训：教会正规化的途径

曼嘎新堂的前身——曼嘎老堂在恢复基督教信仰的时候，是由村寨老人以信仰的历史记忆唤醒部分村民。由于宗教信仰的中断，那些老人也只限于对基督徒身份的认同，并没有太多教义教理的认知。教会的一位傣族长老回忆恢复信仰时的情况："那些老一辈每天在村里一个街道一个街道地敲锣，给我们报福音。当时报福音也不是讲耶稣十字架的福音，只是讲我们的信仰历史。我们是被遗弃的人，这些奉主名的宣教士救了我们。祖辈们都是信耶稣的。信老人的话，我们是基督徒的子孙，我们应当重新来敬拜我们的神。我们就是这样走上信仰的。那个时候，没有《圣经》，没有诗歌，也没有人教，会一段就唱一段，会两端就唱两段。"到1992年，曼嘎老堂落成的时候，所有信徒都没有受洗，也不知道洗礼的意义；不懂得如何祷告，只会念主祷文，求神医治得病的信徒。当时只有一位老信徒还保存着一本傣文《圣经》和《赞美诗》。后来，南京一家基督教刊物出版机构用 1949年之前外国传教士翻译的傣文《圣经》，帮助教会印刷《圣经》；并用傣文翻译《赞美诗》。一些信徒陆续出去接受神学培训，回来后再牧养教会其他信徒。正是通过培训，信徒开始真正认识基督教信仰，教会也开始步入正规化发展的轨道。

　　培训是为了培养教牧人员，增强教会的牧养能力。目前，曼嘎新堂已经形成比较规范的培训模式。曼嘎新堂担负着西双版纳州妇女同工培训的职责，每年组织两次全州范围的妇女同工培训。这时，曼嘎新堂安排本教会的女性传道人员、小组和部门负责人参加培训。这属于规模比较大的培训方式，受训人员的范围比较广，邀请的培训老师水平也比较高，培训时间较长，效果比较明显。2014 年 1 月 13 日至17 日，曼嘎新堂组织了"西双版纳州基督教妇女事工 2014 年度第二届第六次培训"，邀请云南省基督教协会的牧师和当地牧师进行授课。全州妇女同工齐聚一堂，接受圣经教义、赞美诗、祷告、灵修、信心培植等方面的培训，成为曼嘎新堂与全州其他教会交流互动的平台。曼嘎新堂每三个月举行一次教牧人员培训，邀请外地传道人教会，培训范围仅局限于教会内的长老、执事、传道人等教牧人员，也包括由曼嘎新堂差派或资助的其他教会传道人，一般为期 2—3 天。2 月 17日至 19 日，5 月 26 日至 28 日，曼嘎新堂分别邀请了昆明、深圳等地的传道人来向本教会教牧人员讲课。教会每月最后一个星期五组织同工培训，培训范围包括教会传道人、各小组和部门负责人。另外，教会教牧人员也会参加西双版纳州基督教协会举办的各类培训。曼嘎新堂制定了相对规范的培训模式，采用不同的培训形式，针对不同范围、层次的教牧人员，不断培养教会传道人员的圣经真理和"灵命"成长。

图 4-2　西双版纳州妇女事工培训

图 4-3　教会传道人员培训

（二）长老会的突破一：敬拜赞美

传统长老会在礼拜时没有敬拜赞美，只有唱诗。唱诗属于传统赞美形式，歌曲以古典赞美诗为主，[①] 演唱时不能做各种动作和手势，气氛比较肃穆。2007 年，曼嘎新堂开始加入敬拜赞美，歌曲主要选取

---

① 唱诗又称为传统赞美诗，是由马丁·路德进行宗教改革时，创作的"大众赞美诗"。

新创作的现代赞美诗，并加入了现代乐器伴奏，气氛变得活跃。这种敬拜方式上的突破却遭到一些老信徒的抵制，给他们带来信仰上的"震惊"。玉的牧师谈起当年加入敬拜赞美时遭遇的阻力："我开始刚提出加入敬拜赞美的时候，很多人是反对的，说不能把其他教派的东西加入我们长老会。因为我们的敬拜传统没有这些，一些长老和信徒很反对，甚至不能来做礼拜，不参加这里的敬拜。我首先用神的话语来勉励他们，使他们思想上能够接受；其次是让他们看到，敬拜赞美不是侵略的，在使徒的时代以及大卫的时代都已经有了，在《圣经》上都有记载的，是我们长老会忽略了敬拜赞美。这样来教导他们。最后大家都明白了，就没什么问题了。"曼嘎新堂传道人向笔者介绍，现在江城地区的教会还不能容纳敬拜赞美。曼嘎新堂到江城教会探访时，当地信徒对敬拜赞美感觉非常好。但是当曼嘎新堂准备帮助他们的年轻人组建乐队时，教会的老信徒就开始反对了。而与江城教会具有相同神召会背景的勐腊县各教会却开始进行敬拜赞美，已经组建了自己的乐队。接受带有现代气息的敬拜赞美，首先在于宗教领袖思想开明，在对外交流和接纳外来传道人、信徒的同时，也能够吸收他们的信仰元素，扩展教会的包容力。这是曼嘎新堂的榜样作用，也带动了本区域内其他教会礼拜形式的发展。

图 4-4　敬拜赞美

（三）长老会的突破二：男女混坐

　　传统长老会在教堂聚会时，都是男女信徒分开坐。曼嘎村在恢复信仰的时候，在玉的牧师家聚会，就不再男女分开坐了，突破了这个传统。因为玉的牧师是从外面嫁入曼嘎村的，并没有受到先前长老会神学传统的熏陶。在基督教复兴过程中，大量外来信徒进入教会，进一步淡化了长老会的影响。玉的牧师对男女混坐有自己的理解，"我们的圣洁不会因为男女混坐在一起受影响。历史上长老会以及胇立比教会都是男女分开坐的。我们说要圣洁，上帝是看我们的内心，不是看外表的。我们就这样教导大家。弟兄姊妹坐在一起，感觉是一家人，不分你我，不分男女"。而现在，跟曼嘎村一同接受美国长老会信仰的两个傣族乡村教会依然保持着男女分开坐的传统。勐腊县带有神召会信仰背景的乡村教会同样延续了这一传统。笔者同一位曼嘎新堂的传道人到勐腊县一个乡村教会（勐瑶教会）探访。我一直留意教会男女信徒的座次问题。这位传道人也曾经在江城教会（神召会背景）遭遇坐错座位的尴尬。我们私下约定，礼拜时故意坐到女信徒那边，看信徒会有什么反应。当我们走进教堂时，信徒们已经有秩序地按男女分开坐下，我要打破常规的想法，瞬间变得软弱无力。那位传道人好像也没有多少兴趣去尝试。我们很自觉地坐在了男信徒这边。我们已经感受到了这种习惯的力量。

　　传统长老会和神召会都强调男女分开坐。随着现代社会的发展，这些教会不再进行强制性的规定。不论是神召会背景的勐腊县城教会，还是长老会背景的曼嘎新堂，都已经男女混坐。乡村教会却至今没有打破这个传统。很多人将此归结为城镇教会是现代的、开放的，乡村教会是传统的、保守的。卢成仁认为，福贡县傈僳族乡村教会男女信徒"左右对坐"是傈僳族社会中男女性别等级制度的体现，但他在注释中也强调在信教家庭中妇女管家的情况比较普遍。① 笔者认为，这是一个熟人社会与陌生人社会的区别。在城镇虽然信徒都是主内的弟兄姊妹，但是大家在世俗生活中处在彼此分离的陌生人状态，所以大家在教会即使坐在一起也存在一个区隔屏障，保持着一定的社会距离。而乡村教会的信徒多数是一个村寨的，或者是周边十里八村的，大家在平时的世俗生活中有着密切的交往，这种关系在教会神圣空间中进一步拉近。但是世俗社会的男女有别、基督教的教规教义都要求男女信徒保持一定的距离。教会对传道人员也有一条规定，传道员外出传教不能男女混搭，甚至男女传道员不能同坐一辆摩托车。这些规定都是为了让男女信徒保持一定的社会距离，维持良好、健康的信徒关系。从这方面来讲，城镇教会与乡村教会用不同的方式践行着这条教义教规，城镇教会以世俗社会中无形的社会距离，淡化了教会内有形的座次距离；而乡村教会以教会内有形的座次距离，区隔世俗社会中的熟人关系。

（四）长老会的突破三："属灵"和"属世"权威的合一

长老会是基督教新教的一个重要宗派，遵奉加尔文的宗教思想。在教会体制上，主张由教会众信徒选举长老，组成长老会，协助牧师来管理教会。长老会负责教会的行政事务，在教会重大事务上，由长老会集体决议。牧师主要负责教会信徒的牧养，牧师的聘任、薪俸都由长老会决定。长老会负责教会世俗事务的管理，拥有教会最高权威；牧师负责宗教事务，受长老会的监督。曼嘎新堂和曼嘎老堂都属于长老会背景，但在教会内外因素的作用下，牧师成为教会最高权威者，将"属灵"和"属世"的权威合为一体。按长老会的传统，长老不能按立牧师，而两个教会的主堂牧师都是先按立长老，再按立牧师的。受中国宗教管理制度的影响，教会的权威机构变成了堂委会。在

---

① 参见卢成仁《从礼拜座位看基督教会组织原则的本土运用——以云南怒江娃底村傈僳族为例》，《世界宗教研究》2012年第1期。

笔者的调研中，教会的宗教权威和世俗权威也并非都是合一的。这两个教会的牧师能掌控属灵和属世权威，是与两个人对教会的影响力有关。曼嘎老堂的牧师从 1994 年成立西双版纳州基督教协会以来，一直担任会长职务，也是州政协委员，具有较强的社会资本。并且，他自己也一直在强调曼嘎老堂是属于曼嘎村的。他作为曼嘎村的傣族人，自然受到村寨和傣族信徒的支持。而玉的牧师主持建立了曼嘎老堂和曼嘎新堂，尤其是带领部分信徒在曼嘎新堂重新开拓出一片天地，其威望不言而喻。但是两个乡村傣族教会的"属灵"权威在教会的世俗管理上要听从老人集团和村委会主任。教会体制变革既要考虑教会传统背景，也要结合社会处境和当事人的状况。

（五）长老会的调试：神学思想的稳固

曼嘎新堂接纳大量神学生和外来传道人，并着力培养本教会传道人，使教会在神学思想建设上有了充足的人才储备。教会对教牧人员及普通同工的规范化培训，进一步增强了教会的神学根基。曼嘎新堂神学体系的建立并非一蹴而就，而是经历了一个曲折漫长的过程。宗教信仰恢复时，缺乏《圣经》、赞美诗和传道人，信徒对基督教的认识都处在"一知半解"的状态。在外来宣教组织的资助、牧养、培训下，大量本地传道人员不断成长，到 2008 年教会神学体系已见雏形，2010 年左右基本稳固。曼嘎新堂在 2008 年接纳了由韩国长老会培训的 10 位神学生作为讲道主力，为教会增添了更多现代元素，进一步巩固了长老会的神学体系。同时期，曼嘎老堂也完成了神学体系建设。两个教会虽然同出一脉，但在各自发展道路上，神学思想也发生分殊。曼嘎老堂更强调圣灵充满，说方言成为信徒追求圣灵充满的明证。教会讲道人的确立成为其神学体系稳固的标志。曼嘎老堂的神学建设与一位山东传道人的到来有莫大关系。这位传道人在"耶稣家庭"的信仰环境下成长，上完神学以后来到曼嘎老堂服侍，逐步成为教会的主要讲道人。[①] 2010 年左右，教会牧师和核心传道人员明确了强调圣灵充满的神学信仰，以此树立了自己的神学体系。

以前不同神学背景的外地传道人或差会以资助、探访等方式到曼嘎老堂传道牧养，导致教会神学体系非常混乱，造成信徒在信仰上的征战。当神学体系稳固之后，教会很有针对性地考察和鉴别外来传道人的神学背景，选择对教会神学体系有助益的牧者来讲道、培训。这是本土化中一个非常关键的阶段，是自我主体性形成的标志。教会宗教领袖要有扎实的神学根基，才有能力进行鉴别。玉的牧师对教会变革的看法是："我们教堂的礼拜仪式改变了很多。我们要注意教会的背景，保持长老会的一些传统，不能完全更改。我们结合现代社会的环境、文化、生活，将这些新元素插进来的时候，问题会有。因为包括我们的信仰，毕竟要尊重我们的背景，不能离开圣经，也不能忽视我们教会历史的教义基础。"

四　教会对外扩展

（一）傣族事工

虽然傣族是西双版纳世居民族中唯一建立基督教会的，但是傣族浓厚的佛教和原始宗教信仰对基督教传播有很强的抵制力。其实，除了那三个 1949 年之前外国传教士传入的傣族村寨之外，并没有多少傣族人皈信基督教，甚至其他被诬为"琵琶鬼"或患有麻风病的傣族人也很少皈信。曼嘎新堂是从傣族村寨发展起来的教会，教会着力培

---

① "耶稣家庭"属于灵恩派，是 20 世纪中前期在山东省泰安地区出现的，注重祷告时讲"方言"等。

养傣族传道人员，十年时间只培养了 4 名传道人，开拓了一个傣族聚会点。正如负责傣族事工的长老说，"南传佛教进入傣族已经有一千多年的历史，耶稣基督的福音进入西双版纳才刚刚一百年。所以，要傣族人来接受耶稣基督的福音是很难的。如果说，用一样的时间、一样的精力向汉族传福音，如果有十个汉族人皈信主，还不会有一个傣族人皈信主"。

曼嘎新堂主要将精力放在傣族传道人的培训和聚会点的牧养上。进入曼嘎新堂的傣族信徒都会受到玉的牧师的重点培养，她为傣族基督教信仰的维持可谓煞费苦心。曼嘎新堂负责牧养的 1 个傣族村寨聚会点，骑摩托车要两个小时的路程。曼嘎新堂的 3 位女传道人每个星期天都要从景洪骑摩托车到聚会点牧养，然后在信徒家住一晚，第二天再返回，如此坚持了五六年。现在曼嘎新堂配备了一辆汽车，专门载传道人往返聚会点。为了这二十多名傣族信徒，曼嘎新堂的傣族事工组以奉献精神，不计成本地进行牧养。前些年，曼嘎新堂也负责两个传统基督教村寨的牧养。当时，傣族事工组有 4 个人，1 位老信徒、1 位中年信徒、2 位年轻信徒（1 位是玉的牧师的女儿，1 位是她儿媳妇），每月在村寨住 3 天，将信徒分为成人和小孩两组，更有针对性地牧养。这样一连服侍了 5 年，此后由曼嘎老堂接手。曼嘎老堂因欠缺传道人，在牧养方面力量不足，把主要精力放在傣语翻译事工上。现在曼嘎老堂培养了 6 名傣文翻译，用新傣文翻译完成了《新约》，并进行《旧约》和赞美诗的傣文翻译工作。当年，外国传教士在泰国传教士和当地傣族信徒的帮助下，用老傣文翻译了《新约》。中国政府颁布了新傣文方案，几经反复，在傣族群众中普及开来。所以，新傣文《圣经》和《赞美诗》的翻译在傣族事工中有着重要意义。现在，曼嘎新堂在乡村傣族中牧养、传道都是用曼嘎老堂翻译的新傣文《圣经》和赞美诗。两个教堂在傣族事工方面各有优势，相互配合。

我们向这些村寨传了好多。第一是我们去传。第二是人家知道信基督教，心灵上、肉体上健康，病人得到了医治。第三是巫婆给他们传福音。他们有病的时候就去请巫婆（做迷信）。巫婆医不好，就让他们来找我们。我们就问他们，"你们在傣族村寨，谁给你们传的福音"，他们说是巫婆传给他们的。我们问："巫婆怎么传给你？"他们说"家里人生病了，好长时间都医不好"，他们就去看巫婆。巫婆就告诉他们："你们要去找洋教，洋教才能胜过这些魔鬼。你的鬼太厉害了，连我都不能给你释放。那个洋教的神能驱除一切魔鬼。"

（访谈参与人：玉的牧师、笔者，地点：曼嘎新堂牧师办公室，时间：2014年2月18日）

图 4-5　傣族信徒庆祝圣诞节[①]

（二）多民族事工

曼嘎新堂还没有从曼嘎老堂分出来的时候，就已经向汉族和傣族传播福音，从2003年开始向其他少数民族传教。开始是在勐养做花腰傣和布朗族的事工。花腰傣是傣族的一大支系，在语言和社会结构

---

① 照片由曼嘎新堂传道人马云提供。

上与"水傣"（又称为"傣泐"）没有太大区别，但只信仰傣族的原始宗教，并不信仰南传上座部佛教。勐养镇的昆格人（被划归布朗族）有自己的语言，属南亚语系孟高棉语族佤德昂语支，但多数会说傣语，能听懂一些汉语，信仰本民族原始宗教。当时傣族传道人与昆格人、花腰傣不存在语言上的障碍，而且没有像南传上座部佛教等制度性宗教与社会结构的紧密"镶嵌"所导致的对基督教的坚强抵制力。仅在昆格人中就发展了50多个信徒。后来，昆格人聚会点和两个传统信仰基督教的傣族村寨由曼嘎老堂接手牧养。由于曼嘎老堂牧养力量的匮乏，在牧养和神学教导上没有能力跟进，导致昆格人聚会点信徒人数逐渐减少，最后停止了聚会。2013年，曼嘎新堂重新开始对昆格人聚会点牧养，已经恢复正常礼拜。2011年，教会通过一位克木人基督徒进入克木人村寨传教，在村寨内发展了7名克木人信徒；又向周围的傣族村寨、农场传播，发展了1名水傣、1名旱傣、1名哈尼族和多名汉族信徒。这个克木人聚会点已经跨越了民族界限，变成一个多民族聚会点。教会传道人用汉语进行整体牧养，在个体服侍时，对克木族、傣族信徒讲傣语，对汉族和哈尼族信徒讲汉语。教会进行民族事工时，首先依靠信徒个人传教寻找合适的突破口，然后教会的传道人再跟进牧养。在这里，个人传道的奉献精神和教会整体的牧养规划不可分离，相辅相成。一位教会傣族长老，讲述了在景洪市勐养镇开展传道活动的经历。

> 我们去传福音，如果你不认识村寨里的人是进不去的，没有人接待你，五六年都走不通。如果有亲戚朋友，他们才会接待。进寨子以后，先要了解他们的背景，有什么信仰，一年献祭多少次，要多少钱，再用我们的福音传进去。他们说，信你们的好啊，不用浪费钱。走到那里，做好朋友，聊聊天，用我们神的爱去爱他们，去帮助他们。他们问："你为什么对我们这么好？"我就说我是基督徒。一个勐养的老姊妹，我到乡下去，走累了，就

在她家门外睡下。等她干活回来，就问我"是来传福音吗"，我说不是，是跟他们来玩的。因为老人去传福音，说信主病得医治，他们不传救恩。一些人病好了，也不来信了，病不好就说是骗人。那个村寨有 17 户人，有布朗族、汉族、傣族，什么族都有。当晚我们就住在她家，到了十点都没有做饭，就在那里聊天。她小儿子说要三块钱，第二天交书费。她三块钱都拿不出来。我当时身上带了 15 块钱，是我们的路费和饭钱。感谢神，他们比我更需要，我就给她小儿子十块钱，又把我晚上要穿着睡觉的衣服给她。她就叫她老公杀鸡、做饭。和我同去的老姊妹说："你们要不要看录像？我带了《耶稣生命来临》。"他们 17 家才有一个电视，他们都说要看，看到两点多。我们就在那里接着传福音，建立了一个聚会点。那边我跑了十年。

（访谈参与人：玉双长老、笔者，地点：玉双长老家，时间：2014 年 5 月 13 日）

（三）福音事工模式化

2002 年，曼嘎新堂正式开堂，2003 年就在民族事工上突破傣族界限向其他少数民族传教。玉的牧师差遣信徒通过亲戚朋友关系，深入不同少数民族村寨、农场传教。首先是以交朋友的方式建立关系，然后再表露传道人身份。因为不论是什么民族，基督徒都按照同样的信仰标准来生活。比如通过饭前祷告等形式在日常生活和工作中显示基督徒的行为准则，逐渐把基督教信仰传给身边的"朋友"。传道人的祷告是与上帝的话语交通，并为周围的朋友祷告，把他们交托到上帝面前，让这些人也感受到上帝的存在，这是一种较浅的信仰干预。在个人传教有一定的成果以后，教会汇集这些信息，有针对性地派遣传道人进行牧养，慢慢建立聚会点；然后选拔信仰较为突出的信徒进行培训，鼓励他们到自己的民族去传福音，实现了跨民族、跨文化的福音传播。基督教组织和个人都有传教的职责和使命。所以，教会整体和信徒都会自发或自觉地进行传教。在教会层面上，制定和实施多民族宣教策略，因为教会多数包括多个民族的信徒，即使是单一民族教会也会有其他民族的社会关系，可以跨越民族界限传播福音。

在传教过程中，教会以聚会点进行拓展和牧养。教会与这些聚会点的关系也是多样的。第一种，聚会点成为教会的小细胞（小组），与教会是上下级关系。教会负责支付传道人的薪俸，差派他们到各个聚会点去牧养。聚会点信徒的"十一奉献"要交到教会，这是固定资金。还有一些临时性捐款，比如资助其他教会建教堂、培训费、政府号召的捐款、本堂建盖房屋的捐资等，也统一交到教会。第二种，聚会点信徒人数较多，处于半独立状态。聚会点保留信徒的"十一奉献"，并以独立身份进行捐助。由教会和聚会点共同承担传道人的薪俸，承担比例可以根据聚会点的资金能力灵活把握。第三种，还处在教会的规划阶段，目前还没有实现。在聚会点发展成熟，信徒人数达到一定规模，资金相对充足，教会信仰体系也相对稳固之后，传道人完全脱离教会，由聚会点单独承担他们的薪俸。聚会点发展为完全独立的教会。目前教会有8个对外牧养的聚会点，其中有3个处在第一种关系阶段，有5个已经达到第二种关系阶段。每个星期天都要派传道人到3个聚会点主持礼拜，进行牧养。教会在5个聚会点差传，其中3个传道人是教会直接差派的，由聚会点和教会共同承担薪俸；另外2个传道人属于当地教会，但教会没有能力给他们发薪水。曼嘎新堂为他们提供资金支持，利用当地传道人在那里传教、牧养，差遣当地传道人宣教。吴梓明等将基督教会的"堂—点"模式分为"堂—点分立式"和"堂—点升级式"两种演化形态，认为基督教在适应中国地方社会文化过程中消解了西方教派分立的传统，建构了基督教地方教会的互动关系和信徒的"双向认同模式"。① 曼嘎新堂与聚会点的第一种关系可归为"堂—点分立式";第二种关系归为"堂—点升级式"。吴梓明等认为,只有"堂—点升级式"中的聚会点才能发展为独立教堂,"堂—点分立式"中的聚会点一般难以自由发展为独立教堂。在玉的牧师的规划中,从"堂—点分立式"到"堂—点升级式",再到聚会点完全独立,是一个循序渐进的线性过程,而不是难以逾越的类别区分。

五　教会的规范化运作

曼嘎新堂经过十多年的发展,不论是信徒数量,还是牧养力量都得到了壮大;并在礼拜形式、管理体制和神学思想方面既与时俱进,又稳固自身的传统;在宣教牧养方面突破了民族界限,容纳不同民族的信徒,并进入多个民族村寨传教,建立聚会点。在这十多年的发展中,曼嘎新堂一直在探索教会运作模式。以堂委会作为商讨和管理教会事务的平台,下设 13 个职能部门负责教会的日常礼拜牧养工作,以信徒居住地域为基础建立 54 个小组(当地称为"小细胞")进行聚会,相互牧养和传教。教会堂委会、部门和小组负责人由教牧人员和同工组成,是从教牧人员和信徒中不断提拔和培养出来的,形成了多民族合一的管理和牧养团队。信仰活动包括教会集体层面和小组层面,教堂和教牧人员成为两个层面的连接体。教会和小组在传教事工中相互配合,保证了牧养力量和传教操作力的有机结合。

---

① 参见吴梓明、李向平、黄剑波、何心平《边际的共融——全球地域化视角下的中国城市基督教研究》,上海人民出版社 2009 年版,第 48—60 页。

（一）组织架构和教牧人员

教会堂务委员会由 20 人组成，1 名堂委会主任，2 名副主任，1 名办公室主任，1 名副主任，15 名委员。堂委会是教会的最高权力机构，由教会的教牧人员（牧师、长老、执事、传道）和资深同工组成，负责审议每年的工作计划，监督教会事工的开展，部门负责人的更换等重要事宜。教会下设 13 个职能部门，包括礼拜部、宣教部、青年部、主日学部（分小学部和中学部）、文艺部、财政部、祷告探访部、后勤部、维修部、社会事工部、督责部、守望部。其中礼拜部和宣教部最为重要，由玉的牧师亲自担任部长。礼拜部设专人负责礼拜秩序、卫生、接待、圣礼（圣餐、洗礼、追思）、奉献、音响、幻灯、慕道友培训、诗班、赞美团、签到等辅助性工作；礼拜活动的主持、教唱、司琴、读经、证道等核心工作则由教牧人员负责。宣教部包括牧养组和福音组。牧养组对固定聚会点或独立教会进行差传或者定期派传道人牧养。福音组按区域划分为 12 个小组，分别负责各片区的传教工作。因为教会鼓励每个信徒都要积极传教，而福音组主要由教会的传道和同工组成，能够及时与信徒配合，针对慕道友或传教对象进行牧养。青年部包括青年读经班和青年团契。青年读经班主要是年轻的传道人和同工聚在一起轮流读经，一般持续两个小时。青年读经班的成员多数是赞美团成员，在读经结束后，就马上进行赞美训练。青年团契是每周六晚上专门为年轻信徒组织的聚会，有赞美、证道、奉献、分组讨论等活动。每月最后一个青年团契改为音乐赞美布道会，由赞美团承担。教会 1997 年开始组办主日学，对儿童进行神学教育，分小学部和中学部。祷告探访部分三个小组，在星期天下午举行完礼拜，各小组到医院、家庭去探访生病的信徒，为其祷告，进行慰问。守望组是为去世的信徒祷告，在信徒家人同意的前提下，帮助死者家属进行礼拜、送葬活动。

曼嘎新堂有 20 名教牧人员，其中包括 1 名牧师、5 名长老、14 名传道人。教牧人员是经过按立的牧师、长老、执事、长老等圣职人员，承担传教和牧养信徒的职责。除此之外，教会还有大量没有经过按立的同工，也参与教会服侍和牧养工作。教牧人员在神学知识和"属灵"生命方面要比同工更有优势。但是同工是教会的基层管理和牧养者，是教会运作、牧养的直接执行者。曼嘎新堂有 2000 多名信徒，分为 54 个小组。这些小组的组长、副组长和财务基本都由同工担当。此外，诗班、祷告探访部、维修部等都有大量的同工参与。虽然多数堂委会成员属于教牧人员，但也包括四五位同工在内。所以，教牧人员和同工构成了教会的主要牧养力量。虽然曼嘎新堂起始于傣族村寨，目前在堂委会和教牧人员中仅有五六位傣族人，其他多数是哈尼族人和汉族人；傣族同工仅有三四位，所占比重更是微乎其微；这与教会多民族信徒同聚一堂的盛况相符合。

（二）日常事工安排

教会层面的活动分为专门针对教牧人员（同工）的活动和面向全体信众的活动。周四晚上，教会组织查经礼拜，主要对教牧人员和同工进行《圣经》知识的培训，对《圣经》进行通篇讲解。由宋健长老负责，因为他已经拿到函授神学硕士学位，是教会神学学历最高的。平时有 20 多位听课的，既包括刚刚参与服侍的年轻同工，也包括已经 70 多岁的长老。授课形式是，宋健长老在上节课已经布置了查经内容，首先，信徒集体朗读这段圣经；其次，每个信徒分享对这段经文的理解，提炼出主题，并列出论述要点；最后，由长老逐个做点评。比如 2014 年 1 月 23 日，查经班讲《腓立比书》4 章 10—20 节。有位信徒提炼的主题为"知足常乐的秘诀"，分四个要点：常做神喜悦的事、常存有感恩的心、把患难也当恩典、把荣耀归于神。宋健长老的点评是，世俗人认为钱是万能的，多多益善，形成贪婪的心态；

而基督教的观点是用好手中的钱，够用即可。周六早晨的灵修会针对教会所有教牧人员、同工以及部分虔诚的老信徒，规模较大，组织比较正规。灵修会以研讨《圣经》为主，也是由头到尾通篇进行，篇幅较大，每次一章，分三个小组讨论。灵修会以祷告开始，首先由主持人祷告，然后信徒各自祷告，再指定一位教牧人员为大家代祷；其次分组讨论、组长汇报；最后以主祷文结束。1月25日，灵修会分组讨论《申命记》第2章，第一组1—15节，第二组16—25节，第三组26—37节；有的小组集体朗读，有的是信徒各自默读；然后各组进行讨论，发表各自的见解；大家重新聚集在一起，由三位组长总结讨论结果。组长都是由具有讲道能力的教牧人员担任，对经文的理解更为深刻，并能前后贯通，旁征博引，在小组讨论中较为肤浅的意见经过组长的总结就更为透彻。比如，第三组组长讲到为什么上帝让以色列人攻打西宏人，而与西饵人、摩押人友善，因为在《创世记》中讲到以色列人与西饵人、摩押人有血缘关系，但与西宏人没有血缘关系。周六晚上是青年团契，气氛相对欢快，有敬拜赞美、证道、分组讨论等，主持人、讲道人、奉献读经、组长多数是刚刚参与服侍的同工，而已经能参与主日礼拜主持、讲道的年轻传道人也参加青年团契，都低调地作为参与者和指导者，扶持那些成长中的同工。查经班循循善诱地栽培同工，灵修会大水漫灌式地集体牧养，青年团契为同工提供操练的机会。

周五晚上的祷告会和星期天的主日礼拜是面向所有信众的礼拜活动。原则上，教会所有教牧人员和信徒都要参加，也是教会13个部门通力合作进行展演的关键"场域"。祷告会时，一层礼拜堂基本坐满，整个活动在赞美、读经、证道、祷告中度过。2014年1月24日（星期五）晚上祷告会，以赞美、宣告、宣召读经、祷告开始，由玉叫坚长老证道（教会规定不超过25分钟）《帖撒罗尼迦前书》1章3节，主题为"新年立志"，最后在赞美诗《我以祷告来到你跟前》中全体信徒集体起立，出声祷告。祷告分为四部分：首先为世界和平、国家繁荣、西双版纳团结稳定祷告；其次为普世教会宣教、中国教会复兴祷告；再次为本教会各项事工祷告；最后为信徒及朋友家人祷告。这时，一些信徒走到前台跪下，牧师、长老为他们按首祷告。星期天分上午和下午两场礼拜，上午更为正式，一层和二层礼拜堂基本坐满。每月第一个星期天是圣餐礼拜，人数更多。教会各部门有条不紊地负责各自的岗位，信徒在读经和赞美中等待礼拜正式开始，圣经领读和赞美诗领唱都由专人负责。主持人在观察各部门的准备情况，牧师和长老在前台就坐，幻灯片已经打开，司琴到位，诗班在礼拜堂外已经着装列队。主持人宣布礼拜开始，祷告、宣告、宣召读经后，司琴以琴声引领信徒赞美，诗班徐徐走进教堂，然后诗班献诗，传道人证道。同时，三楼的两个主日学班也在授课，小学部以讲故事为主，中学部已经开始涉猎基本的神学知识。下午，礼拜程序与上午相仿，只是换成了另一组诗班献诗，并加入赞美团的敬拜赞美。那些离教会很远的聚会点，信徒不方便到教会参加礼拜。下午和晚上，传道人员就奔赴这些聚会点主持礼拜、讲道。平时，各部门都在为主日礼拜做准备。两个诗班每周要排练两次，赞美团排练一次；会计整理账目以备在礼拜日公布收支情况；祷告探访组收集困难信徒的信息，主日礼拜结束后进行探访，如此等等。

平时信徒以小组（小细胞）为单位进行聚会、礼拜、赞美、传教、聚餐。每个小组聚会的地方也灵活多样。我走访的几个小组聚会点，有些在信徒空置的房子，有些在信徒住房内，有些是专门建盖的简易房，有些甚至在僻静的凉亭内，表现了小组聚会地点的灵活性。每个小组一周至少聚会一次，聚会由组长和副组长主持。教会的教牧人员每人负责3—4个小组，在聚会时进行讲道。一般在聚会结束后，小组负责人会留下来商议一些事情。教牧人员也会参与商讨，成为小组和教会上传下达的主要渠道。另外一个教会的传道人（沙车）在评价曼嘎新堂的牧养模式时说,"我很敬佩曼嘎新堂,他们组织模式比较好,他们可以到每个聚会点去牧养,去造就他们的属灵生命。我们这个教会(曼嘎老堂)就很少,几乎都不去(牧养)。老人信主了,成为带领人,他把自己知道的讲给信徒听,就这样而已,很难造就正确的信仰根基"。

六　小结

外国传教士几十年如一日,并没有将基督教传播出 3 个傣族村寨,只拘泥在民族村寨边界。导致这种困境的原因并非外国传教士不尽心尽力,而是当时各民族之间的隔阂、傣族村民对"琵琶鬼"、麻风病人的歧视以村寨边界的形式表现出来。基督教未能冲破传统社会结构的边界区隔,未能建立自立的多民族教会。而曼嘎村在恢复信仰之初就跨越了民族界限,接纳汉族、哈尼族基督徒。成立曼嘎老堂之后,汉族信徒远远超过了傣族信徒。曼嘎新堂从曼嘎老堂独立出来之后,吸收不同民族的传道人,对传道人进行系统神学培训;纳入带有现代气息的敬拜赞美,接受男女混坐的礼拜秩序,改变长老会的管理体制,进行中国化的堂委会管理,却传承、稳固了长老会的神学体系;在多个民族宣讲福音,建立"堂—点"管理和牧养模式,跨越了民族界限、地域界线。不同民族、不同地区的传道人员和信徒在教会内"合一",开展规范化的信仰生活。曼嘎新堂的发展,不只是玉的牧师等人的奉献精神和包容胸怀,更有现代化大背景下西双版纳地方社会变迁的推动。汉族信徒从内地迁移到边疆。城镇化过程中,少数民族进城,从事非农产业。而国民教育和日常交往中汉语的普及,为礼拜活动的组织、不同民族信徒的交往提供了同一"口径"。更重要的是，大量信徒进入教会，为教会提供了充足的资金奉献，使教会脱离了村寨供养，超脱于村寨世俗权威的束缚。所以，现代化和民族国家是基督教跨越民族边界，实现多民族信徒"合一"的基础力量。有多个民族的社会融合，才会有不同民族基督徒的"合一"。

第五章

基督教与傣族社会的融合

　　基督教在西双版纳地区的地域适应，将耶稣基督植根在多个少数民族文化和社会结构之中。信仰主体的组织形式与所处的社会结构之间，发生着融入与排斥的互动关系，在现实生活中表现为基督教会与民族社区的关系。教会与社区的关系也是基督教的社会性和宗教性、"属世"与"属灵"双重属性在地方社会中的体现。基督徒在教会中进行宗教生活，获得"属灵"生命，体验着超越性的集体表象；在回归世俗生活之后，信徒转化为村民身份，与其他村民一起在习俗节日中培植村寨集体意识。教会代表的宗教集体性和社区凝聚的社会集体性所发生的互动关系，也就代表了基督教与地方社会的融合状况。

　　本章选取世居民族社区作为研究个案，分析基督教在世居民族的传播和融入状况。因为世居民族社区具有历史传承性和时代变迁性，能有效地进行时代对比和区域对比，更便于归纳出社会转型对基督教融入地方民族社会的影响。西双版纳 13 个世居民族中，几乎每个民族都存在皈信基督教的情况。但各个民族的基督教信仰规模却差异悬殊，有些民族只有零星的几个人皈信基督教，如拉祜族、佤族、景颇族、回族等；有些民族存在迅速扩展的趋势，如哈尼族雅尼支系（阿卡人）、瑶族等，但只是在个别村寨建立了聚会点，还没有发展出全部信仰基督教的村寨和单一民族教会；只有傣族既有全体村民信仰基督教的村寨——建立了教会，也存在只有部分村民信仰基督教的村寨——建立了聚会点。所以，只有傣族具有进行教会与村寨关系分析的可行性和典型性。目前西双版纳有 4 个傣族村寨全体村民信仰基督教，其中有两个村寨共用 1 个教会，其他两个村寨各有 1 个教会；有 3 个傣族村寨部分村民皈信了基督教，建有聚会点。在这些信仰基督教的傣族村寨中，按照村寨的现代化程度（城乡差别）和基督教传入时间，选取 3 个村寨作为研究个案。第一个是曼嘎村，处于景洪城中心，是典型的村改居的城市社区，1949 年之前全体村民皈信基督教，建有教堂；第二个是曼养村，属于乡村社区，1949 年以后部分信仰基督教的傣族群众迁入村寨，改革开放后全体村民信仰基督教，建有教堂；第三个是曼邦村，属于乡村社区，改革开放后部分村民皈信基督教，成立了聚会点。这三个村寨因为现代化程度和传入时间不同，教会（聚会点）与村寨的关系也存在差异。本章将通过教会与村寨关系的对比分析，归纳出基督教融入傣族社会的状况和规律。

一 教会与城镇傣族社区

曼嘎村是西双版纳地区第一个接受基督教信仰的村寨。这个村寨是由被污蔑为"琵琶鬼"或患有麻风病的傣族村民组成的。他们被赶出原来的村寨，[①] 在澜沧江边一块荒无人烟的野地上搭草棚，聚居在一起，逐渐形成一个小村落。20 世纪初，美国长老会传教士经泰国来到西双版纳传教，并在这个村寨旁边租下一片土地，建盖教堂、学

---

① 在传教士进来以后，就把患有麻风病的患者迁移到"曼燕"进行隔离治疗了。

校、工厂，开始向曼嘎村村民传播福音。在传教过程中，又有部分傣族群众因皈信基督教搬迁到曼嘎村居住。所以，这个村寨自形成之日就与传统傣族社会断绝了联系，开始转向基督教这种全新的信仰文化和社会组织，并形成了全新的村寨信仰界限。1957 年，曼嘎村停止了基督教信仰活动，经历了政治运动和社会变迁，与周围各族人民打成一片，已经不存在信仰和世俗的界限了。在宗教政策落实以后，曼嘎村重新恢复了基督教信仰，但曼嘎村已经不再是原来那个"被抛弃"的孤独者。在这种情况下，曼嘎村与基督教的关系也发生了变迁。

（一）新时代曼嘎村的村寨界限

曼嘎村由当年建在荒山野岭的十几户小村寨，发展成为毗邻景洪市中心，有 100 多户、300 多人的城中村。曼嘎村已经完成政府主导的"村改居"社区改制。以前村民以务农为主，村寨被田地包围。而随着城市化的推进，农田被楼房占据，村民的傣楼也翻新为六七层的现代楼房，向外来人口出租房屋，收取租金成为村民的主要收入来源。每年村寨还要向村民发放集体土地的出租金，当地人称为"分红"。因为是城中村，经济条件、社会交往和文化思维都已经不同于传统傣族村寨。很多人想通过与曼嘎村村民结婚，进入村寨。乡村寨子的傣族姑娘纷纷嫁入曼嘎村；汉族、哈尼族等其他民族的女性嫁入、男性上门也络绎不绝。村寨成为多民族杂居社区，宗教信仰也多样化，生产生活方式也完全脱离传统农业，沉浸于现代城市生活中。曼嘎村居住格局的固化、由习俗身份向法理身份的转化、文化习俗的变迁和包容性、宗教文化的多样化和选择性，在传承和解构的辩证发展中，不断吸纳新的身份元素，重新建构出村寨的群体界限。

曼嘎村村民的房屋与周围的政府单位、宾馆商铺比邻相间，走在大街上根本分不出哪里是曼嘎村的地界。实际上，曼嘎村虽然没有了田地的区隔，但是村民居住得非常集中。从民族工艺品市场沿着大街走向景洪市体育馆，然后转入体育馆对面的胡同，向里走过五六排房子就能看到一座用鹅卵石建盖的二层洋楼，墙面上还保留着两竖排用白石灰打底的黄色大字"人民战争胜利万岁""无产阶级专政万岁"。这座洋楼就是当年美国传教士建盖的医院，旁边是武装部和州政府家属院。曼嘎村与州政府家属院一墙之隔，一直延伸到民族工艺品市场。从整体上看，曼嘎村是一个长方形，民族工艺品市场是村寨的一边，与从景洪市体育馆到传教士建盖的医院的胡同形成对称；而民族工艺品市场到景洪市体育馆的街道和州政府家属院，又构成另外的对称，中间并没有夹杂村外人的房屋。

除了居住格局上的村寨边界外，在居委会管理和村民日常生活中也存在一个村民身份的界限。曼嘎村具有优越的地理位置和经济资源，尤其是村民每年都能分得数目可观的土地出租金。因此，对村民身份的界定就尤为重要。本村村民很少将户口迁出。在通婚中，都是村寨外的男子入赘、女子嫁入，然后将户口迁入曼嘎村，成为曼嘎村村民。户口迁入十年以后，才能参加村寨的分红。如果不满十年就离婚了，不论户口是否迁出，都不再是本寨子的村民，也不能参与分红。十年后离婚的，只要户口不迁出就属于寨子里的人，可以参加分红。进寨子十年后，第十一年就算一个工龄，如果一个工龄为一百元，就有一百元的分红，以此类推到六十岁。村民说，国家工作人员到六十岁也要退休，村民到六十岁以后不再算工龄，就算退休了。村寨对工龄也有一个最高界限。本寨子土生土长的村民，从十八岁开始参加分红，到五十八岁达到四十个工龄时，就封顶了。居委会管理人员还介绍，村民必须参加村民会议或其他集体活动，不然就要扣发分红。笔者在居委会访谈期间，正好有一位村民进来，说要领钱。那位管理人员说："都不来开会，扣光了。"村民："哪里有时间来开会？"管理人员说："开会见不着人，领钱跑得都快。"村民说："你挤对我。"不过，整个对话是在一种调侃的气氛中进行的。在传统社会，是以集体性的宗教、习俗、语言、服饰等文化符号作为村寨边界的标志。而现代社会，更倾向于以户籍制度、村规民约等法理性契约重新建构村寨界限，确认村民身份资格。

（二）村寨习俗的发展和多样化

曼嘎村是一个傣族村寨，传承了傣族文化习俗；曾经全村信仰基督教，习得了基督教信仰习俗；大量汉族人口进入村寨，带入了汉族的文化习俗；作为城中村也必然受到城市现代化的影响，添加现代文化成分。所以，曼嘎村在文化习俗上表现出鲜明的发展性和包容性。

1. 节日

对曼嘎村来讲，最盛大的节日应该是圣诞节。基督教刚刚恢复那几年，曼嘎村基督教信仰曾经非常浓厚。圣诞节的时候，村民会请亲戚朋友来做客吃饭。曼嘎老堂在 12 月 24 日晚上组织信徒到每家报福音。每家都预备丰盛的食品热情接待信徒。大家一起唱赞美诗，为这个家庭送上祝福。教会以村寨的名义邀请其他村寨的村干部参加圣诞节活动，曼嘎村的村干部也到教会帮忙招呼客人。圣诞节成为曼嘎村与其他村寨进行交往互动的契机和桥梁，成为彰显村寨荣耀和去除污名的展演舞台。当村民和教会信徒回想起当年曼嘎村基督教信仰兴盛的情景时，都带有感慨和惆怅的神情。当年，教会表演基督教节目、组织爬竹竿等游戏，很多人来看热闹，他们形容为，"像傣族赶摆一样，教堂都坐满了，站的地方都没有"①。现在教会很少再以村寨的名义邀请客人。村干部将原因归结为："因为他们（教会）说不准喝酒。人家来了不喝酒，就不好玩。现在冷冷清清。"现在，曼嘎村村民和教会各自单独过圣诞节。在教会参与侍奉的曼嘎村村民会提前几天请自己的朋友来家做客，等到圣诞节的时候就在教会参加活动。而他们

---

① "摆"可翻译为集市，在泼水节时傣族会组织相当于汉族地区"庙会"的集贸活动。

的家人再邀请自己的朋友来家里过节。据笔者观察，圣诞节时教会依然非常热闹，只是很少有曼嘎村村民来参加活动。曼嘎村也不过像复活节之类的其他基督教节日，普通村民根本不知道复活节是哪一天。而教会在复活节前1个月就开始排练节目，为庆祝节日做准备。复活节当天，距离较远的聚会点也应邀来参加活动，整个教堂都坐满了人。没有参加活动的曼嘎村村民说："只有教堂那些信教的才过复活节。我们不信教。"曼嘎村村民已经直言自己不信基督教，所以不过复活节。圣诞节虽然是村寨最重要的节日，但是村民并不进教堂参加活动。对村民来讲，圣诞节完全成为一个世俗化的节日，成为村寨的习俗，宗教色彩已经淡化。

曼嘎村的傣族居民平时说傣语，穿傣装，跳傣族舞蹈，并过泼水节。泼水节又称傣历新年，是傣族最隆重的节日。曼嘎村也会排练节目参加政府组织的傣历新年文艺会演。曼嘎村是城中村，泼水节时，乡村里的亲戚朋友都要来景洪赶摆、观看澜沧江赛龙舟和花车游行等活动。而曼嘎村就成为亲戚朋友落脚吃饭的去处。景洪城区赶摆结束后，下面各乡镇就依次轮流组织赶摆活动。曼嘎村村民又会到亲戚家做客，参加赶摆活动。浓厚的地方性节日气氛和深厚的傣族亲缘网络将曼嘎村拉入带有佛教色彩的民族活动中。但即使不参加基督教活动的普通村民也强调，他们泼水节不滴水，不进庙。而普通傣族村寨在泼水节期间要到庙里给去世的父母献供品，让和尚召唤自己的父母来享用。首先，曼嘎村没有寺庙；其次，村寨的整体信仰还是基督教。而傣族献庙、滴水、赕佛都是村寨集体活动。所以，曼嘎村除了泼水节这种傣族传统祭祀活动，并不过带有完全宗教色彩的关门节和开门节。曼嘎村过泼水节是其傣族身份的体现以及与传统傣族村寨亲属关系的牵连。这个节日完全失去了宗教意义，只体现民族认同和世俗的社会关系网络。

大量汉族人口入赘或嫁入曼嘎村，在接受傣族文化的基督教信仰的同时，也将自身文化带入了曼嘎村，增添了这个聚落的文化色彩。有汉族成员的家庭，一般在春节、中秋节、端午节等汉族节日时，会请周围的亲戚朋友来家里做客。随着有汉族成员的家庭越来越多，村寨内在汉族节日相互邀请也日渐普遍化。那些没有汉族成员的家庭以"来而不往非礼也"的交往准则，也参与这种邀请活动。一位村民解释说："汉族过的节日，我们都过。人家热闹，我们也热闹。我们不搞祭祖这些，就是请别人来吃饭、喝酒。"如果说圣诞节是为了传承村寨的信仰身份，泼水节是为了维持傣族身份和亲属网络，那么汉族节日就是为了建立新的社会关系网络。起先是进入村寨的汉族人为了与村民搭建融洽的关系，依照汉族节日传统宴请乡邻。当更多家庭都在重复这种互动方式时，就变成了曼嘎村寨"场域"中的"惯习"。

曼嘎村同时过基督教节日、傣族节日和汉族节日，而摒弃了节日中的宗教色彩，圣诞节不进教堂，泼水节不进寺庙，春节不拜祖宗。在村寨整体上，这些节日都表现出世俗化倾向。但是具体到某个家庭或个人，可能一个虔诚的基督教家庭，或者秉持傣族传统宗教信仰，或者在自己家里给祖先献饭，体现了村寨文化的包容性。另外，曼嘎村对三类节日进行了有选择的"扬弃"，选择了圣诞节，放弃了复活节、感恩节等基督教节日；选择了泼水节，抛弃了关门节和开门节等傣族节日；选择了汉族节日走亲访友的形式，忽视了节日中追思祖先的内容。这是曼嘎村在现实情境中，对傣族身份和基督教信仰的累积性记忆和重新建构，并积极吸纳了汉族文化成分，保持了村寨的开放性和生命力。

2. 习俗

在傣族的生产生活习俗中，都讲究村寨的集体精神和互助意识。傣族村寨共用一个寺庙，共用一座竜山（坟山），集体组织祭祀活动。在结婚、生育、丧葬、建房、插秧等事务上，全寨人互帮互助，已经变成了一种习惯，一种风俗。在乡村社会中，由于生产力低下，个人和单个家庭难以胜任一些宏大和繁重的劳动，只有通过换工和帮工以集体的力量来应对。先前，曼嘎村也保持着频繁的换工、帮工往来，并培养了浓厚的村寨集体意识。村民非常重视家族势力，因为在这些重大事务中，家族是最值得信赖和倚重的。而现在，村寨已经脱离农业生产，建房可以承包给建筑商，婚庆和为孩子庆生都可以在饭店里举行。所以，村民之间的互助纽带变得越来越淡。村寨习俗也发生着变迁。比如，村民举行婚礼既不按傣族习俗进行拴线，也没有遵循基督教教义在教堂证婚，而是选择了现代气息的酒店婚礼。先前村民在婚礼上充当帮扶者，现在变成了宾客。

曼嘎村丧葬仪式变化也很大。如有人去世，居委会就会用广播通知村民。每家都要出一个人去送葬，一般为男性。如果男的不在家，女的就要去。由于村寨的信仰比较复杂，多数老人都信仰基督教，但是其他家人或者亲戚可能信仰佛教或持有其他信仰。这时，根据家属的意愿，选择是按照基督教仪式办，还是按照傣族传统习俗办。如果按照基督教仪式送葬，就要邀请教会的神职人员来组织唱赞美诗、宣道等活动，不能向死者献饭、烧香、烧纸钱。有些家庭选择傣族传统丧葬仪式，就会向死者献饭，摆鸡、水、水果等供品，不请教会人员参与送葬。丧葬仪式的差异并不会影响村寨每家必须有一人到场送葬的习俗，这与信仰没有关系。一位村民告诉笔者："每家都有老人，你不去，等你家老人过世，人家也不来你家，那样就尴尬了。"丧葬是再现家族、村寨等群体意识的表象过程，也是对死者家属给予精神安慰的方式。每家成员的在场显示了村寨的集体支持力，再次强化了村民的身份认同。

按照傣族传统风俗，人去世以后抬到村寨的竜山（坟山），拿鸡蛋向背后抛，鸡蛋在哪里破裂，就在那里堆木柴将死者火葬。第二天捡拾骨灰装入陶罐，埋在火葬的地方，不立碑，不立坟头，没有上坟习俗。傣族只对自己去世的父母献祭，并不负有对祖父母献祭的义务。献祭主要是在泼水节、关门节和开门节等节日进寺庙赕佛时，通过和尚念经向父母献祭。以前曼嘎村有自己的坟山，将死者抬到坟山进行火葬，然后将骨灰盛入陶罐，安放在骨灰堂里。后来政府把坟山纳入征地范围，就在公墓划出一块地，重新为曼嘎村盖了一座260平方米的骨灰堂。现在曼嘎村有人去世直接拉到火葬场火化，然后把骨灰摆到村寨的骨灰堂中。因为骨灰堂非常大，村寨也允许村民的亲戚将骨灰摆在里边。也有一些村民在别处寻找土地进行下葬，以求入土为安。曼嘎村既没有竜山，也没有寺庙，更不过关门节，没有时机和地点进行傣族传统祭祖活动。曼嘎村村民每年清明节到骨灰堂扫墓，缅怀先人。

在现代化推动下，曼嘎村逐步适应城市生活，以市场服务替代了村寨内的换工、帮工习俗。村寨因皈信基督教而舍弃了部分傣族传统习俗，却又因现代生活方式的影响并没有完全遵循基督教的习俗。比如，曼嘎村村民结婚既不按照傣族传统，也没有遵循基督教习俗，而是选择了更大众化的宾馆婚礼。这是傣族传统、基督教信仰和现代性三种力量交错制约的结果。这三种力量的互动合力又体现在曼嘎村丧葬变迁上：全村每家人都要参与送葬；传承傣族火葬习俗，却改在火葬场进行火化；不在寺庙、坟山进行祭祀活动，而是选择在国家通行的清明节到骨灰堂扫墓。而丧葬活动中也体现了村寨的包容力和村民的自我选择能力：村民既可以选择基督教丧葬仪式，也可以选择传统偶像崇拜仪式；村民既可以将骨灰摆在骨灰堂，也可以选择买地下葬。村寨习俗的变迁和包容性没有抹杀集体归属和村寨界限。村民依然看重村寨集体支持，倚重家族在村寨的势力。

（三）信仰恢复与变迁

曼嘎村因"琵琶鬼"的污名被抛弃出傣族传统信仰圈，建寨之初就皈信了基督教。经过新中国成立后30年的信仰"潜伏"，部分曼嘎村村民重新恢复信仰，续接了基督教信仰的历史记忆。现代性的冲击，以及外来者带入曼嘎村的异质性信仰，促使其社区、家族、家庭的宗教包容和多元化。村民在与传统傣族村寨的交往中，埋藏在最深层的傣族传统信仰记忆开始重新浮现。更多年轻人放弃了明确的信仰身份，实践多种宗教"终极意义"的体验。村寨内的基督徒、普通村民以及村寨外其他民族的基督徒，对曼嘎村基督教信仰的认知和评价有着很大差异。信仰恢复后，曼嘎村由信仰基督教变成了多元信仰，甚至"世俗化"了。

1. 基督教信仰的恢复和延续

曼嘎村从建寨之初一直到新成中国成立时期，因为"琵琶鬼"的污名而备受社会排斥。基督教成为村民破除"不洁净"标签的有力武器，也成为村民灵魂归属之地。村民的人生遭遇、村寨发展历史和基督教信仰缠绕在一起，共同建构了曼嘎村的集体记忆。村寨受排斥的历史在1949年以后发生"断裂"，"琵琶鬼"信仰被当作迷信受到打压和讨伐。西双版纳州人民代表大会通过了禁止诬陷劳动人民为"琵琶鬼"的决议。曼嘎村村民被拉入"劳动人民"的行列，受排斥的历史记忆慢慢变得模糊。宗教政策落实以后，曼嘎村的一些老人以村寨的信仰历史来动员年轻人皈信基督教。这些老人在新中国成立前对社会排斥有过亲身体验，对基督教信仰历史具有累积性记忆。而1949年以后成长起来的曼嘎村村民和从外面迁入的村民，却没有经历因"琵琶鬼"污名而受到排挤，也没有接触过基督教信仰。这些年轻人可能选择皈信基督教，也可能选择保持原来的信仰。那些皈信基督教的年轻人，更多是因为个人经历和村寨内的基督教信仰氛围。比如，属于村寨第四代基督徒的玉的牧师、玉双长老和玉叫坚长老都不是曼嘎村土生土长的村民。玉的牧师是在跟丈夫恋爱期间接受基督教的；玉双长老是嫁入曼嘎村后受婆婆影响而皈信基督教的；玉叫坚长老是因为得了严重的血漏病最终委身于基督教的。这批年轻人皈信基督教后，却开始强调曼嘎村的历史，延续村寨的集体记忆。而且村民将这段历史整理出来，张贴在村寨老年活动中心，向村民和外来者讲述这段历史。在村寨日益现代化的情境下，村民不是刻意地忘记、掩盖这段被排挤的记忆，而是在大力重复、宣扬这段历史。①

我是从勐养嫁过来的，小时候是拜佛的，但不知道拜佛的意思和意义。年轻人不追求这些，人家说拜就拜，说献就献。我来到这边的时候，我婆婆从小就信基督教，她是外国传教士的保姆。就是她告诉我，这个寨子的信仰历史，寨子里的人被称为"琵琶鬼"，被撵出寨子，传教士收养他们。全寨子男男女女都信耶稣，新中国成立后，信仰停了30年。刚恢复信仰的时候，礼拜天聚会就有五六个老年人起来。我的婆婆说过来了，信耶稣好啊。我反正闲着没事，就去听听而已。

（访谈参与人：玉双长老、笔者，地点：玉双长老家，时间：2014年5月13日）

图5-1　傣族信徒在看傣文《圣经》

---

① 曼嘎村历史见附录二。

图 5-2　信徒在村里的老年活动中心聚会

2. 信仰的"世俗化"

曼嘎村的信徒积极恢复村寨的基督教信仰，规劝自己的家人和乡邻参加教会礼拜。虽然部分村民已经受洗，但不参加教会礼拜，更不懂得基督教的教理教义。教会负责人称这些人为"名义上的基督徒"。他们承认自己的基督徒身份，但不参与宗教活动。尤其是玉的牧师、玉双长老之后的年轻人，因为上学、入党等原因完全放弃了基督教信仰。目前经常参加教会活动的曼嘎村村民只有 50 人左右。

曼嘎村信徒认为，孩子上学以后没有时间参加教会活动，受学校教育和同学影响，被"同化"了；进入社会以后，世俗社会的诱惑又使他们的信仰信心更加冷淡。玉双长老认为："信仰恢复以后，没有能力，也没有想法去教导年轻一代。现在都是老人聚会。叫年轻的来，他们不来。他们用很多的借口应付过去。因为现在的社会，在世人眼里是好的，在神的眼里是罪恶的社会。现在的年轻人吃喝玩乐而已，没有人来信主。"阿卡传道人沙车告诉我，曼嘎村村民在遇到生病、车祸等难事的时候会去拜佛。当我向这位傣族长老提起这件事的时候，她坚决否认子女转信佛教的说法，认为他们虽然不去教会参加礼拜，但清楚自己的基督徒身份，即使去傣族村寨做客，也不会参加佛教活动，不去跪拜偶像。

一位汉族传道人认为，曼嘎村基督教的衰落是由于现代社会的影响。"现在景洪周边发展非常快，对基督教信仰是一个很大的冲击。比如基督教讲对上帝的爱，不是追求物质的东西。但是世俗的东西对他们影响很大，虽然有基督教信仰，但是他们过的生活同没有信仰的没有什么区别。傣族基督教信仰丢失非常严重，生活上很难活出一个真正基督徒的生命。在景洪，最典型的就曼嘎村。曼嘎村除了一些老人礼拜天来聚会，年轻人信仰的很少，要不就是吸毒的、喝酒的。"而村寨的基督徒认为，那些家长不参加教会礼拜的家庭，他们的孩子更容易去吸毒、喝酒、打架。

一位40多岁的村民说，跟他年龄差不多的村民都不信基督教了，也不信佛教，没有任何信仰。目前只有一些妇女才去教会，男的只有岩在牧师。因为除了年老的信徒外，曼嘎村的信徒多数已经成长为教牧人员，参与教会服侍。他说："老人信教，我们不会干涉。老人也会劝我们信教。我们说太忙了，没时间。那些年轻信徒像上班一样，每天就去教堂待着，今天唱歌，明天学《圣经》。我觉得，有些东西信多了也不好，工作都不干，人就变懒了。我是有点反对。我们就是靠房租，你不干活，什么收入都没有，你哪里有吃的？她们可能每个月会发几百块的工资。几百块不够养家的。"正是出于村寨舆论压力，一位30岁左右的信徒虽然已经参加教会赞美团、青年读经班，主持青年团契聚会，负责青年团契财务，但只是兼职服侍。平时，她就在村寨内的小菜市场上卖些凉菜。

很多人认为曼嘎村的基督教信仰出现了衰落，但曼嘎村信徒却全力维护家庭成员的基督徒身份，强调他们不拜偶像，保持与傣族传统信仰的界限。即使村寨存在吸毒、喝酒的不良习气，他们也将这些归到那些不参加礼拜的家庭身上。一位普通村民虽然不反对老人的基督教信仰，但反对年轻信徒在教会全职服侍。所以，村民对基督教信仰的虔诚程度和认知角度存在很大差异。信徒在维护自己家庭信仰身份的同时，却以基督教信仰在村寨内画了一条界线。而普通村民对信徒也抱有一定的成见。可见，曼嘎村在基督教信仰上的认知已经产生分歧。

3. 傣族传统信仰的"回灌"

从传统傣族村寨进入曼嘎村的媳妇和姑爷比较多，他们大都持有傣族传统佛教和原始宗教信仰。村寨内的基督徒会向这些人传教，带他们参加教会礼拜。等他们回到自己原来的村寨又被要求随家人过赕、拜佛，陷入两种信仰的矛盾纠葛之中。在二者只选其一的抉择中，有些人返回原来的傣族传统信仰，也有一些人坚持基督教信仰。另外，结婚以后，曼嘎村村民也要跟随他们的妻子或丈夫回到原来的傣族寨子过节，在宗教活动中会受到身临其境的影响，重新唤起对傣族传统信仰的历史记忆。在两种信仰村寨之间的人员流动和社会互动中，曼嘎村的信仰边界开始模糊，村民的信仰身份不再明确。年轻村民直接把自己界定为"无信仰者"。一位土生土长的曼嘎村村民说："我们是一样也不信。在那些傣族村寨的亲戚也很多，我们就入乡随俗啊。遇到亲戚过赕，我们年轻人还是会跟着进寺庙拜，遇到哪样就搞哪样。老人是虔诚的基督徒，就不拜（庙）。"在没有村寨信仰规范的压力下，村民依据社会处境的不同独立自主地选择自己需要的宗教体验，从对信仰身份的强调转变为务实的信仰实践者。

我听玉双长老讲述了她儿媳妇皈信基督教的经历，显示了村民在基督教信仰和傣族传统信仰之间"游走"的事实。这位老信徒有两个儿子，娶的都是传统村寨傣族媳妇。她小儿子在澜沧江捕鱼时不幸落水失踪。她二儿媳按照傣族传统，就到江边献饭，然后就跟这位老信徒商量，要进寺庙赕，请巫婆在家里请阴魂。老信徒认为一切都是神预备的，没有必要再做这些了。而她儿媳的家人和亲戚不同意，坚持要过赎、请阴魂。她大儿子和大儿媳跟着二儿媳回到娘家，进行请阴魂的仪式。在傣族传统信仰中，家里有人去世，在出殡一段时间后，就要请阴魂回家。家人准备一桌饭菜，点燃蜡烛和香。然后，巫婆念卦词，让死者的阴魂附在她身上。过一段时间，巫婆开始颤抖，并昏迷过去，说明阴魂附在巫婆身上了。等巫婆清醒后，家人就可以通过巫婆跟死者对话了。① 这位老信徒讲述了她小儿子的对话："那个巫婆就变成我儿子的口音说话：'玉××（儿媳妇的名字），我现在还没有死，我还活着。我这里有吃有穿，你不要顾念我，我回来看妈妈。'他媳妇问：'我们把饭献给你，你可吃了？'我儿子说：'那次你们送饭去，我看见了。大哥大嫂，我都看见了。但我们不吃这样的饭，我们有吃的。我们 7 天吃一顿饭，全部都穿着白衣服。'"她大儿媳妇回来以后，就皈信了基督教。一位汉族传道人认为傣族基督教信仰中有佛教的影子，"从起初基督教传入傣族，因为当时的环境、传播的途径等各方面对基督教的真理了解非常少。真正的问题是，对傣族的基督教信仰来讲，是从佛教转向基督教。虽然崇拜不一样，但在他们心里就像佛一样，甚至在傣文《圣经》翻译中，有时候直接把上帝翻译成佛。近几年对基督教信仰才有一个真正的认识"。

现在曼嘎村与其他傣族村寨有着频繁的交往，已经消除了彼此排斥的社会距离。年轻人寻找各种借口，逃避家人劝导他们皈信基督教。有些人甚至参加傣族传统信仰活动。这位老信徒的小儿子遭遇不幸之后，她儿子和儿媳到江边献饭，又到儿媳妇家举行请阴魂仪式。她的两个儿媳都来自传统傣族村寨，持有传统信仰，又有家庭和亲属的信仰支持。所以，这位老信徒虽然不允许在自己家里进行祭祀，却容忍了儿子和儿媳们在其他村寨举行这些活动。曼嘎村与其他傣族村寨的社会交往，成为年轻人放弃基督教信仰的一个因素。城中村的区位优势和现代性社会形态已经将"琵琶鬼"寨的污名和社会排斥冲

---

① 参见刀承华、蔡荣男《傣族文化史》，云南民族出版社 2005 年版，第 154 页。

淡，而基督教信仰却成为横亘在曼嘎村与其他傣族村寨之间的一条分界线。甚至在村干部竞选中，基督教信仰也成为竞争对手攻击的借口。岩在牧师曾经是村干部，因村民责难被迫离职。所以，村寨内所有的村干部和党员都明确表示不信基督教。

黄剑波将基督教信仰分为被传讲、被认知和被实践三个维度。①本章将这三个维度扩展到整个宗教信仰，成为被传讲的信仰、被认知的信仰和被实践的信仰。曼嘎村的信仰在被传讲、被认知和被实践方面都是多元化的，成为"拼盘式"信仰的组合。这是由于曼嘎村在由乡村社区向城市社区转变的过程中内部组织结构、文化习俗、社会流动、交往方式发生了变迁。基督教信仰边界不再与社区边界相互叠加。两个边界由重合关系"移动"为交集关系。

（四）教会与村寨的关系

1949 年之前，曼嘎村全部信仰基督教，并单独使用美国传教士留下的教堂。村寨边界与教会边界保持一致，相互叠合，是曼嘎村村民也就意味着是基督徒。宗教恢复以后，曼嘎村由单一的基督教信仰开始包容多种信仰元素，在信仰的传讲、认知和实践中既有传承又有变迁。村民的村民身份和信仰身份发生了分化。曼嘎村基督徒在恢复和建立教会的过程中，不断吸纳其他民族的信徒，突破了信仰的民族界限和村寨界限。随着教会的发展壮大，曼嘎新堂从曼嘎老堂分离出来，同时也与曼嘎村脱离了关系，成为自立教会。教会从村寨独立出来，不仅表现为吸纳村寨以外的信徒，独立管理教会事务，更表现为资金供养上的自收自支。曼嘎村村民、老信徒和年轻信徒对教会自立持有不同的看法，体现了人们对教会与村寨关系认知的变迁。

---

① 参见黄剑波《地方文化与信仰共同体的生成：人类学与中国基督教研究》，知识产权出版社 2013 年版，第 43 页。

1. 教会多民族化

1949 年以后，国家组织大批外来人口迁入西双版纳，其中不乏基督徒。这些基督徒在老家已经皈信基督教。宗教政策落实以后，曼嘎村恢复基督教信仰，村民开始聚会。周边的基督徒逐步会集到曼嘎村聚会点。到 1992 年建盖曼嘎老堂的时候，汉族信徒已经超过傣族信徒的数量。因为曼嘎村除了老人恢复基督教信仰以外，年轻人皈信的非常少，其他傣族村寨更没有人皈信。傣族信徒的数量趋于稳定。从外地迁入的汉族、哈尼族、苗族、白族信徒持续进入教堂。当地的世居民族哈尼族碧约支系，在其进入景洪城的年轻·代中，有一部分皈信了基督教，也进入曼嘎老堂。当时，教会将汉族人作为主要传教对象，傣族信徒和汉族信徒彼此搭配向汉族人传教。教会内，随着汉族、哈尼族和傣族教牧人员的进入和成长，以汉语进行礼拜成为教会的主流。曼嘎老堂已经由以曼嘎村傣族为主的教堂，变成地域性的多民族教会。

虽然多数村民并不进教堂礼拜，也能容忍其他民族的信徒甚至是外国信徒在教会礼拜，但他们普遍认为曼嘎老堂是属于村寨的教会。曼嘎老堂的主堂牧师是曼嘎村村民，也明确肯定教会是属于村寨的。在教堂的右侧专门为曼嘎村信徒留出一排座位。有一次笔者去曼嘎老堂参加主日礼拜，因为去得比较晚，教堂里差不多已经坐满了，我看到教堂右侧还有几排空座位，就过去坐下了。当时，身边一位傣族老太太扭过头看了我一眼，没有说话，又低下头看傣文圣经，而周围的汉族信徒一致向我投来诧异的眼光，使我也感觉很诧异。后面来的汉族信徒会搬一些方凳坐在过道里，也不会来坐这边空着的长椅。开始礼拜后，我才发现这边都是穿傣装或者说傣话的傣族信徒，让我十分尴尬，虽然整个礼拜活动都是用汉语进行的。而诗班献歌的时候，从中间分开，一边是汉语诗班，另一边是傣语诗班。汉语诗班唱一首，傣语诗班再唱一首。虽然不同民族的信徒聚集在教会，共同敬拜，但曼嘎村信徒还在追求相对独立的空间和傣族文化话语，在信徒中建构了一条界线。就如玉的牧师所讲，"就像每个傣族寨子都要有个庙一样，曼嘎村村民把教堂看成村子里的庙了"。

> 我们曼嘎老堂是属于曼嘎村的，但村上不管理我们。村上的领导也不管我们怎样搞，只要不违法。我们是按照《圣经》，不分民族，不分区域。原来曼嘎老堂的管理人员都是傣族，现在各个民族都有。开始教堂只有曼嘎的（信徒），没有多少人，只有一百多人，就出去传福音。传了福音，你不接纳别人进教堂，怎么能行？教堂里面汉族人越来越多，后来阿卡（哈尼族的一个支系）也多起来。教会突破这些界限，开始还是有一定的阻力，这些阻力主要来自傣族。有些年龄大一点的老人，还有村子里的一些人，还是分得很清楚，说"这个教堂要变成汉人的教堂了"。开始是有这种顾虑的。他们没有明白国度的观念，在基督教里不讲民族的。不过现在还好，他们也慢慢清楚，虽然教堂是他们村寨建的，但不单单属于他们村寨，是属于神的家。无论汉族，还是其他民族，还是以历史为主，也就是说以曼嘎这个村寨为主，他们还是很尊重这个事实的。所以，现在没有什么冲突。
>
> （访谈地点：曼嘎老堂牧师办公室，访谈参与人：笔者、牧师，访谈时间：2014 年 5 月 16 日）

从曼嘎老堂分出来的曼嘎新堂并不归属曼嘎村，也没有为傣族信徒设置专区。教会的两个诗班都由不同民族的信徒组成，甚至包括一些流动人口。笔者也曾经受邀参与诗班 2 组的服侍。因为我没有受洗，只属于慕道友，不具有服侍资格，一位传道人朋友建议我退出诗班。在这个小组有一对来景洪打工的墨江县哈尼族夫妇，一位在景洪承包土地种香蕉的浙江老板，一位从浙江来帮女儿看孩子的退休老师。教会的几位年轻傣族信徒都参加赞美团，带有更强的现代气息。

曼嘎新堂成为完全自立的多民族教会。

2. 对分堂的看法

当年两个教会分堂的原因，首先是信徒增加，曼嘎老堂坐不下；更重要的还是教会负责人的个人恩怨。分堂之后，两个教会一直存在芥蒂，从教牧人员到普通信徒都互不来往，甚至有位传道人说是"相互敌对"。这种情形对曼嘎村村民和信徒也产生了一定的影响，对分堂持有不同的看法。老堂和新堂的牧师分别属于曼嘎村两大家族，而村民在选择去哪个教堂时不考虑家族因素。一些新中国成立前就皈信基督教的老人将老堂视为村寨信仰的归属地，全部在老堂参加礼拜。而年轻人则不受这种历史记忆的束缚，根据现实情况而选择了新堂。玉叫坚长老因为丈夫在市场上做生意，离新堂更近，就选择在新堂聚会；两位40岁左右传道人先前在老堂参与服侍，因为老堂薪俸不如新堂高，就转到了新堂；更为年轻的两位同工因为自己的婆婆在新堂，所以也选择了新堂；现在有几位刚刚皈信基督教的年轻村民也在新堂参与服侍。给人的总体印象是，村寨的老信徒都在老堂，年轻信徒多数在新堂。这可能是因为不同年龄段的村寨信徒对教会归属有不同的认知。

到现在，那些老人心里还是不平安的。好多曼嘎村村民、信徒都想过来这边。然后呢，包括村委会主任、村民、基督徒给村民做思想工作，他们都说你们还是维护自己的教会，那边不是曼嘎村的教会，是汉族的教会，一直都有这样的禁令。曼嘎老堂在资金等方面已经和曼嘎村脱离关系了，但是名义上还挂在曼嘎村。他们的思想就像佛教一样，曼嘎老堂就是曼嘎村的庙。用这个观念来认识，就没有办法了。

（访谈参与人：玉的牧师、笔者，地点：曼嘎新堂牧师办公室，时间：2014年4月25日）

因为曼嘎村的信徒分属于两个教会，所以平时村寨信徒聚会也分成两部分。每周三下午在曼嘎村老年活动中心，曼嘎老堂的傣族团契专门牧养村寨的老年信徒。曼嘎新堂在曼嘎村也设有一个聚会点，约定在一位长老家里聚会。笔者去过几次，实际并没有人去聚会。因为在新堂的信徒属于年轻一代，都已经成长为教会的传道人。她们要参加教会的赞美团、读经班、青年团契、同工培训，每周负责牧养三四个小组，跟教会的其他传道人一样，都没有参加专门的小组聚会。所以，村寨信徒因为委身的教会不同，在信仰体系和教会归属上出现了一条界线。一位村干部很不屑地说："教会内很不团结，钩心斗角，很少来往。信教都不团结，那信什么教？你连这一点都做不到，你就要反思一下自己。跟你的教义都已经违背了，是假信徒。教堂分裂对寨子没有什么影响。"从基督教的视角看，新堂的建立是一次平常的教会分裂事件；而对曼嘎村来讲，却成为新堂"叛离"村寨的大事情。

（五）教会自立

曼嘎村中主要是老人坚守基督教信仰，信仰的历史记忆成为他们恢复信仰的动力。目前，整个曼嘎村参加教会礼拜的在 40 人左右，而曼嘎村总人口为 364 人，所以过正常基督教信仰生活的只占 1/9 左右。曼嘎老堂平时礼拜有 500 多人，曼嘎新堂有 1400 多人，傣族信徒在教堂中的比例微乎其微。但因为景洪基督教复兴是从曼嘎村开始的，两个教堂都是由傣族宗教领袖发起建盖的，而且多数傣族信徒资历比较深，在教会担任牧师、长老、传道等教职，所以西双版纳基督教信仰中傣族符号还是很鲜亮的。

曼嘎村难以通过集体性的民族、节日、习俗、宗教作为村寨边界。曼嘎村因与多个民族保持通婚，民族成分包括傣族、汉族、哈尼族等多个民族。将圣诞节作为村寨最隆重的节日，村民却不进教堂礼拜，教会信徒也不再去村民家里报福音，同时也传承了傣族的泼水节，吸纳了汉族的春节等。在婚俗和葬礼上，接受了现代化模式，在酒店举行婚礼，到火葬场火化，在清明节扫墓等。在宗教信仰方面，既包括基督教信仰，也有傣族传统信仰，还夹杂着汉族的祭祖仪式。信仰基督教的信徒因为委身于两个教会，在信仰体系和身份归属上也出现裂痕。村寨界线只能以法理性的户籍制度和村规民约的居住年限来界定。教会也不再局限于村寨界线之内，跨越了民族界限、地域界线进行传播，以单纯的基督教信仰和对教会的委身来划定界限。所以，村寨边界和教会边界使用各自独立的群体维度。

虽然村干部、老年信徒和教会牧师都强调曼嘎老堂归属曼嘎村，建盖曼嘎老堂时村寨提供了那片教会建筑用地，但教会的房产设施都是由信徒捐款建设的。在法律上，曼嘎老堂的法人代表是教会牧师。更为重要的是，教会拥有独立的管理权，自主安排教会事务，突破村寨界限向多个民族传教，以信徒的奉献作为教会运作资金。相对于村寨而言，曼嘎老堂实现了自我管理、自主传教、自收自支的"自立"地位。新堂的建盖费用都来自信徒的奉献和其他教会的捐助，在经济上与村寨完全脱离关系，被曼嘎村村民称为"汉人的教堂"。唯一能牵连在一起的是，教会领袖和部分传道人是从曼嘎村出来的，在他们的历史记忆中还有曼嘎村的信仰根基。而对其他民族的信徒而言，仅仅将教堂作为"上帝的家"看待，已经没有曼嘎村的任何影子。曼嘎村村干部对两个教会给出更切实的界定，"本来曼嘎老堂就属于村里的教堂。现在是自己管自己的，大的事情跟村里商量一下；小的事情，教堂里的事务，我们村上不干涉。只要不牵扯到财务，就和村上没有什么冲突，你收入，你自己开支，村上不会贴补给你。曼嘎新堂不属于村上的，划给民宗局管"。

二 乡村基督教社区

曼养村距离景洪市区 30 多千米，地处河谷丘陵地带，以种植玉米和橡胶树为主要经济来源。先前，曼养村是由被排挤出原来村寨的患有麻风病的傣族村民组成的。他们携家人搬迁到远离其他村寨的山林地区，这些地区土地贫瘠、对外封闭。麻风病会通过接触传染，当时很难治愈，伤口会溃烂，失去知觉，引发白内障，病症较为恐怖。患者及其家人通常被驱赶出村寨，并在传统信仰中被贴上"不洁净"的污名标签。据一些曼养村村民回忆，新中国成立前美国传教士就已经把福音传进村寨。而多数人更倾向于认为，在曼燕村由美国传教士收治的麻风病人已经皈信基督教，1949 年以后景洪城区改造，曼燕村村民被遣散到曼养、大勐龙、勐养等地的"麻风寨"，同时也把基督教信仰带进了这些村寨。由于宗教信仰的中断，以及新的麻风病人从传统傣族村寨聚拢进来，曼养的基督教信仰失落了，只保留了过圣诞节的习俗。当景洪城区的曼嘎村恢复基督教信仰以后，首先向曼养村传教，重述基督教的信仰历史。

（一）曼养村的边界

曼养村村民因为患有麻风病被社会隔离，村寨与外界社会保持着很大的社会距离，有着坚固的区隔界限。国家当时也难以治愈麻风病，对这种社会隔离也爱莫能助。这跟被污蔑为"琵琶鬼"寨的曼嘎村大相径庭。国家以消除封建迷信为目的，全力打压这种社会排斥。村民在国家政权的支持下，逐渐融入了社会大环境。开始，麻风病患者和被污蔑为"琵琶鬼"的村民共同居住在曼嘎村。后来，美国传教士将麻风病患者迁到离城十几千米的曼燕。1949年以后，在城市建设过程中又将他们遣散到远离城市的乡村地区。如果有人感染麻风病毒，全家人就会被迫迁入"麻风寨"。这些村寨都处在偏远山区，在贫瘠的山地上开荒种地，产量不高，加上麻风病患者不能从事繁重劳动，在病发后期生活都难以自理，每年要有几个月外出乞讨，生活境遇相当悲惨。

曼养村因麻风病使整个村寨被污名化。虽然村寨里的孩子并没有患麻风病，但是在进入乡镇学校读书时却被其他学生称为"小麻风"。这些孩子被贴上污蔑性标签，只是因为与"麻风寨"联系在一起，备受排挤。目前30岁以上的在本村成长起来的村民都没有上过学。在20世纪90年代末，才由慈善机构的义工进驻村寨教育这里的孩子。然后，政府专门在村寨建立一所学校，派老师教育村寨的孩子。随着疾病得到医治和控制，2010年之后，村寨里的孩子已经可以跟其他村寨的孩子一起上学了。这些孩子被贴上污名化的标签，是因为人们对麻风病的恐惧。虽然这些孩子没有此病，但村寨内当时毕竟还有大量没有治愈的病人。因麻风病人使村寨被污名化，而村寨集体的污名化又牵连到这些无辜的孩子。

> 我家是从嘎栋搬过来的。我奶奶有麻风病，他们不给（让）在寨子，被赶出来了。我爷爷，还有两个小娃娃，一家四口搬来这里。我爸爸在这里长大，结婚。我还没有出生，他就死掉了。我叔叔没有结婚就死掉了。我妈妈生下我，就改嫁到外边寨子。我奶奶和爷爷把我养大。我爷爷2005年去世，现在我家有五口人。我老公是江城那边的汉族来上门。我老公去做礼拜，但还没有受洗。我有两个儿子，都去镇上读书。我奶奶就在那边租个房子，照顾他们。以前我们寨子的小娃娃出去读书，人家会说我们是"小麻风"，就不出去读。人家不敢进来教，前几年国家在我们寨子建了小学，年龄小的就可以在寨子里上学。我们年龄大

的，就没有读过书。现在都去乡镇上学了。

（访谈参与人：一位曼养村传道人、笔者，地点：曼养村传道人家里，时间：2014 年 6 月 12 日）

当患有麻风病的家人去世以后，其他家庭成员可以返回原来的村寨，或者通过外嫁、入赘等婚姻方式离开本村寨。所以，"麻风寨"对任何人来讲都不具有归属感，在很多人眼里那只是一个暂居之地。只是因为受到社会排斥，才被迫勾画出过于"醒目"的村寨界限。曼养村所占有的土地是传统傣族村寨看不上的丘陵山地，在种植粮食作物的时候，曼养村村民很难自足。在市场经济条件下，改种橡胶树等经济作物，因为目前橡胶价格较高，经济收入反而超过了其他傣族村寨。而且麻风病患者在国家医疗队和慈善机构的医治下，病情得到控制，断绝了传染途径。所以，先前搬迁出去的村民又迁回来，传统村寨的傣族姑娘也愿意嫁入，像汉族及其他少数民族也纷纷入赘曼养村寨。而且汉族和其他少数民族进入曼养村寨的人数，远远超过传统傣族人。而曼养村直到 20 世纪八九十年代，还是以外嫁为主。所以艾菊红认为，说曼养村因皈信基督教而去除污名，还不如说是麻风病得到医治，去除了被污名化的根源。改革开放后，土地包产到户，曼养村村民回到原来的村寨分不到土地。而且村寨占有大片山林，大家也不愿意再回去了，就稳定下来，慢慢形成村寨归属意识。现在曼养村有 84 户，368 人，有傣族 349 人、汉族 15 人、哈尼族 3 人、拉祜族 1人，其中汉族、哈尼族和拉祜族都是来上门的姑爷，还有五六位嫁进来的傣族媳妇。曼养村并不按户籍人口平分土地，每个家庭只能继承以前老人开荒占据的土地。曼养村遵照傣族习俗，嫁入的媳妇和上门的姑爷即使将户口迁入村寨也不能获得土地，如果离婚就要离开村寨。本村寨出生的子女只要不外嫁或出去上门，都有权力继承家庭财产。所以，曼养村在受排挤时，由外界强加给村寨一个边界；当村寨开始融入社会大环境时，村民依照傣族传统建构村寨界限。第一个到村寨上门的汉族姑爷讲述了自己的经历，能够佐证村寨曾经受到的排挤。

> 我家里比较贫穷，1982 年初中毕业就从四川老家来到西双版纳打工。1987 年，我做砖瓦生意亏了 7 万多块钱，走投无路的时候才来到这个寨子。当时，曼养都是茅草房，要盖砖瓦房。我大哥在这里烧砖瓦，烧了三窑，大概有十万瓦片。那时曼养比较贫困，卖不掉。他就让我来这里帮他看。我来到两年，1989 年就跟我妻子结婚了。我有两个同学一起来玩，他们告诉我，"你就在这里结婚。现在你的父亲去世，母亲老了，你哥哥、嫂嫂也不帮助你，看不起你"。结婚那年，我 23 岁。她比我大两岁。按照他们傣族的风俗，15 岁就开始结婚，到 18 岁还没有结婚，就是老姑娘了。1963 年，我岳父得这个病，从景洪十三分场曼弯搬过来。我岳父去山里放树（砍树），要开田，遇到鬼，脚开始烂，没有医好，就去世了。我老婆有 7 个姊妹。老大在曼弯结婚没有跟着来。这边因为这病，毕竟名声不好。二哥在这边结婚，分出去了。老三、老四是姑娘，也嫁出去了。我老婆是老五，还有小妹和小弟。一家人没有男人承担家务，家不像家。我岳母没有办法就再婚。二婚也是这里的傣族，他喜欢饮酒，酒醉就打我的岳母。我岳母又离婚，和二姐夫一起生活。二姐夫不高兴，一个老人，两个姑娘，一个儿子，四个人吃住都靠他。我老婆年轻的时候，外边的傣族也来追求她。她说有一个条件，就是要养她母亲。但是，那些人只要我妻子，不要我岳母。她就不嫁，就这样一年年混大了。小妹比我老婆还先嫁，外面有人来跟她谈恋爱，就嫁出去了。说实话，当时她还是不想嫁给我。她也是没办法了，才忍气吞声嫁给我。她的妈妈、弟弟要我抚养，有什么吃什么。我是这个寨子第一个汉族人。

（访谈参与人：曼养村教会长老、笔者，地点：曼养村长老家里，时间：2014 年 6 月 12 日）

（二）恢复基督教信仰

曼养村的形成经历了一个漫长的过程，在新中国成立前就已经有被排挤出来的傣族麻风病人居住。1949 年以后，从曼燕搬迁来一批信仰基督教的麻风病人，此后又陆续有患病者迁入。这些从傣族村寨迁入的村民都受过傣族传统信仰的熏陶，并且多数村民还有机会重新返回傣族村寨生活，继续传统信仰。所以，这些村民对傣族传统信仰有很强的留恋。患病者被认为"不洁净"，禁止他们进入村寨的寺庙献祭、赕佛。曼养村没有能力，甚至不允许建立佛寺。傣族的宗教信仰是原始宗教和佛教叠加在一起的。村民在寨子旁边建了一个庙房，在里面放一个葫芦，视为村寨的"寨神"，供奉村寨创始人的灵位，每年定期祭祀，祈求护佑村寨平安。从曼嘎搬迁来的基督徒，缺乏基督教正信根基，接受了傣族原始宗教信仰，跟随全村人一起祭拜。每家出一只鸡，由男性参与祭拜。基督徒也把过圣诞节的历史记忆传播给整个村寨。每年圣诞节（村民称为"约三"），全村集体杀猪、杀牛，每家领去一份，请客吃饭，并不懂得圣诞节的意义，也没有具体的礼拜形式，只知道圣诞节是他们祖宗传下来的一个节日，把圣诞节认定为一种傣族传统宗教活动。那位 1983 年出生的传道人对那段信仰历史记忆犹新："在寨子旁边搭个小房子，杀鸡，用芭蕉叶包些米饭、蜡条拿去献鬼。我小时候也去过。一个寨子都去。以前，我们傣历 3 月份（公历 12 月）也过节，但不知道是什么节，老人传下来的嘛，把亲戚叫拢，吃饭、喝酒。"曼养村不论是举行傣族传统的寨神祭祀，还是过基督教的圣诞节，都是全体村民一起进行。宗教文化的多样性，并不是村民的信仰分裂成几个部分，而是两种信仰相互融合，为全体村民共同接受，成为村寨的一种"集体表象"。

曼嘎村恢复基督教信仰以后，因为与曼养村有亲戚关系，在交往中了解到曼养村还保留过圣诞节的集体记忆。曼嘎村老人也提起，和他们一同信仰基督教的曼燕麻风病人被分散到曼养村、勐龙镇和勐养镇等地。1995年左右，曼嘎村信徒开始进入曼养村传播福音。与此同时，前面提到的那个带有基督教背景的慈善机构也开始进入曼养等"麻风寨"，进行医疗救助，重新开启了村寨基督教信仰的记忆。传道人首先找村寨的老人交流，从信仰历史上唤起与曼养村村民的共识；然后与慈善机构合作，为麻风病人清洗伤口、上药，以实际行动向他们传递基督的爱。当时曼养村还很贫困，交通也比较闭塞，传道人每次去都背着衣服、粮食、用具等物质，挨家探访、沟通、劝导。因为同为傣族，就有信仰的示范榜样和民族感情的亲和力。一些村民开始皈信基督教，在村民家里聚会礼拜。尤其是那些从傣族村寨出来的村民，也逐渐放弃传统信仰加入基督教。

随着越来越多的村民皈信基督教，就打算建盖教堂。但当时村寨没有皈信基督教的村民还保留祭祀寨神——"设曼"的信仰活动。曼养村的基督教信仰有了正信根基，不会再参与寨神祭祀。这时村寨在信仰上面临着分裂的危机。在这种情况下，村寨的老人们坐在一起商议，该如何处理两种信仰的关系。传道人主张拆掉庙房，才能建教堂。而拆庙房的阻力主要来自一位负责寨神祭祀的老人，当时他儿子也是村寨的村委会主任。经过两三个月的沟通、商议，这位老人最终同意拆庙房。老人是出于维护村寨、慈善组织、传道人等方面的团结考虑才同意拆庙房的，却没有放弃传统信仰。一直到2007年，这位老人才受洗，皈信了基督教。曼嘎村的传道人、一位美国牧师和曼养村村民去拆庙房。当时，曼养村村民和曼嘎村的传道人对傣族信仰中的寨神心存惧意，就让美国牧师去拆庙房。美国牧师坚持由曼养村村民亲自拆，这样才能彰显耶和华是真神。最后，由那位到曼养村上门的汉族姑爷把庙房拆下来，烧掉了。一位曼养村村民回忆拆庙时的情景，"盖教堂的时候就把那个庙拆掉了。一开始，寨子里的人刚刚信，还不知道我们神厉害。有些人说：'这些人去拆庙棚，会不会生病？'

他们还是害怕，不敢去拆，怕那个鬼来搞。拆了以后也没有发生任何事情"。1996 年，经过老人和村小组商议，由村寨出土地，村民集资建盖教堂。10 月 22 日，正式开堂。2006 年，村寨翻新教堂，村寨中村民不论大人小孩，每人集资 300 元。

　　福音最好做的就是他们那里了，因为老一辈们都清楚他们的历史，也知道祖辈们是信仰耶稣的。这个工作做通以后，他们也是开会，但部分人也有迷惑，慢慢还是同意了。因为进入那个村子的不单单是以前已经信主的人，还有从不同地方来的，有那种病就送到那里去了。他们拜的还是偶像，在他们心中还是不相信主。要把这个观念转变过来，需要很多的聚会、沟通、劝勉，让他们知道我们不属于任何偶像，我们只属于耶稣基督。我们应当放下以前一切不好的，不论是祭鬼的，还是拜偶像的，都要拆毁，完全断绝，单单来敬拜这位独一的真神。

　　（访谈参与人：玉叫坚、笔者，地点：曼嘎新堂福音事工办公室，时间：2014 年 4 月 16 日）

　　老人在恢复信仰、拆除庙房过程中起着决定作用。老人承认基督教信仰的历史，并指出现在教堂对面的一片空地就是当年建教堂的遗址。现在所有村民都认定那片空地就是村寨基督教信仰历史的见证。只有在那位负责祭祀寨神的老人同意拆除庙房时，整个村寨才转向基督教信仰。曼养村虽然是一个聚居形成的临时性村寨，但依然延续了傣族村寨的权威结构。老人集团和祭祀人员在村寨事务中依然享有崇高的话语权。

图 5-3　村民欢度圣诞节①

　　在基督教信仰恢复之前，曼养村不论是祭祀寨神还是过圣诞节，都由村寨集体进行，维持了村寨内部团结。在恢复基督教信仰的过程中，基督教与傣族传统宗教在村寨内产生分歧，最终是部分村民被迫放弃传统信仰，以维持村寨的统一和团结。建盖教堂就如傣族建寺庙一样，由村寨出土地，村民集资，将其视为整个村子共同的事情。曼养村在信仰上几经波折，由基督教和传统宗教的混合信仰，到基督教的单一信仰，都维持着村寨信仰的统一性。信仰边界始终与村寨边界重合在一起。目前，全体村民都声称自己是基督徒，尽管多数不进教堂礼拜，不清楚《圣经》教义。村委会主任向我们介绍："全寨子都信仰基督教。我信基督教，但是没有去过教堂。"那些嫁进来的傣族姑娘和上门的汉族姑爷也无一例外地承认自己的基督徒身份。一位曼养传道人说："那些嫁进来的傣族姑娘，我们会告诉她们，结婚不能拴线，就去教堂结婚。她们来教堂礼拜，回家就不去寺庙。来上门的汉族姑爷有一二十个，说是信，但是他们都不去教堂。"一位曼嘎新

──────────
　　①　照片由曼嘎新堂传道人马云提供。

堂的汉族传道人对曼养村村民的信仰感觉十分诧异:"她们是嫁进来的就信基督教,嫁到傣族寨子就跟着信佛教。神是不可以换来换去的,他们就这样换来换去。这是我很难理解的。"前几年,旁边的傣族村寨建寺庙,来曼养村募捐。曼养村以寺庙是偶像崇拜为由,拒绝捐款。基督教信仰已经成为维持曼养村寨边界的重要标志。

(三)教会与村寨的关系

曼养村出钱出力建盖了村寨自己的教堂,将其视为村寨的"庙房"。教会在日常管理、资金供养、传教牧养等方面都难以脱离村寨的掌控。教会成为村寨的肢体,为村寨习俗活动提供支持,是全体村民的信仰归属地、村民身份和信仰身份的连接点。基督教与佛教都属于制度性宗教。佛教在适应傣族社会的过程中,寺庙完全与傣族村寨相融合。在信仰上,佛教与傣族传统宗教叠加在一起,相互借鉴,彼此容纳;在组织管理方面,佛爷负责寺庙内部事务,教授小和尚佛经,为村民念经祈福;村寨选举还俗后的佛爷为"波章",来管理寺院的财政开支,主持赕佛活动;全体村民负责供养僧人的衣食起居。教会在融入曼养村寨的过程中,既表现了与寺庙的共性,也彰显了自己的个性。

1. 教会权威与世俗权威的纠结

建立教堂以后,村寨开会选举几位老人来管理教会。这符合傣族的传统观念,老人在村寨拥有较高的威望,把持传统信仰的权威。但是,在由传统信仰转变为基督教信仰的过程中,老人们难以胜任这一角色。外面的传道人经常到曼养教会探访,需要懂汉语的村民接待;或者村民到外面参加基督教培训,需要有一定的文化基础。而当时曼养村因受到排挤,没有机会接受学校教育。村寨挑选了几批村民到景洪参加培训,因为不认识汉字、听不懂汉语,很难有效果。最后只能选那位最早上门到村寨的汉族姑爷来扶持老人管理教会。这位汉族姑爷通过接受同工培训，掌握了圣经知识，并得到景洪教会的支持，逐渐成长为村寨教会的领袖。他是曼养教会的法人代表，掌管教会的公章。先前泰国牧师来按立教牧人员的时候，他与另一位傣族老人被按立为长老。等到2014年云南省基督教两会来西双版纳按立教牧人员时，那位傣族老人已经超过70岁的法定按立年龄。曼养教会只有这位汉族姑爷得以按立长老。即便如此，在曼养村村民看来，这位汉族长老只是辅助村寨管理教会的，没有多少管理权威。作为教会权力设置的堂委会，从1996年建盖教堂一直到现在就没有召开过会议，完全成为摆设。教会管理权集中在村寨权威——村委会主任手中。村委会主任虽然声称信教，却不参加教会礼拜。外边传道人员进村寨探访都要跟村委会主任打招呼，征得村委会主任同意。与外边教会联谊，比如参加某个教会的开堂典礼，去景洪参加圣诞节，都由村委会主任带领村民代表参加。虽然这些活动都是以教会的名义进行的，但同样是村寨的事情。虽然长老没有太多世俗的权威，村民却信服他的属灵权柄。村民如果遇到什么不顺利的事情，比如生病、家庭矛盾，就会请长老为他们祷告。

　　曼养教会是属于曼养的，教堂是全村出钱出力盖的，好像教会和村上还没有摆脱这个关系。所以教会有什么事情，就是由村上安排。我们管理小组说话还没有什么分量，下面弟兄姊妹可能对《圣经》很不明白，也是按照世俗上走。比如说，我是教堂负责人，叫某个信徒去景洪教堂学习，她不愿意去；如果是村委会主任安排，她就去了。《圣经》上讲，谁的灵命好，愿意侍奉神，追求神的话语，可以把他拉上来。我安排他，他不愿意；如果是村委会主任说，今天你上来管理，他就上来。所以，我们曼养教会很难管理。现在教会内的问题，名誉诱惑力太大了。就说我们教会诗班，诗班长负责教诗歌，像这个礼拜这个姊妹教诗，下个礼拜又换另一个姊妹教，就是这样。到底哪个是头羊呢？

（访谈参与人：曼养村教会长老、笔者，地点：曼养村教会长老家里，时间：2014 年 6 月 12 日）

村寨世俗权威和教会属灵权威在村寨事务上相互合作，共同为村民的生活服务。虽然全村 300 多人，平时聚会只有八九十人参加，但并不影响全体村民对基督教的认信。村民结婚在教堂举行婚礼，由长老为其证婚、祝福，诗班献诗。村寨的老人、村委会主任虽然不能再为新婚夫妇拴线祝福，但他们在教堂的出场，为其祷告，也表达了认可和祝福。村里有人去世，村委会主任用广播通知全村。寨子里每人捐一块钱，每家出一个人，去帮助去世的家庭。教会长老负责组织信徒去祷告、讲道、唱诗、劝勉读经，将死者的灵魂交托给神。不献祭，不烧香，不跪拜。村委会主任安排由哪几家负责抬棺材。按照当地习俗，每家按顺序轮流负责抬棺材，每次四家。如果家里没有男人或者不愿意抬，就要出钱请别人帮忙抬。曼养村有集体竜山。竜山分两部分，一块用来烧正常死亡的，一块用来烧非正常死亡的。抬到竜山，不用投鸡蛋的方式选地方，直接堆木柴进行火葬。第二天，家人再去竜山捡拾骨灰，盛在陶罐里下葬。第三天，教会长老带领信徒为死者唱诗，使其灵魂安息，然后给家人讲道，为其做节制祷告，用神的话语安慰、劝勉家属。在访谈中，很多传道人都在谈论傣族的基督教信仰衰落了，因为村民很少参加教会礼拜。在曼养村等几个传统基督教村寨，村民的信仰虽然已经淡漠，但是葬礼、婚礼都按基督教礼仪进行，并坚持过圣诞节，放弃了泼水节、关门节、开门节等傣族传统节日。所以，在这些村寨，基督教信仰已经民俗化。

汉族上门姑爷被按立长老，具有"属灵"权柄，却难以拥有属世的村寨权威。这跟傣族寺庙里的和尚处于相同的境地。由于现代社会的冲击，傣族男孩不再升和尚，许多傣族村寨出现"有寺无僧"的尴尬局面，没有僧人主持佛寺活动。傣族村寨就请同样信仰南传上座部佛教的布朗族和尚，甚至到缅甸、老挝请和尚来村寨主持寺院。僧人的权威只局限在寺庙和佛事活动上，对村寨事务并不过问。僧人成为村寨的雇佣者，尽管村民依然对其表示敬畏。这位长老既有属灵的信仰身份，又有属世的村民身份，这样他又像负责村寨传统祭祀的祭司。如果按照傣族的信仰思维，基督教会已经完全融入了曼养村。教会领袖也只是村寨的祭司而已，姑且不论信仰的内容。这位汉族长老说出了自己的心声，"他们信佛教的思想根深蒂固，不论你牧师在主里有多大的权柄，在底下弟兄姊妹眼里算不了什么"。

2. 村寨供养教会

曼养村因为占有大片橡胶林，国家对他们免收林业税，已经成为全州最富裕的几个村寨之一。但是信徒并没有奉献的意识，教会的奉献资金寥寥无几。这种现象不独曼养村一例，所有乡村教会都面临着信徒不愿意奉献的难题，这就是乡村教会养不起全职传道人的原因。很多教牧人员将此归结为乡村信徒的信仰不虔诚、对《圣经》的理解不透彻、不懂得奉献的意义。笔者认为，不能仅仅归结为信仰原因，更应区分信徒的教会归属和村寨义务来考虑。比如曼养建盖教堂，可以按人口派任务，在城市教会却不能这样进行硬性规定。教牧人员在教导过程中，都在灌输奉献的意义和福报，但是曼养村恢复信仰近 20 年，依然没有多少奉献。曼养教会要建一间伙房，预算需要 2 万元。教会长老只能找村委会主任说明情况。村委会主任用广播通知村民，规定每人奉献 60 元。村民很快就把钱交齐了。长老直言不讳地说："我们和信佛教的寨子一样，大佛爷和祭司要搞什么活动，先告诉村委会主任需要多少钱，村委会主任再通知每家交多少钱。"

曼养村村民既有村寨归属感，又有教会归属感，两者合二为一。但在两种身份比对中，村寨身份高于信仰身份。教会费用只能通过村寨义务的方式摊派，而不是信徒自觉奉献，这也是村寨世俗权威高于教会权威的原因所在。曼养教会难以通过宗教资本动员信徒奉献资金，也就丧失了教会自立的根本基础，只能依赖于村寨的"供养"。

3. 教会冲破村寨界限

曼养村声称全部信仰基督教，以基督教信仰维持与周围村寨的边界。1996 年建盖教堂，第一批村民受洗，此后每年圣诞节举行一次受洗礼，每次都会有几名村民受洗。现在大部分老人和女人都已经受洗，很多年轻村民和上门女婿还没有受洗。2014 年云南省基督教"两会"举行教牧人员按立时，曼养村按立了 1 名长老、13 名传道。虽然一位超过 70 岁的傣族长老没有被按立，但并没有影响他的"属灵"权柄，他依然参与教会服侍。曼养教会按立的教牧人员数量可观，跟曼嘎新堂相差无几，但很少向周围村寨传教。教会负责人认为，教会没有奉献，没有工资、车费、加油费，不能安排同工出去传教。村民说，会向傣族亲戚传教，但是他们不敢信，如果信了就要被赶出寨子；因为不认识其他民族的朋友，也没有跨民族传教。

现在旁边农场有两个生产队的汉族信徒会来曼养教会聚会。这两个汉族聚会点并不是曼养村传的福音。这些农场职工多数在迁移到西双版纳之前就已经信教，宗教政策落实后开始聚会。但信徒对《圣经》的掌握比较粗浅，缺乏牧养，就由景洪的曼嘎老堂负责牧养。曼养村也同样属于曼嘎老堂的牧养点。在这种情况下，曼嘎老堂就协调曼养教会的那位汉族长老每周去两个聚会点讲道，星期天让这些信徒到曼养教堂参加主日礼拜。因为曼养教堂用傣语礼拜、讲道，所以这些汉族信徒并不跟曼养村村民一同在教堂礼拜，而是在教堂旁边搭建的棚子内聚会。那位汉族长老会说汉语和傣语，平时用傣语向曼养村村民讲道，等汉族信徒来聚会的时候，他就用汉语向这些汉族和曼养村的年轻信徒讲道。那位傣族长老在教堂里为年龄大的曼养信徒用傣语讲道。曼养教会分开礼拜首先是语言原因。曼养村因为先前被排挤，村寨的孩子没有机会上学。现在 30 岁以上且在本村出生的村民都看不懂汉文，汉语的听说都很吃力。当时笔者找村委会主任聊天，他有 50 岁左右，会说当地的汉语方言，但很难听懂我讲的汉语，只能由汉族长老充当翻译。而年轻一代开始上学，接受汉语教育，能读写汉文。教会有两个诗班，青年诗班会读汉文，说汉语，唱汉语赞美诗，但不懂傣文；中年诗班不懂汉文，只能看傣文，唱傣语赞美诗。在外村汉族信徒不来礼拜的时候，年轻信徒就跟着老信徒一起用傣语礼拜。当汉族信徒来聚会时，他们会主动参加汉族信徒的聚会，用汉语礼拜。

图 5-4　曼养教会（旁边是汉族信徒聚会的棚子）

曼养村信徒因为文化变迁的差异，在礼拜时出现了用汉语和傣语的潜在分歧，借着汉族信徒参与聚会的机会，年轻信徒和老信徒开始分开礼拜。杨凤岗描述了美国华人第一代基督徒和在美国出生的华裔基督徒因使用汉语或英语的不同而分开礼拜的情形。年轻的子女参加英语礼拜，而父母参加汉语礼拜。这种分离是华人移民传承中华文化和适应美国主流文化的代际差异的表现。而曼养村年轻信徒与年老信徒的分离是由于不同代人对主流汉族文化的接受差异。这种差异的时代背景是主流汉族文化在边疆民族地区的普及。另一个原因是曼养村信徒内在的排外意识。汉族信徒进入教堂，这些傣族信徒不会主动打招呼，而是冷漠以对。两个民族的信徒虽然在一个教会礼拜，却没有达到在信仰中的合一。以前曾经有三个农场聚会点来曼养教堂聚会，其中一个聚会点发展到 20 多人的时候就主动分离出去了，剩余的两个聚会点平时有四五位信徒来聚会，每个月月初的圣餐礼拜有十多位。所以，汉族信徒也不愿意来曼养教堂聚会。造成这种心理界限的是信徒对村寨归属的认识差别，曼养信徒坚信教堂是属于村寨的，汉族信徒进教堂礼拜，始终是"客人"。而汉族信徒在与村寨信徒的互动中能深切体会这种"客人"的尴尬，找不到在教堂的归属感。

在傣族传统信仰中，对祭祀边界有严格规定。像父母房间的神柱只能由父母祭拜，嫁出去的子女不能再随便进入内室。祭竜时，封闭进村道路，外部人员不允许进入。村民到寺院过"赕"时，父母非正常死亡的只能在寺庙门外献祭，只有正常死亡的才能在寺庙院内献祭。因村寨寺庙只收留本村去世者的灵魂，外村人来寺庙祭祀父母没有意义，也被禁止。曼养村村民虽然对寥寥几位汉族信徒进入教堂礼拜冷漠以对，但毕竟肯接纳村外人进入教堂，而且年轻信徒更倾向于汉族信徒一同礼拜。这是基督教信仰对傣族原始宗教和佛教强调家庭、村寨界限的突破，也是基督教与佛教在融入傣族社会上的本质差别。

（四）教会"完全嵌入"村寨

曼养村因麻风病形成了备受社会排挤的村寨界限。在村寨的信仰生活中，一部分村民带入了基督教习俗，一部分村民带入了傣族传统信仰。两部分村民彼此接纳了对方的信仰成分，促成了基督教和傣族传统信仰的融合形式，从而达成了村寨内部信仰的统一。在村寨恢复基督教正信的过程中，不能再容纳傣族传统信仰中的偶像崇拜，村寨信仰面临分裂危机。经过村寨老人的协商、交流，最终放弃了傣族传统信仰，维护了村寨信仰的统一性，保持了信仰边界与村寨边界的"互嵌"。在村寨与教会的关系上，教会"属灵"权威依附于村寨世俗权威，教会资金依赖于村寨供养，教会传教牧养难以超脱村寨界限。乡村传统傣族村寨坚固的边界意识使教会与村寨融为一体，彼此强化。

三　教会与传统傣族社区

曼邦村是一个典型的乡村傣族村寨，离景洪城有 100 多千米。全村有 116 户，590 人，其中 588 人属傣族。全村信仰以傣族原始宗教和佛教信仰为主。基督教的传入是因为一位村民去泰国打工，皈信了基督教，然后将福音传给她的家人。2008 年，村寨一位傣族妇女被污蔑为"琵琶鬼"，并被撵出村寨，在经历了如此残酷的遭遇以后，皈信了基督教。因为这件事情，曼嘎新堂也开始在这里传教和牧养，信徒一度达到四五十人。后来，因为村寨内部的"逼迫"和压力，部分村民放弃了基督教信仰，回归傣族传统信仰。仍然坚持信仰的二十几位基督徒如何处理这些压力，成为其在村寨生活的必要前提。

（一）曼邦村的边界

曼邦村坐落在一个狭长的河谷地带，两边为丘陵山地。因为人口增加，又在原有土地上分出两个村寨。三个村寨成为三个村小组，有三个村委会主任，管理各自村务，并分成三个竜山；但村民保持着亲属关系，共用一个寺庙，维持着村寨的整体认同。如果有人去世，通知三个寨子，每家都要来一个人。结婚、生孩子也是三个寨子都来帮忙。2012 年曼邦村建盖寺庙，三个村小组按每家人口、土地面积、房子面积来收钱，由三个村委会主任集中起来，共花费了 37 万元。因为村里没有男孩升和尚，村民共同出钱请一位布朗族僧人来主持寺庙和平时的佛事活动。每年泼水节、关门节和开门节三个大节日的赕佛，还有许多临时性赕佛和祭神活动，村民也要共同出资。赕佛的时候，三个寨子的村民携带傣族供品、蜡条到寺庙向死去的父母进献，在佛堂礼佛念经。① 村寨的原始宗教信仰依然非常浓厚，有"寨主"（或称为"召曼"）主持祭"寨神"等活动，还有巫师巫婆为村民看病卜卦、驱鬼叫魂、"通灵"等迷信活动。曼邦村以傣族传统信仰维持了村寨的团结和集体记忆。

图 5-5　曼邦村的寺庙

————————

① 笔者在西双版纳傣族村寨的调研中发现，因为人口增长而分寨，亲戚和社会关系也开始在村寨"内卷"，村寨内认同和村寨之间的界限越来越明显。但是这些村寨的寺庙却始终没有分开。在勐海县勐海镇、勐宋乡等狭长的河谷平坝地区，傣族村寨分寨现象十分普遍，而无一例外都没有分寺庙，也意味着村民共同的赕佛活动、民族认同和地域认同。在勐腊县的调研中，两个移民村寨迁入补过人曾经占据的土地上，一个壮族村寨、一个多民族村寨共同祭祀补过人崇信的土地庙。这两个例子都显示了传统信仰中"庙房"与土地不可分割的关系。这种传统信仰与土地的紧密"镶嵌"关系与基督教跨地域传播、盛行教会分裂的倾向形成鲜明对比。这也成为基督教在少数民族地区地域化的鲜明特点。

图 5-6 泼水节在寺庙赕佛

（二）因受排挤而信教

曼邦村民秉持佛教信仰，也有浓厚的鬼神信仰。2008 年，曼邦村发生一起"琵琶鬼"事件，轰动了当时整个西双版纳。当时村寨里一位妇女生病，发高烧，说胡话，被认为是"琵琶鬼"附身。找人来审问这个病人"鬼"的来历，她说出村寨里一位傣族妇女玉旺的名字，审问了几次，都一口咬定这位妇女。玉旺嫁到外乡镇（以前的外"勐"），丈夫早逝，然后回到娘家曼邦村，重新找了一个汉族上门女婿。这位汉族女婿会瓦工手艺，生活相对富裕，没过几年就建起了二层楼房。当玉旺被认定为"琵琶鬼"的时候，三个村寨的村民就聚集到她家里，把牲畜统统杀死，把家具、粮食、衣物等全部打烂或者烧掉，并烧掉了一座木楼。村民平时以祭寨神、寨鬼、赕佛等宗教形式积累村寨边界的"心理构图"。"琵琶鬼"的叙事文本和村寨集体生活情景有机结合，以信仰的"心里构图"激发出村寨的集体力量。因为出现"琵琶鬼"的"威胁"，整个村寨再次彰显集体凝聚力。村民准备把楼房推倒时，警察出面制止，判定由玉旺的弟弟入住，才保住了这座楼房。而玉旺和她丈夫被村民赶出村寨。他们先在景洪住了一段时间的宾馆。钱花光以后，他们就去玉旺的姐姐家住了20多天。她姐姐也是在傣族村寨，因为"琵琶鬼"的污名，村寨寨主又把他们赶了出来。他们去租房子住，因为交不起房租被房东赶出来。他们在城市近郊的菜地找到一间临时窝棚，暂时稳定下来。夫妇两人去县政府求助，县政府让乡政府把他们接回村寨。这时，他们已经在外辗转漂泊了半年。但村民坚决反对他们夫妇进村寨。他们只能在村寨旁边自己家的茶叶地搭建一个简易窝棚居住。后来政府划拨专项资金，为他们重新建盖了一座由水泥块和石棉瓦组成的简易房子。政府工作人员亲自来帮助他们建盖房子，以人力、物力给予他们社会支持。玉旺的弟弟陈述了当年受排挤的经历：

　　我们出事的时候，其他两个寨子的人也来了。他们拿火烧房子，不管狗、鸭都打死，把家里所有的东西都打烂。他们不打人，就是赶人。"你是个'鬼'，是个'琵琶鬼'，不要在我们寨子，赶紧出去。""把她拉出去，杀掉。"这样的话都说，就是要把我们吓出去。警察来也拦不住他们。单单我们姊妹两三个还是不给他们作对，就让他们做。本来他们要把房子推掉，警察就判谁敢来住，就是我敢来住，一个都不敢进来。我姐被撵出去，我们在家里连饭都吃不下去，个个都为我姐担心。有三个月左右，连我们家也不敢出来，怕他们打。我们寨子这么多人，我们家就我一个男人。我怎么能办得了这些？我们最亲的亲戚有 21 家，他们有 120 多家，一个说几个就够了。该他们来说几句话，一个都不敢进来。如果他们出面，我们办事还是好办一点。乡政府一个都不敢出来。后来景洪的领导来说，"你们做领导不能这样做"，骂他们，他们才反应过来。

（访谈参与人：笔者、玉旺、玉旺的弟弟，地点：玉旺家的简易住房，访谈时间：2014 年 6 月 13 日）

在村寨外建房子居住后，玉旺被禁止进入村寨，如果遇上村民就会向她吐口水，只能由她丈夫进村寨商店买东西。村民对他们敬而远之，都不敢到他们家来。只有她的妹妹和弟弟跟他们家交往。他们以前住的那座楼房也没有村民敢进入。他们夫妇的户籍依然留在村寨，但曼邦村小组不再管理他们，而是由村委会来负责。比如，他们享受政府扶贫补助并不通过村民商讨选定，而直接由村委会审批。在村民眼里，他们一家已经不再是村寨的一员。村寨集资赕佛，供养佛爷不会收他们的钱。他们的水田被村小组没收，以6000 元的价格转卖给其他村民。在得知这种情况之后，他们准备再向政府告发村小组的违法行为。在乡政府的协调下，村委会主任向他们道歉，才把水田还回来。笔者在 2014 年访谈中，看到玉旺的头发已经脱落不少。在谈到以前的遭遇时，只提一两句，她马上会说到现在为大家接纳的喜悦。对她来说，那段经历实在是不堪回首。她还没有陈述，就禁不住哭起来。这种失态是情不自禁的，是多年委屈的一时倾泻。事情虽然过去多年，但回想起来，这种反应是当时所受排斥的一种写照。

安稳下来以后，玉旺按照傣族传统信仰手段要驱走附在身上的"琵琶鬼"。请巫婆驱鬼、大佛爷做法事，越做越大，能做的都做了，还不能抓住这个"鬼"。最后，周围人告诉他们去找基督教的神职人员试试。当时，曼邦村已经有一家村民（玉罕伦）皈信了基督教。玉罕伦告诉他们，如果信仰基督教就能驱除恶鬼，"百分之百的干净"。他们请来泰国的传道人，为玉旺祷告。说来也巧，自从泰国传道人来过以后，玉旺备受摧残的身心慢慢恢复。玉旺的弟弟决定，"这个（基督教）是最好的，我们全家都要信"，请泰国传道人重新返回，为他们全家（包括玉旺全家、她弟弟全家、她妹妹全家）举行了洗礼仪式。由于泰国传道人不能在中国传道牧养，就把这些信徒介绍给曼嘎新堂。自此，曼嘎新堂傣族事工组就开始在这个村寨及周边村寨传教牧养。玉旺在傣族传统信仰中受到排挤，在试图通过传统信仰来解除排挤无果之后，转而投身到一种陌生的信仰中。村民在由傣族传统信仰转向基督教信仰的过程中，主要考虑到"驱鬼"的功效，属于功利性选择。而这个"鬼"却是傣族传统信仰系列中的，而不是基督教中的"撒旦"。戴维·穆斯（David Mose）叙述了印度坦米尔地区存在印度教的鬼附观念和赶鬼仪式与基督教赶鬼仪式的融合和分离。早期耶稣会士在此地从事驱除印度教恶鬼的仪式，但后来的法国耶稣会士却教导信徒身体的病痛并不是恶鬼附体，而是由个人的罪所致，主张以忏悔消除罪恶、根治痛苦，排斥赶鬼仪式。这就引起了当地信徒的抵制，与基督教仪式产生张力。耶稣会士很难在当地信徒中将基督教的赶鬼和当地印度教的赶鬼区分开来。[①] 村民因基督教"驱鬼"的法力而皈信基督教，产生身份归属和认同，再去认识基督教的信仰内容，去除傣族传统信仰中的"鬼"，接受基督教的"撒旦"认知。概括而言，这家村民因为受到传统信仰的排挤而转变信仰身份，再由信仰归属达到信仰认知，建立基督教正信。

---

① 参见黄剑波、艾菊红《人类学基督教研究导读》，知识产权出版社 2014 年版，第 5—6 页。

图 5-7　玉旺家曾经住的楼房

图 5-8　玉旺家现在住的简易房子

（三）因信教受排挤

　　基督教传道人成功为玉旺"赶走"附在身上的"恶鬼"，让这家备受排斥的村民皈信了基督教，同时也使周围的村民对基督教产生了兴趣。曼嘎新堂傣族事工组开始到曼邦村牧养这两家信徒，向村民甚至周围几个傣族村寨传教。事工组每月来两三次，每次在村寨住两三天，白天跟村民一起劳动，晚上给村民讲道传教。经过两年的牧养传教，包括曼邦村在内的 5 个村寨已经有 60 多个村民皈信基督教，其中曼邦村有40多名信徒。因为基督教反对傣族传统信仰中的偶像崇拜、祖先崇拜等，禁止祭祖、赕佛、供养僧人，影响了村寨信仰的集体性。基督徒的"缺席"对村寨信仰的统一性产生危机，激发了生活世界中习以为常的"集体表象"。村寨老人集团、村委会主任等权威规劝这些信仰"叛逃者"重回傣族信仰，或者以排斥、惩罚等消极方式逼其就范。排挤和逼迫将村寨信仰划分为两个界限分明的群体，经历法律法规、世俗利益和习俗规范的较量、妥协。曼邦村寨依然与傣族传统信仰紧密叠加在一起，却在村民身份和世俗生活中接纳了这些基督徒。

1. 基督教冲击下村寨意识的再现

在村民看来，基督教不过是驱除傣族信仰中的"恶鬼"的一种选择手段，甚至巫婆在驱鬼失败后，还建议村民去找"洋教"（基督教）试试。所以，在基督教刚刚传入村寨的时候，尤其是在那些见证过基督教驱鬼成功的村寨，村民对传道人非常友好、热情，甚至连村委会主任都会主动来听传道人讲道。部分村民有了基督教正信根基以后，便拒绝参加村寨集体祭祀活动。这时，村民才感觉到基督教并不只是驱除恶鬼，保证自身和生存空间的"洁净"，同时还要把他们传统的神灵一起扫除。在这种信仰危机之下，与傣族传统信仰"镶嵌"在一起的村寨集体意识开始觉醒。

村寨以集体意识抵御基督教的传入。老人、僧人、村委会主任、政府彼此启发、相互扶持，重新建构了村寨的信仰边界。老人在傣族村寨中享有非常高的威望，尤其是由佛爷还俗的"康朗"和管理宗教事务的"波章"，主导着村民的信仰生活，是村寨神圣权威和世俗权威的结合体。佛寺僧人是傣族佛教信仰中神圣权威的代表，从村寨寺院到乡镇中心佛寺，再到县佛教协会、州佛教协会，各级僧人都能影响到村民的信仰。僧人和老人是傣族传统信仰的主要捍卫者，也是直接感受到基督教威胁的当事人。老人可以直接干涉信仰基督教的村民，进行规劝教育。而僧人只能诉求于"波章"、村委会主任等世俗权威。一位负责牧养曼邦信徒的传道人说："信主的越来越多的时候，逼迫就开始来了。寺庙里的一些和尚或者村寨里的那些长辈看到，一下子有这么多人信主。如果所有的人都信耶稣，庙就空了，和尚也没人去供养了。所以，逼迫越来越重。"政府是以现代政权管理者的身份出现的，主要考虑到宗教安全、邪教渗透和民族团结等因素，才干预基督教在传统傣族村寨的传播，但碍于国家宗教信仰自由政策，并不能直接禁止村民信仰基督教。村委会主任作为村寨传统权威和国家权威的双重身份，可能对基督教没有任何成见，但是肩负着两种权威的诉求，成为干预村民信仰基督教的强有力执行者。

国家宪法规定，公民有选择宗教信仰的自由。不管是哪个民族，我信佛教也行，信基督教也行。这在宗教信仰政策上没有什么问题。但是在民族习俗上，如果傣族去信了基督教会不会引起家庭上的一些摩擦，以及这个家庭与村里的矛盾？基督教和我们南传上座部佛教是不同的。时间长了，因为信仰不同，风俗就不同了。不像景洪，他们是整个寨子信基督教的。在应对村寨内基督教信仰与传统信仰之间的矛盾上，我们把这些信的人召集起来说一顿，明目张胆地禁止他们去信。这样的做法好像也不妥。我们是不敢公开说的，只能把那些村干部拉上来培训学习，让他们去引导那些信教群众。说，"我们傣族祖祖辈辈信的是南传上座部佛教。如果你信了耶稣对我们寨子不好，对我们家庭也不好"。最起码这个话要带到。只有他们去做这个工作，或者用他们的村规民约去约束这些人，尽量地还是信仰本民族的宗教，不要去参与那些外来的宗教。我们管理部门去做，那性质就不同了。这个引导就要靠村一级组织，或者村委会组织去做。因为他本来就是本地的村委会主任，能起到疏导作用。傣族人信基督教以后，不是傣族人来反映到我们这里，是我们管理部门发现这个问题以

后，在村干部会议上提出这个问题，让他们警觉这个问题，现在
倒过来，我们去提醒他们。他们傣族人好像也无所谓。

（访谈人：民宗局工作人员、笔者，访谈地点：民宗局办公
室，访谈时间：2014 年 4 月 3 日）

在神圣与世俗、村寨内外力量的互构中，村寨传统信仰的集体意
识被重新激发出来。村民对曼嘎新堂的传道人开始变得冷漠、敌视，
看到他们进村寨传教牧养，就会向国家安全局、民宗局、公安局等政
府部门告发。在政府部门的干涉之下，传道人被迫停止向周围村民传
教，专心牧养已经皈信的基督徒。传道人为了避免与政府人员正面纠
缠，改成晚上进村牧养。由于晚上没有公共汽车，传道人只能从景洪
骑摩托车经百里路进入村寨，给信徒讲道、劝导，第二天早晨天不亮
又骑车出寨子。传道人讲到现在的情景，"我们没有办法在那里开展
工作了。我们一在那里做，逼迫马上就来。我们只能维持那些已经信
的人的灵命成长，围着这 20 多个人做牧养工作。天黑了，我们才进
入他们村子，教他们诗歌、讲道，彼此沟通、劝慰，为他们的疾病、
患难祷告"。老人、村委会主任规劝村寨信徒放弃基督教信仰，或者
开村民大会通过决议，对信徒进行神圣与世俗方面的干预。信徒由原
来的 40 多位减少到 20 多位。村寨以集体意识逼迫、排挤部分基督徒
放弃信仰，重新归入傣族传统信仰，试图维护村寨边界与信仰边界的
完整性。

现在傣族寨子很排斥，人死了不能跟他们一起埋，然后，不
给他们通电，断水，给他们带来很大的麻烦。其实，村民想不到
这些手段。这是政府行为，政府给这些村委会主任施加压力，然
后村委会主任再对村民施压。在农村，特别是有寺庙的那种，前
不久，在下边村寨有个聚会点，他们全村召开村民大会，要把那
几个信徒撵出去。我了解了一下，村民没有什么，是总佛寺这边

佛教协会会长搞的，去煽动这些村民。这成为两种宗教之间的对抗。我告诉他们，没有必要和他们去争。目前在传统傣族村寨建立教堂是不可能的事情。现在政府也很偏向佛教。

（访谈参与人：笔者、岩在牧师，访谈地点：曼嘎老堂牧师办公室，访谈时间：2014 年 5 月 16 日）

2. 村寨世俗权威：排斥基督教的主要力量

村寨掌握的各类社会资源成为逼迫、排挤基督徒村民的有力手段。这些排挤存在于世俗领域和神圣领域，对村民的信仰选择有着不同影响。如一位传道人所言，世俗方面的排挤是暂时的、现世的，是可以承受、克服的；而神圣方面的排挤却是永恒的、持久的，是难以磨灭、克服的。村委会掌控着世俗资源，是对信徒进行世俗逼迫的主要执行者。通过村民大会商议，得到老人的首肯，取消基督徒享受一些政府优惠政策的资格，比如农业补贴、独生子女补助，克扣他们本应获得的集体土地出租金。最严厉的世俗逼迫是扬言收回信徒的土地，将他们赶出村寨。大量村民正是出于这方面的顾虑而放弃基督教信仰，重新回到傣族传统信仰的怀抱。另外一些信徒可能缘于信仰根基的坚固，或者是因为在皈信基督教之前已经遭受过村寨的残酷逼迫，不再看重这些"现世"的利益诱惑和排挤，一直坚持基督教信仰。

在乡村傣族村寨，村民对村寨有很强的依附感。因为村寨不仅是村民的居住之所，还是耕种土地、获取生活资料的养育之地，更是进行社会交往、赢得社会支持、获得安全、尊重和声望的社会空间。村民一旦离开村寨的"护翼"，马上失去了生理、安全、归属、尊重和自我实现等所有需求的基础。这是村寨能够对基督徒村民实施逼迫、排挤的根本原因所在。因此，基督徒村民也会有节制地对村寨表示顺服。比如，基督教在信仰上拒绝参加佛寺活动和村寨祭祀，但是会缴纳建盖寺庙、进行祭祀的各类费用。这已经从一种"信仰义务"转变为"村民义务"。

　　笔者在前面论述国际慈善机构时，提及一位傣族大佛爷在皈信基督教之后，受到来自父母的压力和村寨集体的排斥。在亲缘和血缘的牵绊之下，家庭和亲戚接纳了这位信仰的"叛逆者"；而他也默默承受了村寨集体给予的"惩罚"。大佛爷所在的村寨跟曼邦村一样，都是传统傣族村寨，所受到的村寨逼迫是相同的。从大佛爷皈信基督教的遭遇也能佐证曼邦村的排挤效应。

　　我从 2000 年开始听到福音，真正相信是在 2001 年。这期间挣扎很大，所以我要对比，翻看那些经书和《圣经》。因为《圣经》也告诉我说，我如果相信这个，不可以去拜那个偶像。我爸爸妈妈他们都给我讲，我们是傣族，不要去信这个，不单单对我，对他们也不好。然后，更大的逼迫来自我们寨子："如果你相信这个，你不可以进寨子，也不可以算这个寨子的人。"因为我知道这个（福音），我就去传给我爸爸妈妈，他们甚至要把我爸爸妈妈赶出去。如果他们信了就必须出来，不可以在寨子里。他们没有信。我们傣族相信基督教，如果在寨子里，人家逼迫很大。因为人家去拜庙，我们家不去，人家会说。现在也一样，但是我已经出来了。我们的爸爸妈妈还是有些逼迫。人家偶尔还会去说。

　　我老婆是墨江那边的哈尼族，以前也在×××（慈善机构）工作。我们是在主内认识、结婚的。我户口还在寨子，我老婆的户口也迁到了我们寨子，我两个孩子的户口也在寨子。现在寨子把土地归拢，出租给别人种香蕉。因为我们现在相信这个，每年分红，都没有分给我们。我也去找过村委会，还有当地政府。他们说，"我们也不管，这是村委会主任的问题"。我去找村委会主任，村委会主任说，"让大家来决定"。我也想去告，但是我觉得，如果告了，可以拿到一点。可是寨子里的人看到我爸爸妈妈会怎样？我认为会连累我的亲戚、我爸爸妈妈。我想到这些方面，就选择顺从。我们夫妻以打工为生，还要带两个孩子。如果不选择耶稣，过得就很轻松。因为上帝爱我，把我带出来。虽然苦一点，但是心里得到的满足比较多，也能感到幸福。我差不多每个星期都会回去看爸爸妈妈。现在也没有打算回寨子住，看上帝怎么带领。

（访谈参与人：曾经做过大佛爷的慈善机构员工、笔者，访谈地点：曼嘎老堂大院，访谈时间：2014 年 6 月 15 日）

3. 法律的两难境地

村寨以地方权威、村规民约威胁把基督徒村民赶出村寨，收回土地，威胁到村民的基本生存利益。教会传道人向基督徒村民讲宗教法律法规，让他们用国家法律保护自己的合法权益。村寨地方权威的逼迫受到国家法律的限制，维护了信徒的生存空间，致使乡村傣族村寨内出现了两种相异的宗教文化群体。而宗教法规也明文规定，信徒应该到依法批准的宗教活动场所进行宗教活动。村寨内的临时聚会点并非依法成立的宗教场所。宗教管理部门有权取缔这个聚会点，迫使信徒到城镇上的教堂聚会。基督徒村民利用法律保住了自己的土地和在村寨的居住权，却也因法律法规致使聚会点难以在村寨内"站立"。

而这个村寨离教会有 100 多千米，如果坐公共汽车需要转两次车，用一上午的时间才能到达。信徒中多数为妇女和老人，根本不可能经常往返于教堂。所以，村民只能选择晚上聚会。而且聚会点就设在玉旺家以前的楼房内。这个地点对政府和村寨来说，都有着不光彩的历史。当年村民完全违法的暴力驱赶、政府面对暴力的不作为和纵容都记录在这座房子中。这座房子成为各方默契妥协的"区隔线"、互不触碰的敏感禁区。玉旺的弟弟讲述了自己的感受：

现在村民又对我们信仰基督教有意见，逼迫越来越大。他们会报案，星期天我们聚会，警察就来查。我们不怕，反正我们不做什么违法的事情。不管他们怎么来逼迫，我们是绝对不会放弃这个信仰的。我们祖祖辈辈信佛教，到寺庙里供奉，还是受魔鬼的迫害，被人说成"琵琶鬼"，赶出村子。出事的时候，政府人员一个都不敢出面。我们信主耶稣，为什么不怕？如果谁敢到我家说，不让我信，我马上跟他作对。你看，我信了五六年，一个也不敢进去我家说。这些还记在我的心上。如果不让我信，你把我姐叫回去，房子好好盖。

（访谈参与人：笔者、玉旺、玉旺的弟弟，地点：玉旺家的简易住房，访谈时间：2014 年 6 月 13 日）

4. 寨主"召曼"儿媳妇皈信基督教

村寨对基督徒村民的逼迫也会投射到其家族、家庭中。曼邦村由四十多位信徒减少到 20 几位。放弃信仰的人，其家庭一般只有一两位信徒，其他家庭成员都不信基督教。在村寨逼迫到来时，家庭成员不能给予信徒足够的支持，反而成为压力的施予者。在这种情况下，信徒很难继续坚持信仰，纷纷退却。曼邦村的信仰骨干是玉罕伦家和玉旺家。这两个家庭在面临村寨逼迫时，家庭成员同心一气，共同承担，增强了家庭凝聚力和归属感，坚固了信仰信心。目前还有几位在家庭中独自坚持信仰的基督徒，面临着家庭和村寨的双重压力，生活境遇十分窘迫。在曼邦村，有一位信徒是寨主"召曼"的儿媳妇。玉罕伦是她表姐，引领她皈信了基督教。她刚刚信基督教的时候，家人并没有反对。当时村民只看到了基督教驱鬼的法力，持一种接纳、容忍的态度。在《圣经》中也有记载传统宗教的祭司皈信基督教，重新掌握"属灵"权柄的事例。但是当村寨集体意识觉醒，将基督教划定为信仰的"异端"之后，村民就将村寨内的不幸和灾祸归罪于寨主的儿媳妇。这位基督徒成为弥合村寨凝聚力的"替罪羊"。

在傣族传统信仰中，寨主（又称"召曼"）是负责祭祀寨神"丢瓦拉曼"的巫师，只能由第一个在此建立村寨的家族人员担当，实行父子世袭制。寨神由建寨家族的氏族神逐步转变为护佑一方平安的社神。寨主"召曼"在远古时期是村寨的最高行政权威和宗教权威。后来政权和神权分离,"召曼"专司寨神祭祀活动。"召曼"与寨神"丢瓦拉曼"存在血缘关系,具有"通神"的能力,担负着人神交流的中介。"召曼"是傣族原始宗教信仰的村寨权威,与佛寺僧人共同构筑了傣族社会的地域性信仰空间。[①] 整个村寨的安危都由寨主负责。每家遇到不幸的事情或者结婚、外来户迁入村寨,就要带着鸡、钱、米、酒、烟、肉等来找寨主,请寨主向寨神"丢瓦拉曼"献祭,进行人神沟通,求寨神护佑、恩准和赦免。

当村寨开始逼迫基督徒的时候,村民攻击寨主和他的儿子(寨主继承人)。家人又把这种攻击转嫁到这位信徒身上,逼迫她放弃基督教信仰。每个傣族家庭都供奉着家神,在卧室内有三根柱子,其中一根为"肖丢瓦拉",是家神的居所,称为家神柱;另外两根柱子,靠近男主人床铺的叫"哨昭",为男柱,靠近女主人床铺的叫"哨喃",为女柱。家神柱和男柱由男主人祭拜,女柱由女主人祭拜。这位女信徒在婆婆去世后也将承担起祭祀女柱的责任。但基督教的禁忌使她难以承担这一家庭责任,更加剧了家庭对她的逼迫。她丈夫跟她出现感情隔阂,一直闹着离婚;公公、婆婆赶她出门;回到娘家,哥哥、嫂子、父母也不能接纳她。她带着两个孩子只能回到婆婆家,委曲求全地生活下去,在精神上和肉体上都遭受很大的逼迫。她信基督教有两年时间,已经有了"属灵"生命,建立了基督教信仰根基,不会轻易放弃信仰。由于她的基督教信仰,家庭内的逼迫和坚持也将一直持续下去。

5. 彼岸世界的排斥

傣族传统信仰与村寨生活是一个相互贴合的完整体系。这在丧葬仪式和祭祖仪式中都能体现出来。由于基督教与傣族传统信仰在鬼神

---

① 参见朱德普《傣族的巫师及其历史演变》,《民族研究》1994 年第 2 期。

意识和偶像崇拜方面的差异，使得村寨一体化的丧葬仪式发生分裂。村民害怕把基督徒葬入村寨竜山会得罪祖先的亡灵，给村寨带来灾祸，所以禁止基督徒死后葬入竜山。村寨有人去世，按传统每家都要出一人到死者家帮忙，共同将死者抬入竜山，进行火葬，展现了村寨和家族的集体凝聚力。与傣族鬼神信仰相对应，在送葬仪式中也发展了一套祛除鬼魂污秽的技术。在抬死者去竜山的过程中，抬棺材的人不能相互触碰，更忌讳踩脚。送葬回来以后，由死者家族的老人为抬棺材的人拴线，驱邪压惊；请僧人念"尚嘎哈"，洒圣水赶鬼；为死者的亲属拴线，把灵魂锁住。[1] 而在基督教葬礼中，没有诸如此类的驱鬼镇邪的仪式。所以，崇信鬼神的傣族村民拒绝参加基督徒的葬礼。村寨在葬礼中的"集体表象"被彻底打破，更成为分裂和排挤的导火索。

玉罕伦弟弟的儿子长到 5 岁的时候突发脑膜炎，送到医院抢救无效死亡。尸体被拉回村寨下葬的时候，村委会主任通知村民来帮忙。村寨每家都派人到场了，但是没人敢接触死者。只有死者的爸爸、爷爷和玉旺的弟弟三位基督徒抬着死者到坟地。由玉旺的弟弟为死者祷告，求上帝接纳，然后堆柴火葬。其他村民或者提前回家，或者在远处袖手旁观。基督徒村民主动参与传统信仰村民的葬礼，轮到自己抬棺材也会去抬，但不进行跪拜、献祭，也不参与拴线、念经、洒水等驱鬼仪式，而是自己祷告，求神洁净。曼邦村已经开会商议，禁止基督徒村民葬入坟山，不承担参加基督徒葬礼的义务。这个决议的通过造成了两种信仰在村寨内的完全决裂。玉旺也为此事发愁：

> 寨子烧死人，每家都要来。现在他们开会了，如果我们信耶稣，等我们死了，寨子就不管了。他们不让我们在竜山烧，我们打算在我家的茶叶地里烧，要不就拉到殡仪馆火化。其他的，不

---

[1] 参见赵世林、伍琼华《傣族文化志》，云南民族出版社 1997 年版，第 416 页。

给补贴，不管它了，这个是小问题了。最重要的就是死了怎么办。我们傣族有人去世，大家帮着用拖拉机拉过去，好好地排起来。这个时候就用大家了。就是为难在这里。他们不来，没有办法。他们就背后嘲笑我们说，"他们人死全寨子都来，我们死了就只有我们几个"。现在还不知道怎么做，我们还没有遇到这种情况。不管怎样，我们合起来有十几家，肯定就够了。玉叫坚（曼嘎新堂长老）就说，"如果这边有人死了，打电话给我们教会，我们多来一些人"。

（访谈参与人：笔者、玉旺、玉旺的弟弟，地点：玉旺家的简易住房，访谈时间：2014 年 6 月 13 日）

（四）接纳的限度：玉旺重新融入村寨生活

玉旺一家在国家法律的庇护和政府援助之下，勉强在村寨旁边自己家茶叶地里建盖简易住所，重新要回了自己的责任田；通过基督教驱除恶鬼，消除了"不洁净"的污名；在经历两三年的排斥与忍耐后，村民逐步放松了对恐惧的警惕，玉旺才被允许走入村寨，开始恢复与村民的交往。基督教成功驱除了玉旺身上的恶鬼，"洋教"（基督教）能驱除恶鬼一直为傣族村民深信不疑，并广为流传。基督教使玉旺重新获得了生活的宗教支撑（包括信仰和人际关系），重新开启融入村寨的进程。村民看到她不再马上走开、吐唾沫，而是主动打招呼，并在结婚、生孩子时邀请她参加。村民也敢进入她曾经住的楼房和现在居住的房子，去她家做客。经过几年的辛勤劳动，她家的经济条件逐步好转，正准备重新建盖房子。玉旺一家重新为村民接纳，生活逐步转入正规。但他们的重新融入只局限于世俗方面和人际层面。毕竟，她不能回到村寨自己的楼房居住，只能在村寨外自家茶叶地建盖新房。在傣族传统祭祀上，玉旺因为皈信基督教，不会主动参加这些活动。村寨也将她排斥在祭祀之外，会向其他基督徒村民强制征收祭祀、供养和尚的费用，而不会向她征收。玉旺说："我们缅寺过贻，寨子里收钱。像我被寨子撵出来，就不收我的钱，缅寺都不让我去贻。他们收我弟弟的，还有玉罕伦（基督徒村民）他们的。他们的意思是，不管我了，已经不算寨子里的。"所以，玉旺在法理上属于曼邦村，享受村民权力；在日常生活中也能为村民接纳，获得村民的人际支持；但是在传统信仰上，已经不在寨神"丢瓦拉曼"和寺庙佛祖的护佑之下了，依然被排斥在村寨之外。玉旺的弟弟讲述了村寨由排挤到接纳的过程：

> 现在朋友越来越多，比以前更多，天天有朋友进我家来。他们就不怕了。污蔑我姐的那家人现在跟我（关系）好。我们老师教导我们，不管他们多恨我们，我们都要对他们好。有好几个不跟我姐讲话，现在个个都回来了，没有人跟我们作对了。因为我们现在都干净。他们也看到，五六年了一样都没有发生，慢慢就跟我们好了。他们也来我姐这里，因为我姐夫是汉族，他们过年（春节）会叫很多人过来吃饭。别人结婚啊，也会来请我姐去的。她就去送送礼，吃吃饭。

> （访谈参与人：笔者、玉旺、玉旺的弟弟，地点：玉旺家的简易住房，访谈时间：2014 年 6 月 13 日）

基督教在曼邦村迅速传播，激发了村寨潜在的、习以为常的集体意识。老人、僧人、政府和村委会主任彼此启发，让村寨传统权威重新彰显。在现实利益的逼迫、诱惑下，大量基督徒村民纷纷放弃信仰，回归传统信仰。而坚持信仰的基督徒村民继续与政府、村寨、家庭在逼迫、排斥、反抗、顺服中周旋。在激烈的斗争过后，双方都接受了既成事实，彼此态度开始缓和。村民不再敌视教会派来的传道人，相互打招呼、交谈。政府跟传道人和村寨信徒建立了联系，在互信、沟通中改善了宗教管理方式，更有效地防止了外来邪教异端的渗透。基督徒村民和村寨进行了相互妥协。村寨容忍信徒不参与集体赕佛和祭祀活动，但要缴纳祭祀费用，履行村民义务。信徒也积极参与家族、村寨的结婚、生孩子、葬礼等集体事务，尽量与村寨保持统一步伐。曼嘎新堂的牧师主张信徒，"不要跟家里或村寨进行对抗。而是向对方解释，如果不能解释清楚，可以进行一定的顺服"。主要负责牧养曼邦聚会点的玉叫坚长老讲述了自己心得体会：

> 我们没有让群羊自己去承受逼迫。我们这些牧者也和他们一同来承受来自社会、亲人的包括精神和肉体上的压力。所以，能保住信徒、保住一个聚会点，最关键的是，要让弟兄姐妹知道牧者是他们的依靠。所以，我的手机二十四小时开着，他们有任何事情，就打电话给我，一沟通半个多小时、一个小时都有，有些兄弟姊妹受到很大逼迫时，不但要谦卑地听他倾诉，然后还要用神的话语来安慰、鼓励他，让他从这个捆绑当中得到释放。在灵修生活当中，每时每刻都要为这些受逼迫的弟兄姐妹祷告。作为牧者不能只是说说而已，最主要的是要活出来，要用生命感染生命，这是让兄弟姊妹的信仰保持下来的最重要的根基。光有知识、教导，没有和他共同来承担这个磨难，还是不行。

> （访谈参与人：玉叫坚、笔者，访谈时间：2014年5月4日，晚上10点，地点：玉旺家以前住的楼房）

（五）聚会点"悬置"于村寨

曼养村作为传统乡村社区，以强烈的社区集体意识追求群体内部信仰的同质性。村寨在神圣和世俗两个方面对基督徒村民展开逼迫和排挤，以争取村寨内部的一致性。这种排斥的最终根源，在于基督教和傣族传统信仰在教义上的排斥。傣族信仰原始宗教和南传上座部佛教，属于融合性宗教和多神信仰，可以将多种神灵纳入其信仰体系。

傣族信仰体系以"功利性"选择机制不对任何"神灵"抱持偏见，只要保证受其保护的个人、家庭、村寨、勐的"洁净"和平安。起初，傣族村民因"洋教"的耶稣能够驱除恶鬼，准备将其纳入自己的信仰系统中。但是基督教持一神论，只崇拜"三位一体"的"真神"，将其他偶像崇拜和鬼神信仰斥为"假神"。基督教正统信仰拒绝进入傣族信仰系统的"大家庭"，并力主将傣族基督徒头脑中的传统信仰彻底清洗，将两种宗教在教义上明确划界。这是傣族传统信仰以及与信仰"镶嵌"在一起的家庭、村寨、勐所不能容忍的，他们极力要清除基督教对"祭祀圈"的影响。基督教虽然已经进入曼邦村，建立了聚会点，但这个聚会点却处在曼嘎新堂的"哺育"和"喂养"之下，并不能自立。如果没有教会的支持和牧养，可能马上就会倒塌、"荒凉"。傣族传统信仰以村寨的集体力量排斥基督教，而村寨基督徒又坚韧地生活在村寨之内，两种信仰的对抗将会一直持续。而目前，基督教的聚会点只能高高"悬置"在传统傣族村寨之上，还不能落地生根。

四　小结

本章论述了 3 个傣族村寨基督教信仰状况的差异，探讨了基督教在融入傣族地方社会过程中的多样化形态。基督教是一种制度性宗教，尤其是经历宗教改革的基督新教，在信徒与上帝的关系、教会独立等方面都趋向于形成信徒自我管理体制。基督教会的独立倾向同村寨与寺庙相互"镶嵌"的传统模式存在张力。曼嘎老堂以及从曼嘎老堂分裂出来的曼嘎新堂相对于曼嘎村而言已经达到"自传、自治、自养"的"自立"地位。教会界限超脱于村寨界限，基督教会与曼嘎村处于"脱嵌"状态。曼养村在推倒寨神的庙房之后，集体出资建立了村寨教堂。然而教堂在资金、管理方面依附于村委会主任、老人等村寨权威，传教也难以突破村寨界限。教会界限与村寨界限相互叠加，基督教会深深"嵌入"曼养村寨。曼养教会开始牧养村寨之外的信徒，并且村寨年轻信徒更倾向于与村寨外信徒合堂礼拜，预示着教会界限突破村寨界限的未来趋势，也彰显了基督教在融入地方社会时的特性。曼邦村是传统傣族村寨，延续了村寨与佛教、原始宗教的"镶嵌"关系，对基督教在神圣和世俗两个方面进行排斥。曼邦基督教聚会点只能在外部教会的扶持之下，勉强"悬置"于村寨之上，难以落地生根。

（一）村寨的边界

而村寨内部结构也与村寨发展特点有关系。曼嘎村、曼养村都是因为信仰或患病被迫从传统傣族村寨迁出，在一片新的土地上聚居成新的村落。虽然村民还携带着傣族社会文化密码，却没有"寨主"、家族、佛寺等既存的传统力量束缚，所以在村寨内的融合和村寨边界的建构中，超脱了对村寨传统权威的顺服，转化为村民之间的契约协商。所以，这两个村寨并没有对家族过分强调。在曼养村并不存在家族田——"纳哈滚"，而是谁开垦的荒地归谁所有，属于"纳贝"的范畴。所以村寨结构的约束力并不强，容易接纳外来异质文化。曼邦村是传统傣族村寨，村寨结构和文化习俗有着深厚的历史沉积。村寨保留着傣族早期社会形态中的寨神信仰和巫师制度，还有成熟社会形态中的佛教信仰和寺庙体制，外来信仰文化很难侵入村寨机体。随着人口增长，村民分寨而居，却并没有离开村寨先人留下的土地，依然共用一个寺庙，祭祀同一个寨神。村寨结构和传统文化成为村寨凝聚力和生命力的基石。现代社会中，国家体制的触角已经伸入了每个村寨，成为建构村寨边界中最具话语权的维度。

　　社会流动同样是影响村寨边界的主要因素，比如民族通婚等。在曼嘎村，可以看到大量传统村寨的傣族妇女嫁入村寨，不仅包括玉的牧师、玉双长老、玉旺叫传道等五六十岁的老人，也包括玉双长老的儿媳妇等年轻人。虽然曼嘎村被污名化为"琵琶鬼"寨，却有大量傣族姑娘嫁入，这可能是受城中村现代气息的吸引。因为同样一个被污蔑为"琵琶鬼"寨的乡村傣族村寨，却很少与周围的傣族通婚，而是倾向于同临近的基诺族建立通婚关系。曼养村根除了麻风病的折磨和污名，因为占据了大片种植橡胶树的山林，一跃成为西双版纳数一数二的富裕村寨。大量的汉族、哈尼族以及傣族人上门或嫁入曼养村。曼嘎村和曼养村因社会排挤形成的村寨界限，在疾病得到医治和现代性的冲击下发生了改变。村寨的富裕和城中村的区位优势吸引着外来人员，促使这两个村寨开始主动建构村寨界限，维护自身利益。曼邦村被污蔑为"琵琶鬼"的村民，并不能像1949年之前可以进入那些被隔离的"琵琶鬼"寨。他们离开了自己的村寨，便无处安身。因为所有的土地都已经在国家体制下进行了明确划分，即使那些"琵琶鬼"寨也无法收留这些人了。这些村寨自身也具有了对外排斥力。所以，这家被诬为"琵琶鬼"的村民在外辗转半年后，只能通过政府协调回到自家的土地上重新建盖房屋居住。即使国家权威自始至终都进行干预，这家被诬为"琵琶鬼"的村民还是被赶出寨子，只能在村寨边界之外找一个落脚之地。曼邦村是三个村寨中人口最多的，却是与其他民族通婚人数最少的，其传统村寨边界的禁锢性可见一斑。曼嘎村和曼养村的村寨边界带有主动建构的倾向，曼邦村的村寨边界具有历史传承性。

　　人口流动和文化传播影响着村寨节日、习俗的变迁和传承。曼嘎村因为建寨之初全体村民就皈信了基督教，所以圣诞节是村寨最重大的节日，成为区别于其他傣族村寨的关键文化符号；因为曼嘎村具有傣族身份，以及与传统傣族村寨保持或因通婚重新建立亲戚关系，被

"牵引"进泼水节等傣族传统节日中；因为汉族姑爷在村寨中占有较大比例，村民在春节等汉族节日相互宴请日渐盛行，表现了村寨节日文化的叠合性和"拼盘"色彩。在婚俗上，村民可以选择在教堂举行，也可以按傣族传统习俗拴线，或者在酒店举行现代式婚礼；在葬礼上，村民可以按基督教仪式进行，唱赞美诗、祷告，或按傣族传统习俗献饭，既可以买公墓下葬，也可以放入村寨的骨灰堂，表现了村寨习俗的可选择性。曼养村一直传承着过圣诞节（当地称"约三"）的传统，在基督教恢复之前，也保持了全体村民祭祀寨神的仪式；村民都在教堂举行婚礼，即使与其他村寨的傣族人结婚也不举行拴线仪式；葬礼以基督教仪式举行，在村寨竜山火葬，表现了村寨习俗文化的集体一致性。曼邦村传承傣族传统节日，泼水节、关门节和开门节到寺庙赕佛，每年组织两次祭寨神仪式；婚俗上，老人为新婚夫妇拴线祝福，男主人祭祀家神，寨主"丢瓦拉曼"祭祀寨神，告知守护神新人的到来；葬礼上，僧人为死者念经，村民抬死者到村寨竜山火葬，并由老人和僧人举行驱鬼安魂仪式，将基督徒村民排斥出葬礼互助和竜山下葬的范围，表现了村寨传统习俗的传承性、稳固性和排外性。

　　总体来讲，三个村寨在历史发展、社会流动、文化习俗等方面的差异对村寨边界的建构和维持产生不同影响。曼嘎村边界与民族身份、传统习俗、宗教节日脱离关系，以户籍、居住时间、婚姻状况等维度来界定，通过契约的方式法理化。村民不再以同一的民族身份、习俗文化和宗教信仰来界定村寨身份，可以自由选择习俗和信仰。曼养村在"被排挤"中建构出来，曾经出现基督教习俗与传统寨神信仰的融合，维持村寨界限的统一。后来基督教正信在村寨的觉醒和传播将傣族传统信仰排斥出去，以基督教信仰、习俗来维持村寨界限，保持了村寨内部信仰的一致性。曼邦村以民族身份、节日习俗和传统宗教来维持村寨界限，这延续了西双版纳传统社会维持村寨界限的模式。

（二）教会与村寨关系

村寨界限的维持方式影响基督教与村寨的融和状态。曼嘎村从建寨之后就委身于基督教堂，并没有建立佛教寺庙，是在没有传统信仰凝聚标志的情况下，树立新的信仰标杆，并不存在两种信仰力量在一个村寨内的对抗与斗争。但是随着傣族妇女嫁入村寨，傣族传统信仰又"回灌"到这个傣族村寨。汉族姑爷也把汉族的祭祖仪式添加到这个村寨信仰"拼盘"中。所以，曼嘎村存在三种信仰形式，而任何一种形式都不能代表村寨的整体信仰。村民不再受到村寨同质性信仰的束缚，可以自由选择某种信仰。曼养村在聚居成寨的过程中，从景洪曼燕村搬迁来的村民带来了基督教习俗，从传统傣族村寨迁入的村民携带着傣族的信仰。两个信仰群体彼此吸纳，相互浸染，将两种信用融合在一起，成为全体村民的共同信仰。村民形成具有凝聚力的村寨群体，信仰成为这个群体的纽带和边界。基督教信仰恢复之后，村民摒弃了傣族传统信仰，依然维持着信仰与村寨边界的一致性。曼邦村传承着浓厚的傣族传统信仰，并以信仰维持着村寨内的"洁净"，将恶鬼和污秽排拒在村寨之外。当部分村民接受基督教信仰，开始威胁村寨信仰的一致性时，顿时激起了村寨集体意识的觉醒。村寨权威以社会性和宗教性手段排挤和逼迫基督徒村民放弃信仰，回归傣族传统信仰，极力促使信仰边界适合村寨边界。村寨与基督徒村民在排挤与拉拢、顺服与抗争中，保持村寨边界的闭合，而无力挽回信仰边界的断裂。

曼养村把教堂看成村寨的寺庙，庙和村寨是合为一体的。曼嘎老堂逐渐从曼嘎村脱离出来，牧养对象超出了村寨，超出了傣族，向更多民族和更广区域扩展。而曼养教会也没有明确的传教事工措施，即使接纳汉族信徒进教堂礼拜，也很难打破村寨界限。曼嘎老堂已经做到了自养，而乡村教会信徒却没有奉献的习惯。曼养教会的负责人抱怨信徒都不奉献，但是当建盖教堂时，村民按人口出钱，很自觉地拿钱出来。这是两种意识，曼嘎老堂的信徒已经超越了村民意识，拥有了教会信徒意识。而传统村寨里的信徒，还保留着强烈的村民意识。在教会和村寨关系层面曼嘎老堂已经脱离村寨的捆绑，达到了自养、自治、自传的程度。而在曼养，教会负责人并不如村委会主任的权威大，并受村委会主任、老人们的监督和限制。城市现代傣族社区与乡村传统傣族村寨在边界设定上发生变迁。传统傣族村寨依然将信仰边界与村寨边界视作一个整体；现代傣族社区将信仰边界与社区边界分离开来，两个边界由重合关系"挪移"为交叉关系。正是两种类型的社区对社区边界与信仰边界关系的意识不同，造成了基督教会与社区关系的差别。

在基督教复兴的现代社会，基督教开始向乡村傣族村寨传播，就要在村寨内与传统信仰争夺信徒，争夺信仰的权柄。曼养村和曼邦村都为乡村社会，都曾经历或正在经历传统信仰与基督教信徒的争夺。曼养村选择了基督教，而抛弃了传统信仰，以基督教的权威继续掌控村寨的信仰边界。而曼邦村在坚持传统信仰时，却难以根除基督教在村寨的存在，难以恢复传统信仰一统天下的局面。传统信仰具有包容性，信仰体系没有边界，不具有排斥性，只能依附于具有空间边界的家庭、村寨、勐、民族等群体和结构，借助社会结构的边界体现信仰的边界。而基督教属于一神信仰，信仰体系有着明确界定，对外具有排斥性，自身即可形成组织结构。所以，传统信仰在失去村寨等社会组织的依托之后，即失去了排斥力。而基督教即使不依附于村寨等社会结构，也可依赖自身的教会组织进行对抗。另外，现代性国家体制触及村寨结构内部，打破了村寨固有的稳定结构，为基督教的传入创造了空间；国家法律法规抑制了村寨传统权威的排斥力，保障了基督徒村民能够在村寨生活，进而维护了村寨信仰的同质性。

（三）基督教融入傣族社会的多样化形态

基督教会与三个村寨的关系表现为"脱嵌""嵌入"和"悬置"三种不同状态。因为基督教是制度性宗教，其组织形式具有同一性。那么，造成不同关系状态的原因在于村寨结构的不同，维持村寨边界的维度发生变迁。现代化是推动村寨边界维度变迁的主要动力。中国由传统社会向现代社会的转型就是一个不断现代化的过程。在这个过程中，维持村寨边界由以习俗、宗教、语言等界定的先赋性身份为主，转变为以契约、法律界定的自致性身份为主。现代化既然是一个过程，不仅有时间的流变长度，还有不断向外扩展的空间跨度。城市地区现代化氛围最浓厚，渐次过渡到乡村地区受现代化的影响逐步降低。一位传道人总结自己的传教感受时说："离城市更远的（村寨），封建迷信更强。像我们离城很近，那些仪式我们都没有做。我们以后的人都不知道什么了。这跟寨子离城市的距离有关。那些出来上学的孩子，上完学就留在城里了，不会回去，这样对传统没有太大影响。外边的人进不去，里边的人出来得少，接受现代化的东西也少。"作为城中村的曼嘎村以村规民约和法律来界定村民身份，不再强调信仰的统一性，村民拥有信仰的自由选择权。另外，教会接纳不同社区和民族的信徒，跨越了村寨界限，进而实现了教会与村寨的"脱嵌"。曼养村和曼邦村属于乡村社区，以信仰、习俗等标明村民身份，强调村寨凝聚力。曼养村选择了基督教信仰，排除了傣族传统信仰，维持了信仰边界与村寨边界的统一。曼邦村坚定地传承傣族传统信仰界限与村寨界限叠加的传统模式，坚决打压和排斥基督徒村民。基督教笃信基督是唯一真神，反对偶像崇拜和鬼神信仰，拒绝与傣族传统信仰相融合，从而在曼养村排除傣族传统宗教信仰，"完全嵌入"村寨，而在曼邦村备受傣族传统信仰排斥，"悬置"于村寨之上。

第六章

基督教与多个民族社区的融合

目前，西双版纳地区只有三个傣族教堂是由单个民族社区建盖的，但也逐步突破了社区界限，接纳临近社区的信徒，成为跨地域、跨民族教会。比如曼嘎老堂起初是曼嘎村建盖的，现在已经发展为以汉族信徒为主，容纳了傣族、哈尼族甚至外国基督徒。曼养教会是一个乡村社区教会，也开始接纳周边的汉族信徒来参加礼拜。另一个傣族教堂容纳了两个傣族村寨的信徒，形成跨社区教会。其他 24 个注册教堂以及大量没有注册的教堂都是由外来基督徒发起建盖的，在建盖之初就没有设定民族界限和社区界限，积极向周围民族传教，带动了整个西双版纳地区基督教的大发展。西双版纳的基督教复兴与外来基督徒的进入有着直接关系，甚至可以说，目前西双版纳基督徒还是以外来信徒为主。外来基督徒在融入当地社会的过程中，同时也将基督教的信仰种子撒播在这块多民族土地上，将信仰的"枝头"探入传统民族村寨的围墙，在多个民族生根发芽、开枝散叶，从而跨越了民族界限，发展成为多民族教堂。

外来人口改变了西双版纳传统民族分布格局，更对宗教生态关系产生了深远影响。有些外来人口在迁入西双版纳之前已经皈信基督教，他们或者是群体性迁入，建立教会，向周围世居民族传播福音，比如从墨江县集体搬迁来的哈尼族信徒；或者是单个信徒加入当地教会，壮大了教会规模，促成了多民族教会的扩展，比如景洪城区的两个教堂和勐腊县城教堂，成为以外来人口为主的多民族教堂。外来人口迁入之后皈信基督教，并不受西双版纳以民族、生态、文化、村寨为界限的传统宗教关系模式的束缚，加速了基督教融入西双版纳地方社会的步伐。外来基督徒首先面临如何融入西双版纳社会的问题，而基督教信仰既可能成为受排斥的身份标签，也可以成为社会融入的桥梁。外来基督徒的社会融入与基督教融入地方社会相辅相成，连为一体。

本章选择一个偏远山区的乡镇教会作为研究案例。这个乡镇的基督教信仰是由一个从墨江县搬迁来的哈尼族村寨携带来的。这个哈尼族村寨逐渐融入当地社会，与周围其他民族村寨建立通婚、人际交往关系。在恢复基督教信仰之后，哈尼族村寨的信徒开始向周围瑶族村寨和多民族杂居村寨传播。目前，这个乡镇教会容纳了 5 个瑶族村寨、1 个壮族村寨、1 个哈尼族村寨和 1 个多民族杂居村寨的信徒。但这些村寨只有部分村民信基督教，并没有发展为村寨的集体信仰。本章选取 1 个瑶族村寨、1 个壮族村寨、1 个哈尼族村寨和 1 个多民族杂居村寨作为研究对象，分析这些村寨的信徒如何在教会内达到合一、基督教信仰与传统信仰的关系、信徒如何融入村寨生活、教会如何给予信徒支持，等等，探讨基督教如何融入不同的地方民族社会，归纳基督教地域化过程中的多样化形态。

一　勐瑶教会

勐瑶教会所在的勐瑶乡位于勐腊县，距离县城 35 千米，距离景洪近 200 千米，平均海拔 1300 米，属于河谷和山区，主要居住着瑶族、彝族、哈尼族、傣族和壮族等民族，其中瑶族占总人口的59%。勐瑶乡多为山地民族，曾经以游耕式刀耕火种为主要生产方式，需要经常搬迁；即使坝区民族也会因遭遇灾祸而被迫迁移；政府组织的移民群体也进入这个区域寻找生存空间。到1949年以后，勐瑶乡的村寨布局才逐渐稳定下来。本章论述的瑶族村寨于1965年跟随乡政府从深山中搬迁到现在的住址。而这片土地曾经归属于一个傣族村寨——曼暖村。曼暖村遭遇了一场灾祸，村民莫名其妙、接二连三地死亡。按照傣族传统信仰，认为村寨受到了神灵的诅咒，整个村寨笼罩在对死亡的恐惧之中。村民纷纷投亲靠友，逃离村寨。最后，政府只好在临近乡镇划出一片土地，让剩余的村民集体搬迁出来。部分曼暖村村民就搬迁到了临近的壮族村寨侬人村和一个多民族杂居村寨会帕村。这两个村寨都是占据补过人（划定为哈尼族）的土地，曾经共同祭祀补过人的土地神。侬人村壮族是从临近乡镇的一个壮族村寨分出来的，辗转几个地方之后，最终在补过人的土地上落脚。侬人村处在河谷平坝，再深入河谷上游五六千米就是坐落于山坡上的会帕村。会帕村最初有8户补过人。1958年，政府将周围的彝族归拢进寨子，搞生产合作社。此后因通婚，墨江县哈尼族、曼暖村傣族全部迁入村寨，民族成分逐步复杂。曼暖村村民搬离的这块土地属于河谷平坝，土地肥沃，交通方便。乡政府及其附属的学校、医院等单位一并搬迁到这块土地上。部分瑶族群众也跟着搬迁下来，定居建寨（命名为瑶族一寨），耕种这片已经荒芜的土地。过后，一部分瑶族由于信仰上的恐惧和生活上不习惯又搬回山上。1970年，勐腊县政府和普洱市墨江县政府达成协议，从墨江地区搬迁农户来此开发边疆。此后，大量墨江县农民自发迁移而来，在山林之间见缝插针地寻找生存空间。1971年，部分墨江县哈尼族群众搬迁到勐瑶乡，在瑶族村寨和政府机构之间的一个山坡上定居下来。这四个村寨社区属于同一个村委会。这个村委会包括12个村寨，其中有9个瑶族村寨，显示了瑶族在这一地区的人口优势。

（一）教会突破民族村寨界限

这个墨江县哈尼族村寨虽然是自发迁移而来的，却获得了政府的接纳，迁入户籍、获得土地、与周围村寨通婚，成功融入了地方社会。他们在墨江县老家已经信仰基督教，并携带信仰而来。即使在"文化大革命"时期，一些虔诚的基督徒也暗地里坚持聚会。1982年，村寨的基督徒开始恢复信仰，在村民张永贵家聚会。张永贵是一位传道人，因为在"文化大革命"期间坚持信仰受到批斗，被禁止外出传教。他组织信徒晚上悄悄聚会，并装扮成乞丐，穿着破烂衣服，披一件蓑衣，拿一个葫芦瓢，去周边村寨传福音。信仰恢复后，哈尼寨（当地人称为墨江寨）只有"文化大革命"前皈信基督教的老年人参加聚会。年轻人在几十年的政治运动中根本没有接触过基督教，却在日常习俗和民族通婚中受到鬼神信仰的浸染。部分年轻人在父辈的影响下皈信了基督教，但大多数人只承认基督徒身份，并不参加聚会，不读《圣经》，根本没有基督教的信仰根基。

张永贵在传教之初没有局限于本村寨之内，也没有抱持民族界限，而是向周围的瑶族、傣族、汉族、壮族、哈尼族等村寨传教。在传教过程中，他结识了一位到会帕村上门的广东籍基督徒黄严三，并邀请这位汉族信徒参加他们的聚会。1986年，黄严三的女儿和另外一位会帕村傣族妇女到乡卫生院做绝育手术。在空闲之余，黄严三的女儿好奇父亲经常去这个哈尼族寨子做什么，就约这位傣族妇女一起前去看个究竟，第一次接触到了基督教。此后，她们经常到张永贵家聚会、听道，最终皈信了基督教。通过这三位信徒，基督教开始在会帕村扎根，慢慢扩散开来。基督教信仰也逐渐突破了村寨界限，开始向多个村寨传播。

哈尼寨村民与周围村寨保持频繁的通婚。一位哈尼寨村民上门到瑶族村寨，并把基督教信仰传给了自己的妻子。这对夫妻也加入张永贵家的聚会。瑶族村寨的孩子去乡镇中学上学要经过哈尼族寨子。一位瑶族中学生叫杨秀英,在上学途中经常听到张永贵家传出赞美诗的歌声,出于好奇,就走进了聚会点。1992年,她正式受洗,皈信了基督教。杨秀英的皈信开启了基督教在瑶族中的迅速传播。当时,她正遭受病痛的折磨,身上长脓疮,难以治愈。到医院诊治,刚刚医治好一个脓疮,又在身体其他部位长出另一个来,医生也束手无策。杨秀英的父亲是一名瑶族巫师(俗称"白姆"),学过驱鬼医病的"口功"。她父亲按照瑶族传统信仰献祭、做法事、念咒,仍难以医治其病痛。然后,又请法力更高深的巫师来,也无济于事。在这种情况下,杨秀英皈信了基督教,开始向父母传播福音。起初,她父亲强烈反对,并一度要将她赶出家门。张永贵带领信徒到她家,为他们进行祷告。全家人的病痛竟奇迹般地痊愈了。通过这件事情,杨秀英的父母、3个弟弟、1个妹妹全部皈信了基督教,并将基督教传给她的舅舅等亲戚。从此,基督教信仰在瑶族村寨有了家庭支撑的坚固堡垒。目前,瑶族村寨已经成为基督教徒最多的村寨;瑶族信徒也成为教会中的主体。

> 老长老①把福音传给我的姐姐,那个时候,我姐姐刚刚读初中,有一点文化,她来听听,看《圣经》的时候就看到这位神。她回去就跟我爸爸说。我爸爸就打发我姐姐出门,不让她跟我们一起住。当时,我姐姐去地里背谷子,被我爸爸撵回来,"我们瑶家还信这些! 不让你背,你去信墨江人的道"。我姐姐哭着回来,路上遇到我妈妈。我妈妈领着她回到田里,就骂我爸爸,"你怎么能这样对待自己的女儿呢"。我爸爸也不是很自私,(毕竟是)自己的女儿,他也是说气话,骂她一下。后面,通过我姐姐传福音,老长老、同工到我家为我们生疮这个事情祷告以后,就慢慢好了。我爸爸就知道,这个神才是真正的神。

---

① 张永贵是教会的第一任长老。现在由张永贵的大儿子接替了长老一职。信徒习惯称张永贵为老长老。

他不再信道教，改信了基督教。

（访谈人：杨大荣、笔者，访谈地点：勐瑶教会食堂，访谈时间：2014 年 4 月 5 日）

壮族侬人村的基督教信仰并不是由当地哈尼寨传播成功的。一位村民嫁到中国台湾，皈信了基督教，每次回家探亲就向家人传教。2007 年，她的小妹妹开始信基督教，进入勐瑶教会参加礼拜。后来她的爸爸、妈妈、二妹和二妹夫也皈信了基督教。目前，壮族寨只有这家人坚持基督教信仰。有些村民也曾经去过教会，因难以理解基督教教义或受到外界压力而最终放弃了。这户已经皈信的家庭也面临着如何协调家庭关系、克服村寨压力等难题。

哈尼族基督徒迁入勐瑶乡之后，努力融入当地社会，与周围其他民族进行交往互动，同时将基督教信仰推销出去。周围其他民族抱持传统宗教观念，把基督教看成是墨江人的宗教，给基督教贴上了民族界限的标签，直到现在还有人认为耶稣是墨江人的神。哈尼族传道人却没有故步自封，既没有局限于本村寨，也没有拘泥于民族界限，而是以基督教的"大爱"跨越了传统社会结构的界限，在不同的民族村寨拓展"上帝的国度"。从社会融合的角度来看，各民族村寨依然保持着一定的社会距离，维护着各自的社会生存空间。各民族的传统信仰依然与社区结构"镶嵌"在一起，彰显着彼此之间的距离和界限。被外来移民携带而来的基督教信仰冲破村寨界限的束缚，"嵌入"多个社区之中，将不同社区的信徒"串联"在一起，打破了村寨之间的社会排斥，成为社会融合的新形式。

这边信仰基督教的多数是外来民族，农场的，还有农村的墨江寨，不是本地土生土长的民族。现在，我们感觉有些问题的是，他们已经把传教的手伸到了我们世居少数民族的队伍里面。比如我们世居的瑶族传统上信的是道教，现在有一部分被基督教吸纳到他们队伍里；当地的傣族也有信基督教的。这些（外来基督徒）跟当地老百姓的关系肯定做得好。如果做得不好，他们就不可能吸纳这些傣族、瑶族的信徒。这些基督教信徒是很认真的，对人也很和蔼。他们的传道员去发展一个信徒，要花很多心血。说句不好听的，他为了发展一个信徒，情愿背着干粮去帮人家劳动。这些传道员就有这样的信念。

（访谈人：民宗局工作人员、笔者，访谈地点：民宗局办公室，访谈时间：2014 年 4 月 3 日）

（二）教会内各民族信徒的合一

信仰恢复以后，信徒开始在张永贵家聚会。当时只有张永贵一家、哈尼族村寨的老年信徒和 3 位会帕村的信徒，人数不多，也相对稳定。1992 年之后，瑶族村寨的杨秀英一家皈信基督教，带动了一批瑶族信徒进入教会。会帕村的信徒也慢慢多起来。1997 年，张永贵和黄严三等几位信仰根基较深的信徒凑钱，在张永贵家房屋后边的山坡上建盖了一所小教堂。虽然当时已经有 20 多位信徒，但是信仰根基不深，还没有奉献意识，所以就没有动员信徒进行奉献。黄严三在会帕村开了一个商店，有一定的积蓄，一次就奉献了 500 元。这算是一笔很大的款项。当时在村寨里买一块宅基地才几十元钱。张永贵看到这么多钱非常吃惊，再三询问是奉献给教会的还是借给教会的。在这几位宗教领袖的信仰热情和积极奉献之下，逐步建立了教会的自组织系统，成为西双版纳州第一批注册教会。经过十几年的坚持和发展，教会已经扩展到八九个村寨，信徒发展到 100 多人。2011 年，勐瑶教会花 8 万元，买下了瑶族一寨的一座山头，并在其他教会的资助之下建起了一座二层教堂。云南省昭通市的基督徒出人出力来帮忙建盖教堂。教会传道人赵畅谈起建盖教会的经历时，还十分感恩这批远方"神的儿女"。"我们教会买下这片土地之后，一分钱都没有了，还欠债。我们认为要等一二十年，再建这个教堂。很奇妙，昭通那边的弟兄免费为我们建盖这个教堂。他们坐上车才给我打电话，说要来帮助我们建教堂。我们这边的弟兄没有什么准备，马上在边上盖了一个小小的房子，接待他们住下。"2012年3月，教堂主体建筑竣工。随后，信徒由老教堂搬入新教堂做礼拜。老教堂以3000元的价格卖给了张永贵的大儿子张曙光长老。张永贵老人在有生之年终于看到一座崭新的教堂，了却了人生一大愿望。2013年9月25日，张永贵老人去世，享年93岁。

图6-1　勐瑶教会老教堂（拍摄于2010年）

图6-2　勐瑶教会新建教堂

　　勐瑶教会在成立之初，就是一个多民族、跨村寨的教会，不同民族社区信徒的合一首先是同工的合一。第一代传道人张永贵和黄严三有着不同的信仰经历，一位具有哈尼族神召会背景，一位具有广东沿海的基督教背景，在一神信仰中走向合一。两位传道人着力培养张永贵的大儿子张曙光和瑶族信徒杨秀英，扶持他们走上侍奉的道路。张永贵外出传教时，就会带上这两位年轻信徒，使他们在侍奉实践中逐步成长。随着张永贵、黄严三渐渐老去，两位年轻信徒接过教会讲道、侍奉的职责，成长为教会第二代传道人。又经过十几年的发展，教会第三代传道人逐渐成长起来。这批年轻传道人不仅在教会听道、灵修，也经常到勐腊县城、景洪市接受培训，甚至到昆明读神学院。所以，这批传道人的神学知识更全面，神学造诣更深，眼界更宽阔。现在教会有 7 位传道人，3 位瑶族一寨村民、2 位哈尼寨村民和 2 位会帕村村民。教会成立了教堂管理小组，走上了规范化管理的道路。管理小组共 13 位同工，其中 5 位瑶族一寨村民、4 位哈尼寨村民、3 位会帕村村民和 1 位单位职工。张曙光按立了长老，担任管理小组组长。杨秀英按立了传道，同样担任管理小组组长。两人在信徒中享有较高的威望，掌握着教会最高管理权。特别交代一位会帕村的传道人赵畅。他妈妈就是最早跟随黄严三女儿一起皈信基督教的傣族信徒（后文称赵妈）。2005 年，赵畅皈信基督教，然后由教会推荐到昆明学习了一年神学。2007 年考上昆明神学院，系统学习了三年神学。2010 年毕业后，被选举为勐腊县全职侍奉同工。2011 年，接受曼嘎新堂差派，回到勐瑶教会侍奉。勐瑶教会的其他传道人和管理小组同工都属于兼职侍奉，不领取教会薪俸。赵畅由曼嘎新堂发给薪俸，参加曼嘎新堂组织的传道人培训，服从曼嘎新堂的福音事工安排。他在勐瑶教会做全职侍奉，担任教会管理小组秘书长。他成为曼嘎新堂与勐瑶教会交流合作的桥梁，也是教会发展的主要推动者。各民族社区的传道人和管理小组成员在教会内达到合一，也带动了各社区信徒的合一。

　　哈尼寨信徒重新找回了自己的信仰记忆，不存在神灵体系的转向问题，但在适应教会和神学思想的发展中，不断淡忘自身神召会的信仰背景。会帕村虽然是多民族村寨，却在集体生活中建构出一个共同的村寨守护神，视老户补过人的神灵为寨神，在村寨后山搭建了一座土地庙。勐瑶乡的瑶族属于蓝靛瑶支系，崇信道教和原始宗教。壮族侬人村的宗教信仰具有明显的叠合色彩，传承了壮族的天神崇拜、祖先崇拜和英雄崇拜，接受傣族的寨心和"帕雅"神信仰，跟会帕村一起祭拜补过人的土地庙。所以，四个民族社区的信徒不论是摒弃原有传统信仰，还是适应新的神学体系，都遵循着基督教一神信仰，追求教会内的合一。因为勐瑶教会是一个多民族教会，各民族传道人主要使用汉语讲道。但一些年纪大的瑶族信徒听不懂汉语，只能在礼拜结束后，再让瑶族传道人将讲道内容重新翻译给他们。瑶族一寨有三位传道人，其中两位能用瑶语讲道。教会每个主日礼拜安排两个传道人讲道。轮到这两位瑶族传道人讲道时，他们先用汉语讲，再用瑶族话翻译给这些老年瑶族信徒。虽然很多瑶族信徒懂汉语，但是要把汉语《圣经》翻译成瑶族话还存在很大困难。即使这两位已经信仰基督教十几年的瑶族传道人也很难用瑶语准确表达《圣经》的意思，只能笼统地讲一下大体意思。传统信仰与基督教的对接以及语言隔阂，成为教会实现各民族信徒信仰合一的最大难题。

　　勐瑶教会由家庭聚会点发展成为独立的教会，跨越了民族和村寨界限，吸纳不同民族村寨的信徒。各民族村寨的传道人已经成长起来，在教会内团结协作，组建了牧养团队和管理小组，实现了各村寨教会骨干的合一；通过聚会礼拜和听道赞美，实现了信徒在人际互动和宗教认同等方面的合一。勐瑶教会在组织架构、人员配备、信仰认同等方面保证各村寨、民族的信徒结成坚固的信仰共同体。

（三）教会的发展

勐瑶教会的神召会神学背景慢慢淡化。第一，全州基督教信仰进入后宗派时代，在相互交流和传道人的培训中，以景洪市为主的长老会和以勐腊县为中心的神召会之间的界限已不复存在，逐步实现全州神学体系的合一。这种合一体现在时代性和区域性上。①第二，从墨江县迁入的哈尼族信徒带有神召会背景，但是目前这部分哈尼族的基督教信仰开始衰落，瑶族、彝族信徒成为教会的主体。他们外出培训或外面的传道人进入此地传道牧养时，渐渐冲淡了神召会的信仰底色。这从根本上动摇了神召会的信仰根基。第三，作为教会"头羊"的宗教领袖张永贵本人并不拘束于神召会的信仰历史，积极接受新的信仰元素，鼓励年轻信徒成立活泼热烈的赞美团。目前，普洱市江城县的神召会还难以接受敬拜赞美，主要源于掌握教会权威的老年信徒的坚决反对。老年信徒是传统基督教信仰的守护者，保证了信仰基因在一个封闭群体中传承。墨江县哈尼族移民在融入新的社会环境的过程中，将基督教信仰植根于周围多个民族社区，形成多民族、跨社区教会，并适应信仰形势的变迁，推动教会信仰文化和组织形式的发展。

勐瑶教会很早就组建了诗班，现在又加入了敬拜赞美。张永贵思想比较开明，能接受敬拜赞美，鼓励年轻信徒走出去学习圣经和乐器。2005年，张永贵派赵畅去昆明学钢琴。当时，这个神学培训机构开设了钢琴班和圣经班。赵畅在培训机构老师的建议下改学《圣经》，他认为女信徒更适合学钢琴，而且当时教会更缺乏《圣经》方面的教

---

① 全州神学体系合一的同时，每个教会因讲道人的神学背景不同，也会表现出差异性。比如曼嘎老堂重视圣灵充满和讲方言；曼嘎新堂更具包容性和现代性。在勐腊县的墨江移民中，不仅有神召会的信徒，还有安息日会的信徒，两者在神学体系和礼拜仪式上差异较大，双方信徒很少来往。另外，西双版纳州因地处边疆，成为各种邪教异端教会的觊觎之地，"东方闪电""好消息""金牛教"等教派已经侵入本地，致使神学思想混杂。

导。在神学院学习期间，赵畅认识了一位学钢琴的女信徒，并结为伉俪。回到勐瑶教会之后，赵畅负责讲道，他妻子负责司琴。后来，他妻子因为怀孕，暂时停止了教会服侍。教会又选派杨秀英的弟媳去昆明学习钢琴，已经学成归来，参与司琴服侍一年多了。现在诗班已经步入正轨，而赞美团还处在发展阶段。赞美团有 12 名成员，多数为年轻信徒，包括吉他手、电子键盘手、领唱和领舞。教会还购置了一台架子鼓，但目前还没有人会演奏，只能闲置起来。教会正物色合适人选，差派出去学习架子鼓。

勐瑶教会恢复信仰已经 30 多年，只组织过两次圣诞节，从来没有组织过复活节。赵畅认为，教会很少组织基督教节日的原因在于以前老教堂比较狭窄，没有地方做饭，没有能力接待外部人员。现在，教会不仅建了新教堂，还在旁边建盖了厨房和浴室，有能力组织圣诞节和复活节等活动。赵畅是站在教会的角度，考虑教会基础设施能不能进行基督教节日。而笔者认为，教会没有组织基督教节日的原因在于基督教信仰脱离了社区支撑；教会又不具备足够的能力彰显自身的信仰文化。虽然哈尼寨把基督教带入勐瑶乡地方社会，但在经历信仰断代之后，再也没有恢复基督教节日，而是过春节。信徒分散在不同的民族社区，力量有限，而且在各自的社区备受排挤。教会没有足够的气魄组织自己的宗教节日，邀请周围的乡邻前来参加，难以形成彰显自我特色的文化氛围。所以，各民族社区的信徒只能安守本民族的传统节日。另外，教会建立 30 多年来都没有承办过基督教婚礼，也说明了教会在当地群众日常生活中的式微。

勐瑶教会形成了传道人团队和教会管理小组，却没有建立信徒组织。一般教会会将信徒分成几个小组，更利于信徒之间的交流和相互牧养。每周组织一次小组团契聚会，讲道、赞美、祷告，有助于信徒"灵命"的成长。勐瑶教会包括几个村寨的信徒。村寨之间有一定的距离。如果成立小组，也就意味着每个村寨的信徒聚合成一个小信仰群体。村寨信仰群体一方面有利于内部凝聚力的提升和灵命成长；另一方面，村寨信仰群体团结力度增强，提高了自我独立性，可能会影响教会的整体团结，导致教会分裂。勐瑶教会曾经发生过此类事情。张永贵在距离勐瑶教会较远的一些村寨发展了一批信徒，因为他们不方便到教会参加聚会礼拜，便建立了一个聚会点，由当地"灵命"较好的信徒带领礼拜，张永贵奔走于教会与聚会点进行巡回牧养。后来，张永贵日渐老迈，不能再去牧养，这个聚会点就从勐瑶教会分裂出去。这个事件对勐瑶教会的宗教领袖是一个抹不去的伤痛。所以，当赵畅申请在会帕村和依人村分别建立聚会点时，教会管理小组迟迟没能达成一致意见。经过几年的商讨，只批准了在会帕村建立聚会点。现在，赵畅组织会帕村信徒每周进行一次团契聚会，努力培植信徒的灵命根基。此外，聚会点已经在村旁买了一块土地，准备建盖聚会房屋。这个聚会点可能最终会走向独立。教会传道人团队和管理小组是一个聚合性组织，却没有一位强有力的宗教领袖将教会凝聚在一起。这使教会管理者陷入了两难境地，如果要增强教会牧养力度就要成立小组，但成立小组又会面临教会分裂的危险。赵畅从传教和牧养的角度，一直主张成立信徒小组。他不仅在勐瑶教会讲道，组织会帕村的团契聚会，还在另外两个教会做巡回讲道牧养。他对教会界限的认识，与其他固定在勐瑶教会的传道人是不同的。他将这种差异归结为其他同工、传道人思想封闭，缺乏管理远见，一直计划带同工去学习曼嘎新堂的管理模式。但是，他没有看到玉的牧师的威望和管理才干，是曼嘎新堂能够不拘一格吸纳传教精英、牧养 50 多个小组、保持教会合一的关键。

（四）教会的自立

教会起初在哈尼寨进行家庭聚会，后来又在哈尼寨买土地建盖了老教堂。在基督教信仰刚刚起步时期，瑶族一寨或会帕村对基督教有着强烈的排斥力。信徒是不可能在这些村寨内建立聚会点或者教堂的。教会首先在有着基督教信仰历史和氛围的哈尼寨建立据点，赢得生存和发展的"合法性"空间，再逐步向周围村寨扩展，最终超越了哈尼寨的界限，甚至脱离了哈尼寨。建盖教堂时，哈尼寨既没有向教会免费提供土地，也没有提供资金支持。新教堂建好之后，教会把老教堂以 3000 元卖给张曙光，说明哈尼寨对教堂没有所有权和处置权。现在，哈尼寨的村委会主任和普通村民都不认为勐瑶教会是属于村寨的，甚至有村民认为这个教会已经是瑶族的了。随着哈尼寨老人的渐渐离世，没有多少哈尼寨村民参加教会活动了。而瑶族信徒逐渐成为教会的主体。

教会的经济来源主要依靠信徒奉献。农村信徒收入较少，而且农村以家庭收入为主，个人难以获得独立的经济地位。尤其是夫妻只有一方信基督教，即使信徒有很强的奉献意识，也很难进行奉献。因为奉献必定会带来家庭内部矛盾，进而造成教会信仰氛围的恶化。另外，由于基督教知识的匮乏，信徒也缺乏奉献意识。在二十多年的信仰生活中，信徒从来没有进行过奉献。赵畅学习神学回来之后，第一次在教会讲奉献，引起信徒不小的震动。此后，信徒慢慢有了奉献意识，教会每月开一次奉献箱，从几十元到一二百元；后来改成一周开一次奉献箱。这样积累到 2010 年，教会才有财力建盖新教堂。新教堂建好以后，张曙光负责看守教会。教会管理小组商议，每月给他800 元。但教会奉献资金不足，难以兑现这部分费用，已经拖欠他半年的工资。赵畅是教会唯一全职侍奉的传道人，纳入曼嘎新堂福音事工的整体规划，由曼嘎新堂发给薪俸。总结而言，勐瑶教会自建立之初就没有与任何社区存在"供养关系"，虽然没有足够的资金来源，却以同工们甘心乐意的侍奉，走在教会自力更生的道路上。

教会领袖独自管理教会事务，并不受哈尼寨或其他几个村寨的村委会主任等世俗权威的干预。起初，信徒自发形成一个聚会小团体，没有规范的组织系统和管理权威。张永贵和黄严三以虔诚的信仰和无私的奉献，将信徒凝聚在一起，形成了人格魅力型宗教权威。张永贵培养、扶持张曙光、杨秀英参与教会服侍，并得到信徒的认可，完成了传道人的梯队建设。教会初具规模，开始步入正规化运作。随着赵畅等年轻一代逐渐成长起来，教会在神学思想、礼拜仪式、管理模式等方面面临新的挑战，最终成立了传道人团队和教会管理小组，实行轮流讲道和合议制。这种管理方式不仅团结了各个村寨的信徒和传道人，而且提升了教会自我管理水平和主体意识。

在传教方面，勐瑶教会经历了三代传道人的起伏波折。1982 年恢复信仰自由时，张永贵已经六十多岁，他不畏艰难、坚持不懈，在周围村寨撒播下了信仰的种子。赵畅说，勐瑶教会"真正传福音的是已经去世的老长老。老长老很吃苦，以前我还小，但印象特别深刻。他拄着拐杖去我们寨子，当时还没有通公路，要绕很多条小河。每个星期都能在我家见到他。那个时候只有我妈和另一个姊妹信耶稣，他就去牧养、鼓励。他下来之后，就没有人传福音了。福音是他那个时候传下来的，结的果子也都是那个时候的"。因为信徒主要是女性，村寨的人就侮辱、中伤张永贵。因为周围村寨的村民都不是天然的基督徒，也激发了张永贵等第一代传道人的传教热情，突破民族、村寨界限，独立自主地传教。

以张曙光和杨秀英为代表的第二代传道人没有走出去传道，只是坚持教会牧养，培植信徒的"灵命"成长。但在信仰实践中，信徒以自己的行动向周围的近邻亲戚传教，或因结婚将配偶带进教会。在农村，多数人不识字，很难听懂圣经内容，"口传"没有太大效果。周围村民更看重基督徒因信教在生活习惯、行为方式等方面的改变，基督徒生命的改变和模范作用对传教更有影响力。杨秀英一家在瑶族一寨、赵畅一家在会帕村，都以基督徒的善行带动了一批村民皈信基督教。杨秀英的丈夫和她三个弟弟的媳妇都皈信了基督教，通过家庭内部的社会化过程，壮大了基督教的队伍。传道人反思这十几年没有传教的原因。张曙光长老认为，"那个时代没有年轻的，都是老人，没有多少文化"。杨秀英的大弟弟杨大荣已经成长为传道人，他认为，"因为我们瑶族信主的时间比较短，耶稣是信了，但是都不知道基督教到底是怎么样的。后面基督教慢慢复兴起来，通过培训才知道这些真理。另外，也没有那么多精力，都是农民，要种地，讨生活"。赵畅说："起初，没有人愿意站起来，没有信心像第一任长老那样去传福音。因为同工不是全职侍奉，有时间才出来做做。教会又没有给他们什么待遇，不好安排他们太多事工。虽然教会有一个长老、一个主管，他们不会随便吩咐同工去做什么。长老的权柄使用不上，起不到监督作用。"总结而言，这个阶段没有传福音的原因主要集中在人才匮乏、神学知识不足、没有经济支撑以及管理不力等方面。

> 我爸爸以前是我们瑶族的白姆，会做那些叫魂、赶鬼的事情。我爸爸当了白姆，还来信耶稣，所以很多人感觉很惊讶，就过来看看。但是现在男的来得很少，因为戒不了酒，就不来了。我们寨子都是亲戚朋友，就更容易信。我信主十几年了，但是一个信徒都没有传过来，都是他们自己来的。我们只是过来做礼拜，最要紧的是自己在行为、语言上要小心，（让他们）看到我们信徒的榜样。我不信主之前，是很坏的一个人，信主以后，我的思想、做法，整个人都改变了，对周围的人有影响。他们自动就过来了。所以不是我们传的，是上帝借着我们的行为来传福音。
>
> （访谈人：杨大荣、笔者，访谈地点：勐瑶教会食堂，访谈时间：2014年4月5日）

　　第三代传道人成长起来之后，重新启动了福音事工。同时，曼嘎新堂与勐瑶教会在福音事工上实现了对接。曼嘎新堂不仅差派了当地传道人赵畅，还专门安排办公室主任李老师负责勐瑶教会的福音事工。目前，教会将瑶族作为福音事工的重点。因为这个乡镇以瑶族人口为主；教会所在的村委会有 12 个村寨，其中 9 个是瑶族村寨，并且 5 个瑶族村寨存在基督教信仰。赵畅跟两位瑶族传道人借助亲戚关系进入瑶族村寨，成功开拓了一个传教点。这个传教点有 8 名村民接受了福音，但还没有进行聚会、礼拜。传道人用瑶族话向瑶族村民传教，以《旧约·创世记》的内容结合瑶族民间神话故事，寻找基督教文化与瑶族文化的契合点。教会在聚会礼拜时也关注对慕道友基督教知识的灌输，一般会由赵畅进行陪堂，向慕道友讲解《圣经》知识，培固了传教成果。

　　相对于地方社区，勐瑶教会拥有"自养、自治、自传"的"自立"地位。勐瑶教会不依附于村寨社区的供养，也不受制于社区权威，却超越了村寨社区之间的界限区隔。教会在不同村寨社区吸纳各民族信徒，破除原有地方社会的结构限制；在教会内以上帝的启示实现了不同民族、社区信徒的合一；教会在发展中不受自我信仰背景的束缚，积极吸纳新的敬拜形式，有意识地彰显自我文化特色，探寻"发展"与"合一"的最佳平衡点；由自发聚会时的"卡里斯玛"型的权威管理，发展到传道人团队和管理小组的"合议制"管理，完善了教会自我运行模式。勐瑶教会"横跨"在几个民族社区之上，从村寨吸纳信徒，壮大组织力量，又为生活于村寨内的信徒提供信仰养料和社会支持。教会在与各个村寨的交往互动中，表现出不同的"镶嵌"关系。这些差异主要与各民族社区的组织结构有关。

二　教会与哈尼族社区

哈尼寨是从普洱市墨江县搬迁来的，在逐步融入当地社会的过程中，消除了周围村寨的排斥界限，与之进行着通婚等频繁的社会互动，形成了连为一体的地域认同。哈尼寨的基督教信仰在受排挤时被周围民族称为"墨江人"的宗教，成为群体区隔的标签；在社会融合过程中又成为与周围瑶族一寨、会帕村的信徒交流互动的"管道"。目前，全村有 26 户，共 91 人，其中汉族 9 人、哈尼族 72 人、彝族 6 人、瑶族 4 人。哈尼寨移民是当地基督教文化的撒播者，却在经历人口流动、社会变迁中丢失了基督教信仰。自 1971 年迁入西双版纳地区之后，基督教始终没能成为哈尼寨集体性文化符号，却慢慢从村寨生活中消退。

（一）哈尼族的社会融入

哈尼寨属于哈尼族碧约支系，在迁入西双版纳地区之前，其村寨边界受到地主经济的冲击，社会结构由村寨集体收缩为以个体家庭为主。韩军学认为，墨江等内地哈尼族受到汉族移民和国家政权的影响，在明末清初开始逐渐步入封建地主经济阶段，土地家庭所有制取代了村寨集体所有制；受其影响，这些地区的哈尼族除了对龙树神和寨神还维持村寨集体祭祀之外，其他宗教活动都以家庭祭祀为主；村寨集体经济和宗教文化对村民生活和行为的控制力度降低，成为基督教成功传入哈尼族的主要原因。① 哈尼寨携带基督教信仰融入西双版纳地方社会，但是与当地世居哈尼族雅尼支系（又称"阿卡"）在社会结构、宗教信仰等方面存在很大差异，在日常交往和民族认同上也

---

① 参见韩军学《基督教与云南少数民族》，云南人民出版社 2000 年版，第 98—105 页。

有隔阂。哈尼族雅尼支系在1949年之前保持了相对完好的村社组织，遵从"寨老"和老人集团的权威，重视村寨集体祭祀的"寨神"，直到现在还保持着对基督教的"免疫力"。由于频繁的民族通婚，哈尼寨的民族成分逐渐复杂起来，进一步打破了哈尼族传统组织结构。村寨既没有"寨老"，也没有团结的家族组织，难以维持村寨文化的传承。

墨江县哈尼族碧约支系延续了"十月年""昂玛突"和"库扎扎"等哈尼族传统节日，并接受了春节、端午节和中秋节等汉族传统节日。哈尼寨迁入西双版纳后，远离本民族的文化土壤，逐步淡忘了本民族的传统节日；又因为与本地世居哈尼族雅尼支系存在隔阂，也没有共享雅尼支系的"嘎汤帕节"和"耶苦扎节"等传统节日。虽然在墨江老家就接受了基督教信仰，但由于1949年以后信仰中断了二三十年，年轻一代并没有受过基督教文化的熏陶。即使在信仰自由恢复后，只有部分老人还储存着基督教信仰的记忆。年轻人对此信仰表现冷漠，没能在村寨层面上恢复基督教信仰氛围，也没有恢复圣诞节和复活节等宗教节日。哈尼族村民与进入村寨的瑶族、彝族、汉族村民一同过春节、清明节和中秋节等汉族传统节日。

哈尼寨并没有丢弃村民在重大事务上互助扶持的地域传统。[①] 村民举行婚礼，全村人都会来帮忙做饭。因为哈尼寨更注重交往中的礼尚往来，在婚礼上能宴请到比周围瑶族、壮族村寨更多的宾客，一般要摆100多桌。从这一点说明，哈尼寨已经完全融入了当地社会，营造了和谐的生存空间。村寨多数老人都信教，去世后需要请教会以基督教仪式送葬。其他村寨的基督徒举行基督教仪式的葬礼都会遇到家庭或村寨不同程度的逼迫和"争战"。在哈尼寨，死者家属会主动邀请教会来帮忙。村寨对基督教信仰和葬礼持完全宽容的态度。教会要看死者是否是基督徒，生前是否参与教会聚会礼拜。如果死者并非基督

---

① 在笔者调研的西双版纳地区所有村寨都盛行在建房、葬礼、婚礼等重大事务上（尤其是葬礼）互助扶持的传统。

徒，教会就会拒绝为其组织基督教丧葬仪式。如果组织基督教葬礼，其他村寨信徒也会参加送葬，为死者祷告、读经、赞美。如果为普通村民举行葬礼，家属会出钱请本民族专门从事丧葬仪式的人来哭唱。在旁边村委会，一个从墨江县搬迁来的哈尼族碧约支系村寨组建了一个送葬乐队，专门从事本民族的丧葬活动。虽然不同民族村寨交错杂居，交往频繁，社会融合程度较高，但彼此都保留着各自送灵安魂的仪式。不论是按基督教仪式还是按民族传统仪式，每家至少出一名男人参与送葬，帮忙守灵、做饭、抬棺材。如果是基督徒的葬礼，其他村寨的男性信徒也会参加抬棺材。死者归属的村寨纽带和教会纽带最终象征性地联结在一根抬棺材的木棍上，将死者送到最后的归属地。哈尼寨没有集体墓地，每家在自家山林选择墓地，再次呈现了以家庭为单位的经济形式。

张曙光：这几天准备点丧葬，一个老信徒可能快要不行了。他老婆说，按照我们基督教的方式来葬。

赵畅：随时做准备，因为我们（信徒）老年人太多了。什么时候来也不知道。

张曙光：让诗班好好练几首赞美诗。这个也是我们传福音的机会。

（访谈参与人：张曙光长老、赵畅、杨秀英的大弟、笔者，地点：勐瑶教会宿舍，时间：2014 年 6 月 9 日晚上）

由于哈尼寨的迁移和信仰断代，在时间和空间上隔断了民族文化和宗教文化的传承性。加之，传统村寨结构的涣散和其他民族成员的大量进入致使文化传承失去了社会结构的支撑。哈尼寨遗忘了本民族传统节日，难以恢复基督教宗教节日，只能接受更为普遍化的中国传统节日。这体现了哈尼族移民面对时空变迁，不断适应新的社会环境，建构自我文化身份。在葬礼上，基督教仪式和传统仪式并行不悖，却界限分明；而村寨对两种信仰文化持有足够的包容力，每家出一位男性劳力帮忙送葬。所以，哈尼寨的集体文化在承继性和统一性上出现了断裂，但村寨发挥主观能动性，适应新形势，建构新的文化认同，维持了村寨的集体团结。

（二）基督教信仰的衰落与传统信仰的回归

1949 年之前，英国、丹麦神召会和美国安息日会已经进入墨江县哈尼族地区，以办学、医病、翻译等方式传教，发展大量碧约、卡多和西摩洛等支系的基督徒。1958 年之后，宗教信仰一度中断，墨江地区的基督教信仰也被迫停止。1971 年前后，大量墨江县农民迁入西双版纳州勐腊县，支援边疆建设，其中包括一定数量的基督徒。1982 年，这部分基督徒移民开始恢复信仰，向外传教，将基督教信仰植根于新的家园。哈尼寨是其中的一个移民村寨。以张永贵为代表的老一代基督徒重新唤起了村寨的信仰记忆。但是由于信仰断代和本来就脆弱的传统村寨结构，致使基督教难以上升为村寨的整体信仰。多数家庭的老人都恢复了信仰，以及年轻一代对村寨信仰历史的了解，培养了村寨对基督教的宽容度。在基督教中断时期，部分家庭悄无声息地恢复了祖先崇拜和鬼魂信仰，与迁入的彝族、汉族和瑶族的祖先崇拜和鬼魂体系叠合在一起。传统信仰只恢复了家庭层面的祖先崇拜，并没有继续扩展到村寨层面的龙树神和寨神祭祀。随着老一代基督徒渐渐离去，哈尼寨的基督教信仰慢慢走向衰落，曾经的福音散播者，最终将信仰的"权柄"转交给当地瑶族、彝族等世居民族。

张永贵等老人在恢复基督教信仰时，并没有通过老人集团等传统权威来决定村寨信仰的集体转向。张永贵以传道人的身份将老人基督徒聚拢在自己家里进行礼拜，并积极向其他民族村寨传福音。在他的宗教视野里，信仰已经超越了村寨界限、民族界限，不再以先赋性的民族、村寨身份来划定信仰身份。所以，张永贵等第一代基督徒并没有执着于哈尼寨全体村民的信仰恢复。另外，张永贵等人也根本没有足够的权威来左右村民的信仰选择。在这样的信仰环境下，村民拥有较为自由的信仰选择能力。即使家里的老人信仰基督教，年轻一代也完全不受其影响。目前哈尼寨只有 10 名左右的信徒参加聚会，从参加主日学的儿童到六七十岁的老人，年龄分布相对均匀。村寨只有张永贵的两个儿子全家信教，其他家庭只有零星的一两位信徒。张永贵的大儿子张曙光是教会的主要负责人，经历了教会 30 多年的发展历程，培固了家人的信仰根基，成为支撑村寨基督教信仰的骨干力量。他的大女儿接受了神学院的正统培训，成为专职传道人，远嫁贵州。小女儿嫁在本村，参与教会诗班服侍。两个外孙参加教会主日学。张曙光长老对哈尼寨基督教信仰如此评论：

> 1982 年以后，我们寨子的老信徒会来我家聚会，等他们去世以后，他们的儿女就不信了。等老人死的时候，来叫我们。因为这些老人是信耶稣的，就按基督教的礼仪安葬。新教堂刚建起来的时候，我们去叫寨子里的小孩来上主日学，来几个星期。他们的大人不愿意让他们来，怕影响他们的学习。

> （访谈参与人：张曙光、赵畅、杨大荣、杨大荣的二弟、笔者，地点：勐瑶教会宿舍，时间：2014 年 6 月 8 日晚上）

哈尼寨基督教信仰的衰落成为不可扭转的事实。在传道人的配备上，哈尼族只有张曙光兄弟二人，都已六七十岁，没有年轻人"站立起来"。而瑶族一寨和会帕村的 5 位传道人都在三四十岁左右，年富力强，有一定的文化知识和宗教知识，有更强的传教开拓精神。瑶族一寨和会帕村的基督徒人数远远超过了哈尼寨。部分哈尼寨村民声称信仰基督教，却很少参加教会礼拜，认同基督徒身份，却没有基督教的信仰根基。2010 年笔者曾经访谈了哈尼寨的村委会主任。他说，村民都信仰基督教，自己也是基督徒。2014 年 12 月，笔者委托当地政府的文化干事再去访谈这位村委会主任，他依然声称村民都信仰基督教，过圣诞节。这位村委会主任却从来没有去过教堂，也没有读过

《圣经》。哈尼寨老年信徒去世时，主要是瑶族一寨和会帕村的基督徒来为其祷告、赞美、读经，将其送入天国。一些村民正是看重基督教的临终关怀，才声称自己的基督徒身份。教会曾经拒绝为这些"搭便车"的村民举行基督教丧葬仪式。

　　墨江的哈尼族在老家的时候就信了，是他们带过来的福音。但是这些哈尼族信的越来越少了，他们衰落了，可能跟我们的同工有一些关系吧！很多同工没有用爱心去对待这些信徒，在村寨当中，在灵受中，也起不到光和盐的作用，没有活出信仰。该发火的时候也发火，不该发火的也发火，有些时候会给别人论断的机会啊！那些软弱的弟兄也容易跌倒，现在很难再去劝勉他们，要说信仰他们懂，要说道理他们也听过，但常常不来聚会，高兴的时候来一下，现在坚持聚会的只有9个人。

　　（访谈人：赵畅、笔者，访谈地点：勐瑶教会宿舍，访谈时间：2014年4月5日晚上）

哈尼寨在墨江老家时就已经停止基督教信仰，传统的祖先崇拜和鬼神信仰乘虚而入，重新夺回了部分信仰阵地。一些家庭在家里设祖先神位，定期献饭、祭拜。哈尼寨普通村民在举行葬礼时，就会邀请专门从事传统葬礼的人来哭唱，给死者献饭、磕头跪拜、烧纸钱等；清明节上坟，烧纸钱、磕头。从外面嫁入的其他民族成员也助推了祖先崇拜和鬼神信仰。哈尼寨村民存在逐步回归传统信仰的趋势。张曙光长老跟曼嘎村的基督徒一样矢口否认村民回归传统信仰、跪拜偶像。他说："现在我们哈尼寨，不信鬼，也不信神，他过他的日子。"

（三）教会与村寨"脱嵌"

墨江哈尼族碧约支系受到封建地主经济的影响，村社组织解体，家庭成为基本组织单位，导致基督教的迅速传播。哈尼寨基督教信仰的中断和地域性迁移，既丢失了哈尼寨传统节日，也遗忘了圣诞节等基督教节日，只能共享春节、中秋节等中国传统节日。由于村寨内存在基督教信仰和传统信仰，村民以两种截然不同的仪式送葬。村寨文化在历史性和共享性上的断裂并没有影响村民的集体归属感和团结互助。随着老年基督徒的离去，哈尼寨的基督教信仰走向衰落，信仰重心转向了当地世居民族村寨。哈尼寨在建教堂时既没有出钱，也没有出地，更没有投工投劳。老教堂是购买哈尼寨的土地建盖的，而新教堂却购买瑶族一寨的山地建盖，并不受村寨边界的限制。但村委会主任声称哈尼寨与教堂有着紧密关系，因为张曙光等哈尼寨村民也参与了教堂的建盖。他如此强调村寨与教会的关系，是因为需要教会为村民提供临终关怀服务。在两者的关系上，不是村寨权威掌控教会，而是村寨依赖教会的服务。教会与哈尼寨"脱嵌"，获得自主地位。

三　教会与瑶族社区

1965 年，瑶族一寨跟随政府从山区搬迁到平坝，耕种傣族遗留下来的土地，结束了刀耕火种的游耕历史。村寨保留了瑶族的传统组织结构和宗教文化。寨老集团和家族组织依然是村寨的基本设置；集体性的"度戒"仪式和"盘王节"成为村寨民族特色的基本象征。浓厚的宗教信仰不仅有拯救、凝聚村民的功能，更因根深蒂固的价值评判标准成为控制、排斥"异类"村民的工具。正是借助传统信仰拯救能力的失效和严酷的排挤威力，基督教传入瑶族村寨。另外，其他民族通过民族通婚进入村寨，将异质文化带入瑶族文化圈，其中就包括基督教文化。瑶族一寨有 58 户，共 311 人，其中汉族 11 人，瑶族 288 人，傣族 1 人，哈尼族 1 人；有 16 个基督教家庭，其中 5 户全家信教，共有

41位基督徒。在人员流动和文化传播中，瑶族传统信仰与基督教在村寨内相遇，由起初的斗争、排挤逐步发展为妥协、共存。瑶族一寨的传统信仰依然浓厚，每年过"盘王节"，定期组织男青年"度戒"；它也是当地基督徒最多的村寨，成为两种宗教和谐共存的典型村寨。

（一）村寨边界

瑶族作为世居民族，在西双版纳传统政治、经济和文化环境下形成了强固的"耦合式"村社组织。秦和平认为，山区民族的游耕半游耕经济方式导致村寨规模小、组织结构不完善、文化维持力降低，缺乏对外来文化强有力的抵制作用，成为基督教在这些民族传播的社会原因。① 韩军学认为，封建经济制度对少数民族社会结构的冲击，以及自身文化发展的完备对基督教传播有重要影响。在土司制度之下，各民族在互动过程中形成了生态、地域、生产方式、生活方式和宗教文化的边界，并以村寨社区作为民族生存的组织载体。各民族的社会结构既很少受到封建经济制度的冲击，也罕见外来文化的侵扰，成为传统社会时期基督教难以染指西双版纳各少数民族社会的关键原因。瑶族一寨继承了本民族的传统组织结构，并与现代村民自治制度相结合，维持了村寨内部的团结统一和对外排斥力。"寨老制"和家族意识的传承、"盘王"民族神崇拜和道教"度戒"的有机融合、以"扫寨"赶鬼保持家庭和村寨的"洁净"、村寨集体墓地和互助传统，共同支撑着瑶族村寨的"集体表象"。

（二）基督教在村寨内的排斥与融合

从哈尼寨来上门的女婿首先将基督教信仰带入瑶族一寨。然后，杨秀英一家皈信基督教，夯实了基督教信仰在村寨的根基。历经二

---

① 参见秦和平《基督宗教在西南民族地区的传播史》，四川民族出版社2003年版，第5—8页。

十多年的信仰，杨秀英姐弟五人都已经成家。除小妹外嫁其他村寨，放弃了基督教信仰，杨秀英招了一位汉族上门姑爷，三个弟弟娶了外村的瑶族姑娘，全部皈信了基督教，建立了四个基督教家庭。杨秀英和大弟杨大荣是教会的传道人；二弟是教会的堂务管理人员；二弟媳是教会的司琴。杨秀英一家成为瑶族一寨基督教信仰的"脊梁"，也承受着来自村寨权威的逼迫和压力。在葬礼等村寨日常互动中，两个信仰群体展开了斗争、逼迫、隔离、互助、妥协、共处的适应过程。杨秀英一家与传统信仰权威的关系调试成为瑶族基督徒处理与村寨关系的"标杆"，反映了基督教与瑶族地方社会互动的变迁趋势。

1. 村寨的逼迫力量

瑶族一寨对基督徒的排斥逼迫主要体现在世俗和神圣两个层面，而且两个层面互为表里，因果相连。村委会和村委会主任既是国家权威在地方社会的"代理"，又是村寨传统权威的"传话筒"，成为"大传统"和"小传统"的结合点和沟通桥梁。杨秀英一家皈信基督教之后，村委会专门召开几次会议研究商讨，并召集村民大会进行批斗，准备将杨秀英一家赶出村寨。当时，勐腊县的一位领导在村委会挂职，制止了村委会和村民的过激行为。杨大荣是这样回忆的，"县上的一个领导来参加这个会议，说，'人家信这个东西不是做坏事，你们怎么能这样对待人家？现在国家信仰自由，你们千万不能这样做'。后面他们就不敢说了"。村委会和村委会主任等现代世俗权威受到国家法律法规的限制，停止了对基督徒的逼迫排挤。而"寨老"和道公"白姆"开始在日常生活中孤立、排挤杨秀英一家。"寨老"是村寨世俗权威和神圣权威的结合体，既处理村寨对内对外的世俗事务，还组织赶鬼、"扫寨"和青年男子"度戒"仪式。蓝靛瑶保持着原始社会的"丛会"民主管理制度，每年二月初二每家派一名男子参加吃丛，选举寨老，商讨"社约"、祭祀神灵等。尤其在土司统治下的西双版纳，瑶族保持了完好的村社组织，延续了寨老的神圣与世俗权威。[①]
寨老之下，又选举一些德高望重的老人和道公辅佐寨老管理村寨事
务，形成体系完备的寨老制。随着国家政治、经济、文化体制充盈于
边疆民族地区，地方社会"小传统"受到国家"大传统"的监督和限
制，瑶族等少数民族村社制度下的"寨老"逐步失去了往昔"说一不
二"的绝对权威。"寨老"和"白姆"的排挤并不能伤及基督徒在村
寨内的基本生存空间，难以保证村寨内瑶族传统信仰的一致性和单一
性，只能接受两种信仰共处一个社区的现实。杨秀英曾经向村寨的寨
老传过福音。虽然寨老拒绝接受，但对基督教已经抱持包容态度。杨
秀英说："我信了以后，回去传给我那个大叔。他是寨老，是搞迷信
最厉害的一个。他就说，'老了，都要死的人了，你们各走各的路吧，
我们也没反对你们，你们走你们自己的路'。"杨大荣也认为"寨老"
权威已经衰减：

> 寨老就是搞封建迷信的老大。寨子里发生什么事情，都要通
> 过寨老。寨老按照传统风俗去拜那个神，问那个神是什么事情，
> 所以魔鬼就通过他来管理村寨。一个寨子有一个寨老，下面有很
> 多助手。现代人的聪明智慧兴旺起来了。寨老做以前的封建迷信
> 没有用处了。以前寨老说话算话，一是一，二是二；现在寨老说
> 的是好事情，做的是坏事情。人人都能看到，所以没有人听了。
> 现在是以队长为主。

> 以前，医疗水平没有现在这么发达，生活条件也不好，生病
> 的时候很少有钱去医院，就请寨老来搞那个迷信，要杀鸡给他
> 吃，如果要搞大的，还要杀猪给他吃。如果信奉了耶稣，他就得
> 不到这些利益了。所以他们肯定要逼迫你，让你回到原来的信
> 仰，有什么事情还要通过他，好像要把他当作神一样。因为寨老

---

① 参见徐祖祥《瑶族文化史》，云南民族出版社 2001 年版，第 89—94 页。

本身就是服侍魔鬼的仆人。我们从耶稣那里得了生命，逃脱了魔鬼的网罗，也逃脱了寨老的掌权。现在还是有一些小的攻击，但是，他们不敢明确地这样对我们说。因为我们国家宗教信仰自由。

（访谈参与人：张曙光、赵畅、杨大荣、杨大荣的二弟、笔者，地点：勐瑶教会宿舍，时间：2014 年 6 月 8 日晚上）

瑶族有浓厚的祖先崇拜氛围，老人去世之后，子女负有供奉父母神灵的义务，一连供奉三年。在举行"烧灵"仪式之后，进入祖先神灵序列，跟祖先一同接受子孙的祭拜。基督教反对跪拜偶像和鬼魂信仰，进而禁止基督徒为父母设立灵位、祭拜、献饭。持守传统信仰的老人惧怕死后无人祭拜，断了祖先延续下来的"香火"，坚决抵制子女皈信基督教。一位女信徒讲述了她母亲对清明节烧纸钱的顾虑。这位信徒在没有信教之前，每年清明节跟母亲一起折纸钱，烧给已故的父亲。信教之后，她不再帮母亲做这些事情。她母亲担心死后没有人给她烧纸钱，在彼岸世界会受苦。这位信徒说，会在清明节为母亲献花。她母亲感叹一句："那些花，我又收不到！"基督教信仰强调在上帝面前合一的弟兄姊妹、夫妻等横向关系；而中国传统信仰更重视在祖先"福荫"之下传宗接代、延续香火的纵向关系。正是东西方信仰意识的差异与社会结构的关联致使基督教中国化、地域适应陷入社会排斥的困境。杨大荣认为，瑶族祖先崇拜和鬼魂信仰"就是魔鬼挟制老人，让老人把这个传统传给子孙后代，一直供养魔鬼"。

在瑶族传统中，只有度过戒的男子才能参与村寨、家族事务。"度戒"成为瑶族男子的成年礼，更是传承瑶族文化的主要途径。每位度戒者要请三位师父①，并终生维持师承关系，强化了文化传承的

---

① 大师父是主师父，为证戒师父；二师父为引教师父，三师父为保见师父，此两位是副师父，起辅助作用。

组织结构。有时，几个村寨共同组织度戒仪式，以民族宗教加固了区域认同和社会互动。在寨老、道公的指导下，度戒男子要学习宗教经典、戒律、民族历史和家族历史等。男子度戒成功，不仅学习了一定的宗教知识，更获得了一种社会身份。所以，"度戒"是维护瑶族传统文化和社会结构的基本途径，也是抵制基督教传播的有力屏障。2013年"盘王节"期间，瑶族一寨为5位男孩组织了度戒仪式。瑶族传统信仰在村寨内依然保持着旺盛的生命力。

村委会、村委会主任等现代世俗权威和"寨老""白姆"等传统权威对基督教异文化的传入具有整体排斥力，但受到国家体制的限制和削弱，难以从根本上将基督教驱逐出村寨。老人的传统宗教意识和瑶族男子的"度戒"成为延续传统信仰，抵制基督教肆意蔓延的重要力量或方式。在这种情况下，传统信仰既不能将基督教排斥出村寨，而基督教也不能"淹没"传统信仰，从而导致在一个村寨局域内两种宗教信仰并立共存。

图 6-3 瑶族度戒（请师父）①

① 照片拍摄于 2010 年。从社会网络的视角看瑶族"度戒"，图 6-3 中，度戒者的父亲为儿子请师父，但师父的师父也必须在场，这样就形成血缘、师承关系的交结，照片中间是孩子的父亲，右边是孩子的师父，左边是孩子师父的师父。

图6-4　瑶族度戒（师父的师父卜卦）①

图6-5　瑶族度戒（寨老训话）②

图6-6　瑶族度戒（家长陪同）③

---

　　① 图6-4中，在孩子的师父家，由师父的师父向家神献祭、跪拜、卜卦，征得的神同意，师父能跪拜徒弟的家神，说明师徒供奉同一个家神，家神又将存在师承关系的家庭串联在一起。

　　② 图6-5中，"寨老"对度戒者进行训诫，说明血缘关系、师承关系、神圣序列都要归结到村寨的地缘关系上。

　　③ 图6-6中，度戒者的父母、师父都一直陪同，进一步显示各种关系叠加在一起强化了村寨的凝聚力。

2. 葬礼上的逼迫与融合

瑶族传统宗教和基督教对于鬼魂信仰和偶像崇拜的分歧集中体现在村寨葬礼上。瑶族一寨尽管存在两种信仰的排斥、争斗，却仍然继承了村民在婚礼、建房、葬礼等重大事情上互助帮扶的优良传统，维持了村寨的集体团结。瑶族一寨拥有集体墓地，每家都要派人参与守灵、送葬，以火葬为主，骨灰收集到陶罐里，埋入墓地。徐祖祥认为火葬和埋陶罐的结合是受瑶族社会由游耕转向定居发展历史的影响。[①] 由于鬼神信仰的差异，持两种信仰的村民在对方葬礼上都抱持谨慎、回避的态度。尤其是基督徒村民的葬礼，因为不请道公举行开路送魂等传统仪式，引起"寨老"和村民的恐慌。村民不敢帮死者家属来守灵，也不敢抬死者，不帮忙砍柴。因为害怕死者的魂魄遗留在送葬的道路上，"寨老"禁止基督徒抬死者从村寨内穿行。而基督徒因为反对鬼魂信仰和偶像崇拜，也不参与传统信仰者的跪拜、抬死者等活动。经过 20 多年的社会融合，双方加深了解，又慢慢拉近彼此的距离。杨秀英家经历了三次葬礼，从最初的无人问津、处处责难，到后来村民前来帮忙守灵、做饭、砍柴，因信仰造成的村寨裂痕开始修复。

　　张曙光：以前，他们家刚刚来信耶稣，他舅舅死了，他们寨子的人不帮忙来抬。

　　杨大荣：因为基督教到这个地方没有多长时间，人人没有看到过这样的形势，都害怕做不好，使他的灵魂被魔鬼拉走了。所以，第一个、第二个、第三个人（基督徒）死的时候，人人都会在旁边看着。我舅舅是第一个死的，只有我们几个基督徒来帮忙。我们寨子没有人来帮忙看。你好心来我家看了一下，又被别人说，"你怎么敢来啊，不怕魔鬼搞你吗"，你就害怕，不敢来

－－－－－－－－－－
① 参见徐祖祥《瑶族文化史》，云南民族出版社 2001 年版，第 213 页。

了。我们瑶族人死的时候，要用木柴堆起来烧。（村民）也不来帮忙砍柴。那个时候我们信耶稣的弟兄姊妹全部去搞柴火，烧我舅舅。寨子的人还取笑我们说，他们从来没有见过妇女帮死人砍柴火的。

张曙光：他舅舅是第一个去世的瑶族信徒。教会里弟兄姊妹去帮忙的有我们寨子的哈尼族、会帕的那位汉族信徒、赵畅的妈妈。

杨大荣：我们村寨里人死了，路怎么方便就怎么抬。可是我舅舅死的时候，不是这么简单。我舅舅家在村寨的上头，抬出去的时候，本来应该是从寨子的中间过去。但是寨老不让我们经过，要我们绕着寨子过去。寨子旁边没有路，只能走田地，特别艰难。那个时候，神也给了我们力量，教会的几个弟兄过来帮忙抬。

笔者：第二个基督徒去世的时候，对抗还大吗？

杨大荣：第二次是我妈妈，对抗就没有这么大了。从现在以后，他们可能会慢慢参与我们的仪式。

笔者：现在你们寨子不信基督教的会来吗？

杨大荣：基本上都来了，现在还是来帮忙的。就是抬死人的时候，他们还有一点疑惑，不敢抬。但是如要砍柴火，他们会去，还有在家里帮做菜。

笔者：这是一个过程，由开始的大对抗，到小对抗，再到现在参与其中。这是他们的变化，也是我们在交往中的变化。是什么样的变化让他们走近我们呢？

杨大荣：现在，我们瑶族还不敢抬着死人走，没有走进来。我觉得，要先通过我们基督徒。如果外边的人死了，我们基督徒也可以参与他们抬死人，但是他们做的那个迷信，我们一定要排斥，不要去参与。"白姆"来念的时候，你就走开，等抬的时候，你就过来抬。到了坟地，"白姆"搞的时候，你自己走开，搞其他的时候你再去搞。我们不参与他们的迷信活动，我们的主一直在保佑我们平安，他们也会看到我们的神是有能力的。他们可能也会慢慢加入我们，来抬死人。现在，我和我们寨子的队长也经常交流。人人都有一死，人死了以后，人人都要做义务工，所以抬死人是你的义务工。

笔者：你讲了两个过程，刚信主的时候是一个分裂的过程，两种信仰彼此对抗、排斥；然后进入融合过程，彼此接触、交流，相互帮忙。

杨大荣：刚信耶稣的时候，我们去了也没有帮他们做什么，只是陪着他们。后面慢慢学习《圣经》，该做的我们就会去做。比如，砍烧死人的柴火，在家里做后勤。因为我们都是一个寨子的，这是我们的责任和义务。

笔者：现在还让你们绕寨子走吗？

杨大荣：现在不绕了。

笔者：是因为寨老的权威降低了？

杨大荣：肯定是。

（访谈参与人：张曙光、赵畅、杨大荣、杨大荣的二弟、笔者，地点：勐瑶教会宿舍，时间：2014年6月8日晚上）

杨秀英家在葬礼上遭遇孤立无援的困境时，教会信徒成为其坚强后盾。其他几个村寨的基督徒都前来帮忙砍柴、抬棺材，共同克服了村寨的孤立和逼迫。在传统少数民族村寨，村民之间结成了内群体交往的"强关系"，既成为获取社会支持的网络，也成为社会控制的牵绊。基督徒村民因信仰勾连跳出了村寨边界，与多个村寨的基督徒结成跨村寨的"弱关系"。这种信仰"弱关系"成为基督徒应对村寨排挤、逼迫时唯一可依靠的支持网络。杨大荣一直强调参与村寨葬礼是村民的义务，说明基督徒有着强烈的村寨认同和归属感。正是因为对村寨集体的眷恋，他们即使在遭遇排挤、逼迫，得到教会鼎力支持的情况下，也没有背离村寨，而是继续参与其他村民的葬礼、婚礼和建房子等集体活动。村民在日常生活中培养的深厚交情和集体意识，遏制了两种信仰将村寨划隔为两个对立群体，也成为双方尝试进行相互理解、彼此适应、重新走到一起的动力。因为基督教传入时间不久，不论是追求真理的基督徒还是作为旁观者的普通村民，对基督教的认识都比较肤浅，容易造成不同信仰之间的误解、猜忌甚至盲目排挤。起初，基督徒认为瑶族传统文化都属于偶像崇拜和鬼魂信仰，予以全盘排斥；普通村民害怕基督教给村寨带来灾祸，与之保持距离。随着基督徒对基督教教义的认识加深，普通村民也渐渐消除对基督教的顾虑和偏见，两种信仰由无知的武断对抗转变为彼此理解的明智包容。双方把葬礼策略性地分割为世俗和神圣两个层次，如陪护死者家属，帮忙砍柴，参与做饭、聚餐等就算作世俗活动；而彼此对死者表现出十足的敬畏，都不会去触碰或帮忙抬尸体，保持了各自的信仰禁区。这也成为双方继续调试、融合所需突破的界限。

（三）教会并存"嵌入"村寨

瑶族传统信仰与村社组织叠加、"耦合"在一起，得到"寨老""白姆"和老人等村寨、家庭传统权威的支持，并以"度戒"、过"盘王节"等方式传承下来，保持着旺盛的生命力。基督教已经在瑶族一寨发展了40多名信徒，有5个全部信教的家庭，并得到国家权威的护翼和地方教会的支持，成为一股不可小觑的信仰力量。基督教信仰成功"嵌入"瑶族一寨，形成浓厚的信仰氛围。杨秀英一家有五姐弟，招进来的上门女婿和娶进来的媳妇都皈信了基督教，而已经信教的小妹妹嫁到别的村寨之后就放弃了信仰，整天沉迷于麻将。这说明信仰是一种群体行为，受到社会情景的影响；也说明杨秀英家成为坚固的信仰堡垒，能够左右家庭成员的宗教选择。两种信仰在村寨内经历过一段时期的斗争、对抗之后，开始寻求协调、适应和共处的策略、途径，共同建构着村寨新的日常生活模式。

四　教会与多民族杂居社区

会帕村先前有 8 户补过人，1958 年迁入大量彝族村民，此后因通婚、投亲靠友，又有多个民族成员在村寨落户，成为西双版纳州民族成分最复杂的村寨。在民族识别之前分属 13 个民族群体，最后划归为瑶族、彝族、哈尼族、傣族、壮族、汉族、布朗族（克木人）7 个民族。比如补过人、哈尼族碧约支系、哈尼族雅尼支系都归为哈尼族。即使同属一个民族，也来自不同的地区，比如有从普洱市景东县搬迁来的彝族，也有从当地深山中迁出来的彝族。目前，全村有 57户，250 人，其中汉族 19 人、彝族 111 人、傣族 73 人、其他民族 47人。在改革开放之前，村寨以生产运动、革命运动的动员方式增强民族团结和村寨凝聚力。宗教政策落实之后，村寨以集体祭祀土地神的方式达成村民的集体认同，培养村寨归属感。与此同时，基督教传入会帕村，逐渐蚕食传统信仰的祭祀圈。两种信仰在村寨内展开较量，进而影响到村寨的社会融合。

（一）村寨边界

会帕村由多个民族汇聚成一个多民族杂居村寨，而且外来人口远远超过了老户。如何将民族成分繁杂的村民凝聚在一起，培植村寨集体认同，成为村寨治理中遇到的首要难题。因人民公社运动，帕村开始书写自己的发展史，以土地公有、集体生产的社会动员和控制方式凝聚了人心。实行家庭联产承包责任制后，虽然改变了集体"大锅饭"利益共享的认同机制，但作为农村社区却没有改变对土地的眷恋和依赖。1987 年，村寨恢复了祭拜补过人土地庙的活动。因为这片土地原来由补过人占据，同样受到补过人保护神的护佑。这是村民传统信仰记忆的再现。虽然村寨民族众多，在信仰上存在差异，但所有宗教信仰形式都归为对补过人土地庙的崇拜和对各自家神的祭拜。各民族的信仰形式能够归结到补过人的土地庙上来，是因为这些民族的信仰都是叠合式的，融合了自然崇拜、祖先崇拜和社神崇拜。而道教和佛教等制度性宗教也融合进了民族宗教之中，从而实现了各民族宗教之间的共享。每年春节和中元节，全寨村民凑钱、凑米、杀鸡，集体拜庙。会帕村通过祭祀补过人的土地庙，建构了村寨集体层面的祭祀圈，重新强固了村民的集体归属感和地域认同。由于旁边壮族侬人村占据的土地也是补过人的，因此他们也参与这个祭祀活动，将其扩展为两个村寨的祭祀圈。[①]

> 全寨子的人都跟补过人一起信。我们寨子原来是补过人的。我们寨子土地多。后边，高桥那边的彝族想来种我们的田，就搬过来，就是我丈夫他们了。他们搬过来以后，去讨墨江媳妇、瑶族媳妇、傣族媳妇。她们嫁过来，她们的老人、弟弟妹妹也都搬过来了。现在人就多起来了。原来这里有个傣族寨子，就在现在×××（瑶族一寨）住的旁边。傣族搬进来以后，也信我们寨子里的庙。以前这里有很多补过人，都搬到勐腊那边去了。他们的土地让瑶族占完了。

（访谈参与人：赵妈、笔者，地点：赵妈家，时间：2014 年 4 月 6 日晚上）

---

① 根据林美容对"祭祀圈"和"信仰圈"的界定，"信仰圈"是志愿性、一神信仰；"祭祀圈"是义务性和多神信仰。补过庙祭祀相对于会帕村是义务性的，而相对于侬人村却是志愿性的。另外，会帕村除了土地庙祭祀外，还与多种宗教信仰"底色"叠合，成为多神信仰；侬人村更是在多神护佑下构建了村寨范围内的信仰空间。所以，补过庙祭祀相对于会帕村是严格意义上的"祭祀圈"，相对于侬人村却成为"信仰圈"。参见周大鸣《祭祀圈理论与思考》，《青海民族研究》2013 年第 4 期。

(二) 基督徒遭遇的逼迫

会帕村基督教信仰的压力主要来自家庭和邻里,而很少涉及村寨集体层面。会帕村最早有 3 个村民信仰基督教:黄严三父女和赵妈。黄严三在广东老家就信仰基督教。1986 年,他女儿和赵妈一起接触基督教,一同走上信仰的道路,却有着不同的家庭境遇。因为黄严三家是基督教家庭,他女儿没有受到家庭逼迫,一直坚持聚会,没有中断。赵妈却遭到家人的强烈反对,被迫中止聚会。1987 年,她背着家人偷偷参加聚会,并受洗。每逢星期天,她就穿着破旧的衣服,带上劳动工具,假装去地里干农活,到半路再换上干净衣服去聚会,回来时再换回破旧衣服。这样时间久了,让家人识破了,受到家人尤其是她婆婆的责难。她公公患上风湿病,就归罪于她信基督教;家里母猪生下一窝猪仔,全是小母猪,认为是得罪了神灵,属于不吉利的预兆,又把她当成信仰恐惧的"替罪羊"。她在遭受家人和亲戚反对时,得到教会信徒的支持和帮助。她公公生病期间,教会信徒给她家送来青菜、萝卜,并为她公公祷告,求神医治。家人的态度也慢慢改变,她丈夫和婆婆先后皈信了基督教。当她公公去世的时候,她婆婆虽然已经皈信基督教,但没有稳固的信仰根基。对于如何举办葬礼,婆媳二人发生了争执。赵妈主张以基督教仪式安葬,而她婆婆坚持按传统信仰找瑶族道公算出殡日期、献祭。最终在婆婆的一再坚持之下,按传统信仰举行了葬礼。

目前,会帕村有 30 多名基督徒,只有 3 个家庭全家信主,其他都是部分家庭成员信主。部分成员信主的家庭又以女信徒居多,经常会因为信仰产生矛盾。村寨有两位女信徒,丈夫不让她们参加聚会。每个星期三晚上,信徒去赵畅家参加团契聚会。丈夫就把门锁上,不让她们进家。或者因参加教会礼拜耽误农活,引起夫妻吵架甚至家庭暴力。赵畅的大姐嫁到本村,从小受家庭影响皈信了基督教。但她丈夫强烈反对她参加聚会礼拜，并以离婚相威胁。在家庭压力下，她只能暂时放弃信仰，维持家庭和睦。

信徒在赵畅家聚会，读经、祷告、唱赞美诗会影响周围邻居休息，引起邻居的非议和矛盾。而正是这种"骚扰"把周围邻居引领进赵畅家聚会。目前，赵畅家周围邻居都有家庭成员皈信基督教，以福音的扩展方式消除了基督教信仰中的邻里矛盾。不论是家庭内的排斥，还是邻里之间的矛盾，都使排斥力局限在家庭层面。作为传统世俗权威的村委会主任、老人集团，并没有给基督徒带来太大的影响。这是会帕村不同于瑶族一寨和壮族侬人村的关键所在。瑶族一寨和侬人村的基督徒不仅受到来自家庭、家族的压力，更受到来自村寨集体的排斥。当某个家庭或家族多数成员皈信基督教之后，反而成为对抗村寨排挤的坚固堡垒。造成这种差异的主要原因是会帕村在社区层面缺乏历史积淀和传统习俗的一致性。会帕村从 1958 年建寨，到现在不足 60 年的历史；村民来自不同地区，民族成分复杂，难以形成统一的文化认同；补过人作为村寨文化的担纲者，人口力量单薄，难以维系传统习俗的权威。会帕村很难通过集体力量控制基督教信仰在社区内的蔓延。

（三）两种信仰的对抗

会帕村恢复补过人土地庙祭祀，形成了家庭—村寨—区域（村寨联盟）祭祀圈。祭庙属于整个村寨的集体活动，每个家庭都要派代表参加，有义务出钱出物。信仰基督教的家庭虽然反对偶像崇拜和鬼神信仰，但也要以村寨义务的形式缴纳资金。这可能是基督徒唯一遭遇的村寨压力。起初，村寨只有几名基督徒，难以抗衡村寨命令。等发展到十多名信徒的时候，终于可以跟村寨命令叫板，拒绝交纳祭庙资金。权威人物以"赶出村寨"相威胁，而信徒以国家法律做挡箭牌，重复着既定的对抗模式。因基督徒的反对，打破了土地庙的祭祀圈，难以组织村寨整体的祭祀活动。壮族侬人村建盖了自己的土地庙，不再参与会帕村的祭祀活动，打破了地域性祭祀圈。2007 年，村寨不再集体祭庙、献祭。村民只能将传统信仰回归到家庭祭祀，过年过节，在家里给祖宗献饭、烧香、祭拜。

虽然村寨停止了集体祭庙活动，但是村民头脑中的传统信仰却没有抹灭。土地庙坐落在村寨后山上，经历几年的风吹雨打，房顶已经倒塌，只剩下几根柱子孑然挺立。村民依然畏忌庙神的威严，不敢砍伐土地庙周围的树木，唯恐得罪了庙神。村民遇到灾祸、病痛、不顺，还会去祭拜这个已经败落的土地庙。由于村寨内懂祭祀的老人都已经去世，村民就要请壮族侬人村负责祭祀的老人来帮忙主持。现在会帕村成立了老年协会，部分老人提议恢复祭祀土地庙，却遭到老年基督徒的反对，难以达成统一意见，短时间内不可能恢复集体祭祀。另外，村寨基督徒不断增长，已经发展到 30 多人，在村寨定期进行团契聚会。教会已经在进村路口买下一块土地，准备建盖聚会点。伴随着传统信仰祭祀圈的破裂，基督教会却悄然"嵌入"村寨。在这种情况下，坚持传统信仰的村民不禁感慨，"我们信的那个没有人参加了，人也（聚）拢不起来，我们全部去跟他们信基督教好了"。

图 6-7　衰败的补过庙

　　基督教在会帕村建立了聚会点，反过来却压制了土地庙集体祭祀的恢复。目前，只有老年协会能够推动恢复传统信仰祭祀圈。老年协会是村寨的集体组织，其中包括一部分基督徒。信仰混杂的老年协会针对恢复祭庙一事不可能达成一致意见。而只有30多人的基督徒村民却能够在村寨内建立聚会点。人数虽然少，但群体内部意见相对统一，能够形成一致的目标诉求。问题的关键在于，基督教能形成目标单一的信仰群体，而传统信仰却很难形成具有清晰界限的信仰群体。学界以"祭祀圈"来界定传统信仰群体的大小和扩展范围。"祭祀圈"完全是中国乡土社会重视地缘关系的体现。神的地位越低，受到祭拜的圈子就小；神的地位不断提升，祭祀的圈子也不断扩大。神的灵性完全与护佑的土地大小联系起来。这种宗教结构与中国乡土社会的"差序格局"相符合。这个以血缘和地缘组合出来的祭祀圈，有伸缩自如的适应性。但是祭祀圈也有一个致命的弱点，难以抗拒那些能够跨越地域、血缘界限的信仰群体的攻击。跨越了地域和血缘就是撕裂了乡土社会"家国同构"的维系纽带，剪断了祭祀群体的"圈"，从而失去凝聚力。[1] 当高一级祭祀圈断裂之后，祭祀的神灵体系也会降低一个级别。比如傣族社会高低有序的神灵体系"家神—寨神—勐神"对应于"家庭—村寨—勐"宽窄分级的祭祀圈。现在很少组织祭祀勐神的活动，致使勐级祭祀圈断裂，从而导致傣族社会重视寨神祭祀，维护村寨祭祀圈。对于补过人土地庙的祭祀，已经打破了侬人村和会帕村的区域祭祀圈，也打破了会帕村的村寨祭祀圈。继承传统信仰的村民只能回归家神祖先的祭祀。基督教将教会组织的"裂变"演化为威力巨大的成长方式；而传统信仰祭祀圈的断裂不可避免地导致祭祀单位的萎缩。

---

　　[1] "圈"与"群"并非西方和东方社会结构的区别，只是中国乡土社会张扬了"圈"的组织形式，而压抑了"群"。回顾中国历史，历次农民起义和革命战争都是以各类"群"的动员形式反抗国家政权的。不论这种"群"是以宗教为口号的"四海之内皆兄弟"，还是以现代革命的"阶级"为认同根据。

（四）基督教对村寨团结的影响

会帕村是一个多民族村寨，以彝族、傣族、瑶族和哈尼族为主，但节日文化非常单一，主要过春节、中秋节和清明节等汉族节日，不过瑶族的"盘王节"、傣族的"泼水节"、哈尼族的"嘎汤帕节"和彝族的"百诗佳节"等。村寨有30多位基督徒，占村寨人口的九分之一，却没有把圣诞节、复活节等宗教节日嵌入村寨文化生活。勐瑶教会成立30多年，只组织过两次圣诞节，包括会帕村在内的各村寨基督徒都聚集到教会进行礼拜、赞美、祷告等庆祝活动，对村寨生活没有太大影响。会帕村多民族杂居，多宗教并存，却没有造成民族、宗教文化的混乱交杂。会帕村作为乡村社区，缺乏文化包容性，村民不能自由选择节日生活。以主体性的汉族节日统领村寨日常生活，保证了村寨节庆活动的统一步伐。

会帕村传承了结婚、丧葬、建房的互助帮扶传统，并没有受基督教与传统信仰对立的影响。信仰传统宗教的家庭成员结婚，由村委会主任主持婚礼。基督徒结婚，先由村委会主任宣读结婚证，然后由教会传道人按基督教礼仪主持婚礼。村寨有人去世，每个家庭至少出一个人。不论是基督徒还是传统信仰者都参与抬棺材，将死者埋入村寨集体坟山。在结婚和丧葬方面不存在明显的信仰界限，不断重复着村寨的"集体表象"。信仰引发的差异在于，传统信仰者会请瑶族或壮族师父算日子，确定适于结婚或丧葬的日期；基督徒并不看重婚礼和葬礼的日期，以快捷、方便为主。会帕村的墓地堆有坟头，立有墓碑。每年清明节，每家都要到坟山扫墓，祭拜先人。基督徒虽然反对跪拜偶像，但会以献花、祷告、修整墓地等方式表达追思。2014年4月5日清明节，笔者跟随赵畅参加了一位去世信徒的立碑仪式。这位信徒的家人都不信基督教，但尊重老人的遗愿，按基督教礼仪埋葬，趁清明节家人亲戚都来扫墓的机会，又为老人修坟立碑。赵畅不仅扮演传道人的角色，还要履行乡邻的互助义务。他帮着这家人抬石碑、背砖头、主持基督教仪式、读经、祷告，然后又帮着砌坟、立碑。中午，这家人专门杀了一头猪招待客人，并请赵畅参加宴席，又送给他一些猪肉表示答谢。在整个活动中，赵畅与这家人进行着亲密的互动，将基督教信仰融入村民的日常生活，强固了村民关系。赵妈在历经信仰沧桑之后，非常欣慰地讲，"现在寨子里信耶稣的和他们不信的没有什么冲突，做什么事情都是大家相互帮忙"。

图 6-8　基督徒村民立碑仪式

（五）聚会点强力"嵌入"村寨

会帕村是一个乡村多民族杂居社区，发展历史比较短，面临村寨团结和凝聚的难题。村寨通过集体祭祀土地庙，来培植村民的群体凝聚力和地域归属感。与此同时，基督教传入村寨，遭遇到以家庭为主的传统信仰的排斥。仅仅以十几位基督徒的力量就打破了恢复20年的土地庙祭祀圈，这足以证明村寨集体性传统信仰力量的羸弱。基督教很快就在村寨建立了团契聚会，并着手建盖聚会点。基督教信仰的"在场"阻止了老人协会再次恢复土地庙祭祀圈的尝试，将传统信仰紧紧限制在家庭层面。基督教聚会点以强力姿态"嵌入"会帕村,积极建构基督教信仰在村民日常生活中的互动关系,并没有将村寨撕裂为两个彼此对垒的信仰集团。

五 教会与壮族社区

侬人村是从旁边乡镇的一个壮族村寨分出来的,几经搬迁,在补过人的土地上定居下来。建寨之初只有十几户人家,经过几代人的发展,并吸纳周围傣族、瑶族等民族成员,全村现有 64 户,313 人,其中壮族 108 人、傣族 190 人、汉族 2 人、其他民族 13 人。[①] 1949 年之前,村寨之间激烈地争夺土地,培养了村民强烈的村寨意识,维持了村寨的明晰界限。村寨内部却实现了多种民族文化的融合叠加,继承了壮族过春节和正月三十过小年的传统,借用了傣族关门节和开门节;在宗教信仰上,继承了壮族的家祖和天神信仰,吸纳补过人的土地庙、傣族的寨心和"帕雅"信仰,建构出家庭与村寨的信仰空间。2007 年,基督教信仰传入壮族村寨,开始改变村寨的宗教生态关系。

(一) 村寨信仰空间的建构[②]

侬人村历史比较久远,已经形成较为稳固的村寨结构和习俗文化。宗教信仰与家庭、村寨等结构设置互为表里,共同维护了地方社

---

① 侬人村 1949 年之前主要与傣族保持通婚,旁边的傣族村寨曼暖村衰落时部分傣族村民全家迁入,造成傣族与壮族杂居。村民在民族申报时,为了享受考学、录用等民族优惠政策,倾向于申报为傣族,从而导致傣族人口超过了壮族人口。

② 侬人村是从隔壁乡镇的一个壮族村寨搬迁出来的,两个村寨具有相同的信仰体系,但是信仰内容和祭拜仪式有所差别,比如另一个壮族村寨的土地庙供奉的神灵为李定国将军,而侬人村的土地庙却不知道具体供奉的是什么神灵;另一个壮族村寨每年祭祀两次寨心和寨神,而侬人村只祭祀一次。这说明村寨的发展和分裂带来了宗教信仰的传承性、变迁性和适应性。

会的稳定团结。依人村的祭祀圈可以分为"家庭—村寨—地域（村寨联盟）"三个等级。在家庭祭祀中，以祭祖和祭天为主。依人村的壮族人和傣族人一样，将去世的家人埋入村寨集体坟山，不堆坟头，不立碑，不扫墓。傣族在泼水节、关门节和开门节时去佛寺祭拜去世的父母。依人村建有土地庙，却不能吸纳去世父母的灵位。所以，村民只能通过家祭与祖先建立联系，定期献祭，缅怀先祖。在房间内设有家主人祖先的神龛。嫁入妻子或上门女婿父母的灵位是不能设在房间内的，只能在房屋外单独建一个神龛，进行祭祀。傣族过关门节的时候，依人村在家里阳台上进行祭天仪式，蒸五色糯米饭，祈求风调雨顺；借用傣族的节日，组织壮族自己的祭祀活动，续写民族的集体记忆。村寨集体祭祀包括祭寨心、寨神（"帕雅"神）和土地庙。寨心和寨神信仰是借鉴了傣族的信仰元素，用以护佑村寨生灵兴旺不衰。寨心带有自然崇拜的影子，建寨时以卜卦的方式征询土地神的同意先确立寨心，成为稳固村寨的支点。依人村的寨神又称"帕雅"（"寨主"之意）神，由祖先崇拜转变为社神崇拜。寨门外"帕雅"的神龛跟家庭祭祀中嫁入一方在屋外为父母建盖的神龛是一样的，当地人声称是为祖先建的"小房子"，是祖先神灵的居所。但"帕雅"神是村民共同祭祀的社神，而祖先只停留在家神的血缘牵绊之中。迁入村寨的几户傣族继承了傣族祭拜神树的传统。其他壮族村民慢慢也跟着他们拜大树，家人生病，就请和尚念经叫魂，把一些竹棍放在神树下。壮族有为英雄神、土地神、山神等建庙祭祀的信仰传统。依人村在村寨背后建盖了一间土地庙，设有祭台，没有神像。笔者问村寨的老人，"这间庙房供奉的是哪路神仙"，他们居然难以说清楚，也并不在乎具体是什么神灵。由于依人村占据了补过人的土地，他们与会帕村一起祭祀补过人的土地庙，组建了跨民族的地域祭祀圈。后来因为会帕村祭祀圈破裂，庙房衰败，才终止了联合祭拜活动。但会帕村村民会时常请依人村懂祭祀的老人去祭拜补过庙，以求消除灾祸，说明补过人的土地庙还牵连着两个村寨。侬人村成为多种信仰的聚合场所，达成了村寨信仰体系的叠合和村民信仰身份的叠合，建构了村寨稳固的信仰空间。[①] 如图 6-9 至图 6-12 所示。[②]

图 6-9　位于村口的"帕雅"神祭台

图 6-10　位于村寨背后的土地庙

---

① 参见张桥贵《多元宗教和谐与冲突》，《世界宗教研究》2014 年第 3 期。

② 图 6-9 是"帕雅"神的庙房；图 6-10 是土地神的庙房；图 6-11 是寨心，三者从寨头到寨心，再到寨尾，保护了村寨的"洁净"与祥和；图 6-12 是房子外嫁入妻子或上门女婿父母的灵位庙房。总体来看，壮族村寨以神圣序列将村内村外、房内房外划隔为不同的神圣空间，也显现出家庭、村寨的边界。

图 6-11　位于村寨中心的"寨心"

图 6-12　位于房外为妻子父母所建的祭台

　　我们的寨心是 2010 年建的，和傣族的寨心是一样的。我们请一个傣族老板来搞的，给他 6000 块。我们买材料，他们负责施工。我们寨子以前就有寨心，每个寨子都有（寨心）啊，以前老人拿树劈得四四方方栽进去的，记得在哪里。现在有水泥，建起来更好看了嘛！以前人少，就是在寨子的中间，慢慢在周围盖房子，寨心有点偏。寨心最重要，只有寨心好我们才能在，如果不好，我们就不在了。我们寨子有个老人专门负责祭庙。每年二月初二、八月初二拜庙。寨心一年拜一次，寨子的"帕雅"神，每一年也是拜一次。我们每家都要盖个小房子，我老婆的爹妈死掉，不能进我们的家，在外面。我们老祖宗放在我们家里面，媳妇的爹妈放在屋外面，到春节叫他们来，给他们献饭。嫁进来的傣族、苗族、哈尼族、瑶族、汉族都跟着我们献庙，我们怎么搞，他们也怎么搞了。我们以前也有庙，是茅草房，2001年重新盖的砖瓦房。我们的庙不知道是什么庙，年年都杀鸡，三年杀一头猪，拜完一起吃饭。以前我们会去会帕那边拜庙。他们是补过庙，他们拜的时间跟我们不同。我们派几个人去。已经好几年不去了，他们会怕没有人负责了。

（访谈参与人：侬人村村支书、笔者，地点：村支书家，时间：2014年6月9日）

（二）基督教在村寨内的排斥与融合

侬人村的基督教信仰并不是当地教会传播进去的。村寨内的几位基督徒属于一个扩展家庭。这对老夫妇有5个子女，其中老大是女儿，老二是儿子，下面是三个女儿。大女儿远嫁中国台湾，皈信了基督教，并通过家庭内社会化过程，将基督教传播给自己的家人。在这个大家庭中，两位老人、老大、老三、老三的丈夫和老五信基督教，老二和老四坚持传统信仰。老二、老三、老四和老五这4个家庭住在村寨内，其中老三和老五是基督教家庭。基督徒在日常生活中面临着家庭和村寨社区两个方面的排挤和融合难题。

1. 村寨层面的排挤与融合

老人集团是维持村寨传统的基础力量，也是排斥基督教信仰的主力。侬人村虽然祭祀寨神和寨心，却没有世袭的寨主"召曼"。村寨神灵的祭祀就掌控在懂得祭祀礼仪的宗教精英手中。村寨选定某位老人负责祭祀寨神和土地庙。这位老人享有较高的威望。按村民的说法，是因为"他懂那些傣文。有一本书是老人留下来的，就按那些去做。他会变口音，会背经，就让他了嘛"。不论是比他年龄大的老人，还是年轻人，甚至村委会主任，都会听从他的意见。在他主张之下，村寨在 2010 年重新修建了寨心。另外，村寨在 2013 年成立了老人协会，女性超过 40 岁、男性超过 45 岁就可以进入老人协会。老人协会是从傣族村寨传统权威组织"细梢老曼"发展而来的，备受村民的敬重，对村寨生活有着极大的影响。① 老人协会负责村寨内结婚、生育、葬礼的互助帮扶，监督教育村民的品德行为。老年协会依据村规民约教育监督年轻人，如果年轻人喝酒打架就罚款，第一次 50 元，第二次翻倍；夫妻吵架也会被罚款。村民甚至说："我们村寨老人协会权力最大。"

村寨组织祭祀活动，修建寨心、土地庙，按家庭摊派资金。2010年建寨心时，村寨规定每户交 50 元。每个家庭根据自己的意愿和财力，会交 100 元到 500 元不等。老三和老五因为信仰基督教，反对偶像崇拜，拒绝缴纳这笔资金。老四家虽然不信基督教，但她丈夫作为党员反对建寨心，也拒绝交钱。负责祭祀寨神的老人声称要把这三家人赶出村寨。建寨心时，要用茅草、白线将全村的房屋拴在一起，表示寨神护佑着村寨内每个家庭，却将这三家排斥在外。过年过节祭祀寨神和献庙时，这三家都会交钱。因为祭祀结束，村寨的男人要聚餐，变成了节日庆贺的社交场所。这三个家庭的男孩都已长大成人，也不信基督教。他们需要在这种场合展示自己的村民身份，融入村寨集体中。传统信仰的祭祀活动彰显着村寨的"集体表象"，其中也包含聚餐、互助等世俗性集体活动。这些活动并不带有信仰成分，成为两种信仰者交往的聚点。老五给出自己缴纳祭祀费用的理由。"寨子

---

① 参见伍琼华、闫永军《傣族村落中的传统权威组织——曼安村的"细梢老曼"与乡村秩序》，《云南民族大学学报》（哲学社会科学版）2012 年第 3 期。

里搞宗教活动。唉！我们说，这是以前传下来的，交就给他们交，交10块钱。不交的话，可能会说我们基督教对他们不好。那个都是男的去吃。现在两个儿子不听我的，他们就去吃。所以就交给他们，没办法。"

虽然基督徒家庭遭遇到村寨的"逼迫"，但是他们握有一定的社会资本对抗传统信仰力量。老二是村里最早的初中生，1986年开始担任村委会妇女主任，现在已经退下来了。老四的丈夫曾经当过9年村委会主任，虽然自己不信基督教，却为信仰基督教的家庭成员提供支持。他们两位掌握一定的话语权，协力对抗老人协会的一些决议。比如老年协会规定，村寨娶亲嫁女要向老年协会缴纳一笔费用，就遭到他们两位的反对。开会时，老三跟老人们争吵起来。老人说："刀荫英州长都不反对我们，你凭什么反对我们？"老三反击道："刀荫英州长没有考察到你们这样做啊，如果知道你们这样做，你们就违法了。"双方的对抗最终归结到政府权威和国家法律法规上，削弱了老人协会的传统权威。老四家的儿子结婚，拒绝向老年协会交钱。傣人村分六个互助组，遇到结婚、上新房、小孩过生日等，每组轮着去做饭、帮忙。而老人协会不准互助组去他家帮忙，事情僵持起来。老四的丈夫说，以前他家也曾经帮别人做饭，如果村寨不来帮他家，他就向曾经帮过的家庭收钱，花钱请外村的人来帮忙。这时，村民冲破老人的阻力，纷纷前来帮忙。老人的权威又没有经受住现代社会公共服务市场化的冲击。

目前，村寨权威对基督徒的逼迫主要集中在缴纳祭祀费用等物质层面，还没有发展到信仰层面。2012年，这个基督徒家庭的老太太去世。按照壮族的传统，村寨每个家庭都要拿一些米和一把香来祭拜、烧香，向棺材里撒米，与死者道别。全村人帮扶着把棺材抬到村寨的坟山，进行土葬。因为老太太已经皈信基督教，家人遵循基督教教义，不烧香，不献饭，不拴线，但并没有请教会举行基督教仪式。老太太的弟弟坚持按传统信仰仪式进行献饭、烧香。老太太的子女并没有反对。全村都来帮忙，将老太太葬入坟山。笔者问："村里没有阻止你们将老人葬进坟山吗？"老三回应说："土地是我们整个寨子的，不是他们个人的。我们去埋没有错啊！没事的，这些我们会说的。"如果村寨有人去世，这家基督徒也会去帮忙，只是不烧香、不拴线，维持着与村寨的互助关系。杨大荣认为："对于逼迫，有些民族是现时知道就现时逼迫，但壮族不是这样的，他们的逼迫是后边来的。以前，他们没有老年协会，现在成立了老年协会，他们的寨老重新建了那个寨心。逼迫他们的也是那个寨老。"基督教传入村寨的时间还比较短暂，只有四五位信徒。基督教教义的排斥性也没有完全激发出村寨传统信仰的集体意识。随着基督教逐步"嵌入"村寨，两种信仰的排斥性必然会导致村寨排斥力的增强。

2. 家庭内的排挤与融合

这个家庭并非所有成员都信仰基督教，这也会造成家庭内部的隔阂与排斥。老五跟父母住在一起。2007年她皈信基督教，父母还坚持传统信仰，在家里设有祭祀祖先的神龛。老五在皈信之前会帮助母亲准备祭品，参加祭祀。她皈信之后，老太太自己坚持了几年之后也放弃了传统信仰，拆除了家中的神龛。老五的儿子已经二十多岁，对基督教非常反感，直接说，"那是信外国的东西，不是信我们自己的"，不听母亲的规劝，坚持参加村寨祭祀活动。在一个家庭中存在两种信仰，打乱了家庭成员信仰活动的统一步调，影响日常生活。比如，基督徒拒绝吃献祭鬼神的祭品，不吃当地传统食物"血旺"，会影响统一用餐。

老二的老婆是从傣族村寨嫁进来的，对传统信仰非常虔诚。当其他几个家庭成员信仰基督教的时候，老二一家依然坚持传统信仰，造成家庭内部严重隔阂。村寨建寨心时，老三、老四和老五家没有捐款。村寨就把他们三家的房子排除在拴线的范围内。老二家缴纳了捐款，受到村寨集体的接纳。在对抗村寨逼迫时，老二家倒向了村寨阵营。老太太去世后，其他三家都没有为老太太设神龛。而老二家为母亲设立神位，定期祭祀。同一个母亲，却用两种方式来缅怀和祭祀。老四的儿子结婚，按照传统习俗，长辈们要为两位新人拴线祝福。老二的老婆拴完线之后，招呼老三、老五来给新人拴线，却遭到拒绝。他们的父亲得了肺结核，在如何医治的事情上又遇到分歧。老二的老婆主张请傣族和尚为老人驱邪赶鬼。其他几位坚决反对搞赶鬼仪式，直接把老人带到医院诊治。因为信仰的不同，造成一个大家庭的分裂。笔者在调研时，老三家设宴招待，把家庭成员都叫来一起吃饭。在这次小型家庭聚会中，老三、老四和老五的家人悉数参加，唯独不见老二一家。这种情况可能是个偶然，也可能另有原因。老五在讲述遭遇的逼迫时说，"我们大嫂比村寨还厉害"，一语道破了家庭内部的关系状态。

依人村的老人集团和宗教领袖掌控着村寨传统权威，成为传统信仰的守护者。村寨基督徒对传统宗教既有顺服又有对抗。顺服之下，信徒的家人被村寨集体接纳，参与聚餐等集体活动；对抗之时，信徒家庭被排挤出村寨集体活动，信徒的房子不能与村寨的房子"拴在一起"。依人村基督徒掌握一定的社会资本，而村寨传统权威也有较强的力量，致使二者对抗的烈度和强度都处于较高水平，对村寨团结带来负面影响。在日常生活中，双方进行避重就轻的调整。在基督徒的葬礼上，家人没有请教会举行基督教仪式，也容忍亲人以传统方式献祭，维持了村寨的互助体系。家庭成为抗拒村寨逼迫的坚实堡垒，其中三个家庭团结一致、共同承受来自村寨的压力；而另一个家庭却因信仰差异与这三个家庭渐行渐远，投入村寨传统祭祀圈，成为村寨逼迫的推手。基督教与传统信仰在社区与家庭中对抗、妥协、纠缠。

（三）教会"悬置"于村寨

依人村以壮族和傣族为主体，凝聚成稳固的村寨集体。在村寨场域内，融合了傣族、壮族、补过人等多种信仰文化，以强固的祭祀圈维护村寨边界。基督教的传入，并非是村民自由选择的"始发性皈信";而是一位村民在离开村寨之后皈信基督教,然后通过家庭内部的社会化过程,将基督教传给村寨内的亲人,属于"继发性皈信"。[①]这说明村寨传统信仰拥有强大的凝聚力和排斥力。基督教信仰只能以较为曲折的"继发性皈信"方式切入村寨的信仰体系。当时,笔者问村支书村寨里是否有基督徒,他直截了当地矢口否认村寨存在基督教信仰。从而可以看出,村寨权威对基督教的排斥态度很难在短时间内改变。虽然基督徒掌握一定的社会资本来对抗村寨集体逼迫,但是,建寨心时,三个家庭的房子没有被拴进村寨,实际被排挤出村寨集体信仰空间;在基督徒的葬礼上,不但没有十足的勇气彰显基督教的葬礼仪式,还要容忍亲人按传统信仰献祭,说明基督教还没有融入村寨生活。目前,教会力量只能"悬置"于侬人村的"上空"。

六 小结

本章论述了一个乡镇教会与四个不同民族社区的关系,探讨了基督教适应多样性地方社会结构,呈现出多样化的融合状态。四个社区的基督徒带有不同的民族文化和信仰底色,会聚在同一个教会聆听《圣经》教义,皈信上帝唯一真神,互相服侍,彼此牧养,在信仰认知和人际互动上达到"合一"。基督徒回归各自生活的社区、家庭,却有了不同的境遇。基督教一神信仰和自组织结构成为融入民族社区的矛盾焦点。哈尼寨将基督教带入这一地区,散播到周围的民族社区,而本村只有老人和个别家庭坚持基督教信仰。随着老人的去世,信仰重心慢慢转向了其他民族社区,教会与村寨渐渐脱离。在瑶族一

---

① 参见韩恒《需求—供给传播和社会化传播——试论熟人社区的基督教传播模式》,载《宗教社会学》第一辑,社会科学文献出版社 2013 年版。

寨，瑶族传统信仰和基督教在隔阂、对抗之后，谋求和谐共处，双方并存，"嵌入"村寨。会帕村和依人村曾经形成跨村寨、跨民族的地域性祭祀圈。但是由于基督教强力"嵌入"会帕村，打破了村寨集体层面的祭祀圈，也割断了两个村寨的祭祀联盟。依人村融合了傣族、壮族和补过人的信仰文化，建构了稳固的村寨集体祭祀，强烈抵制基督教的传入。

（一）村寨的边界

这四个村寨有一个共同特点，都属于搬迁村寨。瑶族一寨、依人村壮族和哈尼寨都是从原来村寨分出来的小集体，延续了较为完整的村寨结构和民族传统。哈尼寨从墨江搬迁而来，曾经长期受到封建地主经济的浸染，"寨老"和老人集团的权威衰弱，主要以家庭为单位进行祭祀，最终接受基督教信仰。在迁入西双版纳地区之后，与周围其他民族进行通婚，丢弃了传统文化节日，很难通过民族传统组织结构和文化习俗维持社区的统一性。瑶族一寨也于1949年以后搬迁到平坝居住，结束了传统游耕生活，但是保持了"寨老"、家族等传统结构，秉持以道教为代表的传统信仰，对异文化具有强劲的排斥力。依人村壮族在1949年之前就已搬迁到此地，有更长的村寨发展史，保持了"寨老"、家族等传统结构，即使有大量傣族、汉族人口迁入，也没有冲淡村寨的边界建构。会帕村是一个由多个民族聚拢形成的新村寨群体，没有统一的文化传统来使村民产生凝聚力，只能以原住民（补过人）的土地神作为共同崇拜的"集体表象"。但是补过人在会帕村只有寥寥几户，既没有保留完整的社会结构，也没有坚定的传统信仰维护者——老人集团。所以，会帕村的土地庙崇拜没有坚强社会组织的支撑，没有抵抗住基督教的冲击。

人口迁移、历史发展和民族成分影响各民族社区文化习俗的继承和适应。哈尼寨搬迁到西双版纳，远离本民族文化圈，舍弃了"十月年"等传统节日，过大众性的春节等；虽然部分村民恢复了基督教信仰，却没有在村寨内恢复圣诞节等基督教节日；在葬礼上，以基督教丧葬仪式为基督徒送葬，以哈尼寨碧约支系传统葬礼为普通村民送葬，显示了村寨习俗的变通性和包容性。瑶族一寨传承了本民族传统节日"盘王节"，以传统丧葬习俗送魂、安葬、烧灵等；起初强烈排斥基督教丧葬习俗，在绞杀未果之后，接受两种文化同存的现实。会帕村是多民族村寨，没有任何民族的文化上升为村寨主体文化，只能过通行的春节、中秋节和清明节；在葬礼和婚礼上，基督教仪式和普通仪式并行不悖，村民悉数出席，显示了村寨对异文化的包容力。依人村融合了壮族、傣族和补过人的文化元素，形成一个综合性的文化体系，吸纳了傣族的"寨神"信仰和寨心祭祀，借用关门节和开门节日期举行宗教仪式，祭拜补过人的土地庙，继承壮族的祖先崇拜、祭天仪式、过小年传统，体现了村寨的文化包容性和统纳力，却强力排斥一神信仰的基督教文化。

村寨结构与文化习俗相辅相成，共同构筑了村寨边界，维护村寨的凝聚力和传承性。哈尼寨的边界与习俗节日、宗教信仰、民族传统分离开来，只能以户籍制度来界定。在日常生活中，周围群众将其称为"哈尼族的寨子""墨江寨"，以其民族身份、迁出地域来笼统地指代，因为民族身份和地域文化是哈尼寨有别于周围民族社区的深层力量。瑶族一寨也难以用传统宗教文化来划定村寨边界，基督教文化已经成功植根于社区内部。瑶族的民族身份和稳固的村寨结构依然是社区边界的重要维度。会帕村没有统一的民族身份、传统习俗，曾经试图以土地庙祭祀圈来明确村寨界限，也因基督教的传入而消解。依人村拥有强大的传统组织，辅以宗教信仰、习俗传统，延续了传统边界建构方式。四个乡村社区虽然民族成分比较复杂，文化习俗发生断裂，但都以村寨土地作为生存之本，也依赖村民之间的互助扶持，依然牵连着村民的归属感和认同意识。

（二）教会与村寨的关系

在民族社区中，基督教的一神信仰和传统信仰的偶像崇拜、鬼神意识难以融合，基督徒与普通村民在孤立、冲突、共处中生活在一起。在教会中，不同民族的信徒相聚在一起，在基督教信仰的指引下克服语言、习俗、偏见的隔阂，达成交流、合作、认同、扶持。教会里的"合一"成为基督徒在村寨中与传统信仰对抗的支持后盾。哈尼寨由于信仰断代和民族传统信仰的"回灌"导致了基督教信仰的衰落。由于多数老人对基督教的信仰以及对村寨信仰历史的认知，村寨对基督徒的排斥界限很不明显，基督教信仰处于散漫型分布。基督教已经不是村寨边界建构维度，却在是否为村民举行基督教丧葬仪式方面拥有决断权，从而以宗教信仰划分村民界限。基督教成功传入瑶族一寨，在与传统信仰的对抗中获得了适度生存空间，却难以将传统信仰排挤出村寨。两种信仰在势均力敌的情况下，只能寻求共存的途径和策略。基督教传入会帕村不久，就轻松击破村寨层面的土地庙祭祀圈，将传统信仰紧紧压制在家庭层面。当土地庙倒塌荒芜之时，基督徒已经购买土地，准备建盖聚会点。基督教虽然没有彻底将传统信仰排挤出村寨，却成功抢夺了村寨的信仰话语权。这比瑶族一寨的基督教信仰更为强势，毕竟传统信仰还掌握着瑶族一寨的信仰话语权。依人村以多元信仰建构了叠合式信仰空间，护佑村寨的平安祥和。当皈信基督教的村民拒绝参与村寨集体祭祀时，村寨毫不留情地将其排挤出村寨祭祀圈。

在与传统信仰的对抗中，家庭是非常重要的支持力量，尤其当这种力量扩展为家族时，就更为突出。杨秀英一家在遭遇村寨孤立、排挤时，全家人团结在一起，借助教会力量克服种种困难，顺利将亲人安葬。正是因为杨秀英家庭力量的壮大，基督教才能在瑶族村寨浓厚的道教文化圈中屹立不倒，并向周围慢慢扩散。在哈尼寨基督教信仰衰退的形势下，张曙光弟兄两家人全部信教，继续树立着村寨内信仰的标杆。赵畅一家拥有两位传道人，引领着会帕村基督教发展的道路。在壮族寨子，一个信基督教的家族集体对抗村寨传统权威，受到排挤和刁难的时候，能彼此扶持，显示了自己的力量。而他们的二嫂因为傣族身份，有浓厚的佛教信仰和原始宗教情怀，投入村寨集体祭祀活动，从而也受到家族的排挤。在遇到困难时，每个家庭都有自己的利益诉求，可能会跳出家族的整体利益诉求，屈服于整个村寨的利益。这里有信仰方面的缘故，也有现实层面的因素。在现实生活中，家族支持和教会支持结合在一起，在血缘、亲缘之外，嵌入了一个趣缘的社团关系，形成一个更强有力的力量集合。

（三）基督教与地方社会的多样性

在同一个乡村地区，一个教会与四个民族社区呈现出不同的"镶嵌"关系。社区结构是造成"镶嵌"关系差别的关键。哈尼寨的迁出地墨江县在明清时期就受到封建地主经济的冲击，村社组织解体，阶级分化明显，严重削弱了村寨集体对外来文化的排斥力。由于传统社区结构的破坏，基督教才能在墨江哈尼族地区传播。哈尼寨迁入西双版纳之后，依然继承了以家庭为基本单位的村寨结构。不论是基督教信仰的恢复还是传统信仰的"回灌"，都不可能受到村寨集体的干预，导致信仰文化缺乏传承性和凝聚力。老一辈基督徒难以影响年轻一代，包括自己的儿孙。哈尼寨基督教信仰走向衰落成为必然，教会与村寨逐渐"脱嵌"。瑶族一寨和倮人村都属于西双版纳世居民族，在土司制度下，维持了"寨老"、老人集团、家族等村社组织，并完好地保存了宗教信仰、民族习俗等传统文化，具有强固的自我维系力和对外排斥力。造成两者"镶嵌"关系差别的原因在于皈信基督教的时间和原因。1992年前后，从哈尼寨入赘到瑶族一寨的上门女婿将基督教传给自己的妻子。此后，杨秀英一家因为遭遇疾病而皈信基督教。

两个家庭都属于全家皈信，以家庭为单位形成坚固的信仰堡垒，与村寨传统信仰经过二十多年的对抗、调试，才与传统信仰并存"嵌入"村寨。侬人村是因为一位外嫁中国台湾地区的妇女皈信了基督教，回来传给自己的家人。2007 年，部分家庭成员皈信了基督教，家庭的信仰堡垒并不稳固。目前，基督教信仰与村寨传统信仰还处于冲突、调试阶段，还"悬置"在村寨之上。会帕村是一个多民族聚合形成的村寨，民族成分复杂，没有稳固的村寨结构，也没有统一的习俗文化，村寨凝聚力的基础非常薄弱。虽然一度试图以恢复补过人的土地庙来提高村寨凝聚力，却经不住基督教的冲击而悄然衰败。基督教强力"嵌入"会帕村。总之，社区结构的稳固性和传统文化的统一性是基督教融入民族社区的决定力量。

第七章

结论与讨论

一　结论

在传统社会，西双版纳各民族依赖立体生态环境，分布于不同的地域。在土司制度之下延续了各自的组织结构，形成各具特色的生产生活方式，造就了以村寨社区为单位，独立对抗的"多元通和"宗教生态关系。基督教传入如此社会结构和宗教关系态势之后，被禁锢在三个傣族村寨之内，成为"多元"中的"一元"。在现代国家体制、社会转型背景下，民族成员摆脱民族歧视、社区规范的束缚走到一起，带动了宗教关系的变迁。在基督教复兴中，当地傣族基督徒追溯信仰记忆，外来移民基督徒寻求社会融入，外来宣教士以各种方式散播福音，将多股力量汇集在一起，不再拘泥于民族之别和社区窠臼，跨越了民族、地域等界限，实现了多民族在教会内的合一，形成了整体的基督教地域认同。基督教融入地方社会，在组织形式上主要表现为教会与民族社区的融合状况。因民族社区结构的多样化和基督教地域适应的能动性，从而使教会与社区的互动关系呈现为"脱嵌""悬置""完全嵌入""强力嵌入"和"并存嵌入"等多种形式。教会相对于民族社区表现出的"跨越性"和"镶嵌性"，是基督教融入地方社会过程中主体性的体现。本章将教会的"自立"界定，由1949年之前教会相对于外国差会而言转变为1949年以后教会相对地方社会（具体表现为民族社区）的独立性。① 教会的"镶嵌性"与基督徒"扎根于"民族社区之间存在一种张力，这种张力的调试成为西双版纳新型宗教生态关系面临的机遇和挑战。

（一）基督教地域适应方式

基督教适应地方社会，以不同的方式向多个少数民族传教。慈善机构在当地政府注册为合法机构，招收当地哈尼族雅尼支系（阿卡人）、傣族等少数民族员工，并在日常工作中将基督教传给他们，让他们在当地少数民族中从事慈善项目，以基督徒员工为桥梁将基督教与少数民族连接起来。个人宣教在差派教会的支持下以个人奉献精神，奔走于各乡村教会进行"行脚僧"式的牧养传教，与当地传道人员和信徒建立互信、扶持关系，成为外地差派教会与当地少数民族的"信使"。地方教会立足西双版纳地方社会，吸纳不同民族、地区的传道人，在社会发展中不断调适教会神学体系和礼拜形式，将社会服务（包括慈善事业）、差派传道人和民族事工整合为模式化宣教方式。慈善机构、差传和地方教会以不同的方式与地方少数民族社会建立了"连接"，为双方在基督教信仰方面的"交通"准备了条件。慈善机构在

---

① 1949年之前，中国教会多数为外国差会掌控，其"自立"主要体现为摆脱外国差会控制，实现"自传、自治、自养"。1949年以后，国家拥有了独立主权，提倡独立自主的宗教政策，在法理上隔断了与外国差会的"隶属"关系。但在边疆民族地区，将教会紧紧"镶嵌"在民族社区等固有社会结构中，受制于地方社会结构。所以，其"自立"主要表现为与传统民族社区的关系。

招收员工和服务对象上没有民族界限，发展了傣族、哈尼族等民族基督徒。差传在苗族、瑶族、哈尼族等乡村教会宣教牧养，跨越了民族、村寨边界。地方教会立足于本区域的传教牧养，以规范化的传教方式在多个民族、社区甚至跨区域传教。各种传教方式与地方社会建立了"连接"，并以"跨越"界限的视野传教，成为基督教地域适应的时代特色。

慈善事业和差传主要站在基督教的立场来审视、思考、选择宣教策略，以单向的灌输为主，忽视了对少数民族文化和信仰的关注，但仍尊重少数民族基督教信仰的主体地位。慈善机构与当地少数民族员工合作，借助地方教会进行传教。当地少数民族员工和地方教会承担信仰干预任务，是传教和信仰的主体。外地教会差派的传道人虽然在当地信徒中拥有较高的威望，但他尊重地方教会的自治管理权，不随意干预教会内部事务。地方教会将基督教主体与地方社会主体、民族主体更好地结合在一起，在吸纳传道人、适应国家法律法规和社会发展中，形成了教会自我主体神学体系，而不是盲目、被动地接受外来传道人的控制、指导、牧养。传教方式尊重地方教会和信徒的主体性，有利于民族文化和基督教文化的融合。

传教方式最终都要落实到地方教会和地方社会中。地方教会既是慈善宣教、个人宣教的承受者，也是在本地传教的正当合法的施予者。地方教会是慈善机构、个人宣教等传教方式的立足之本。没有地方教会，慈善机构难以向慈善对象进行深入的基督教信仰干预，不能卓有成效地发展信徒；外来宣教也难以找到牧养目标，失去乡村宣教的舞台。地方教会的传教更具成效和规范化，从小细胞、差传到独立教会，有一个连续不断的牧养过程。各类传教方式只有进入民族社区才能接触到传教对象。慈善机构在"麻风寨"宣教成功；外地教会差派的传道人只有进入民族社区才能找到乡村教会；地方教会的民族事工同样面临着如何进入民族社区的困境。地方教会和民族社区成为宣教适应的两个归结点。

（二）基督教地域适应状况

在传统社会，基督教和少数民族传统宗教都拘泥于以村寨社区为基本单位的社会机构之中。宗教的神圣界限与社会结构的世俗界限相互叠合，彼此强化。所不同的是，基督教拥有独立的信徒团体——教会；但各民族传统宗教包括佛教、道教等制度型宗教都没有形成组织性的信徒团队，而是依附于血缘、地缘组织勾连出的家庭—家族—村寨—勐（地域性村寨联盟）等层级分明的祭祀圈。现代社会，基督教以教会组织跨越了传统宗教的祭祀圈，实现教会内多民族、跨区域信徒的合一。由于两种信仰体系难以相互融合，在组织关系上就表现为教会与家庭、家族和社区的融合与排斥、"镶嵌"与"悬置"。

1. 跨越性

传统宗教具有强烈的社区排他性，社区居民必须持有相同信仰，而信仰内容却是包容性的。因为这些民族传统宗教都有祖先崇拜的成分，并伴有鬼神信仰，所以多个民族、多种宗教的相互融合体现了民族宗教文化的容纳性。各少数民族传统宗教以及已经与少数民族社会融为一体的佛教、道教都受到地域边界的限制，这是由于农业社会对土地资源的竞争、控制、排斥所致。进入现代社会，傣族寺院没有适应新形势的发展，还是按照村寨界限来区别信徒。现在傣族男孩不再升和尚，许多村寨出现了"有寺无僧"的尴尬局面，只能聘请布朗族和尚来主持寺庙，向布朗族和尚顶礼膜拜，突破了民族界限、地域界线。但佛教的信仰组织形式依然以村寨为单位，并没有实现布朗族和傣族居民聚集在同一个寺庙共同拜佛的情况。道教传入瑶族之后，与瑶族原始宗教叠加融合在一起，共同维护着瑶族传统社会秩序。在"度戒"仪式中，度戒者可以邀请其他村寨的道公、师公做师父，但是整个度戒活动由本村寨的寨老主持。

改革开放以后，农村实行联产承包责任制，所有土地都被分配完毕。村民的户籍身份成为他们在村寨拥有土地的法理基础。传统权威没有能力将村民排挤出村寨。反过来，村民即使走出村寨也很难在其他村寨找到土地，营造新的生存空间。在民族国家的建制下，建构村寨边界的宗教、文化、生产方式等传统符号与现代法理规则存在张力。这为现代社区容纳不同宗教信仰创造了条件。国家体制、社会分工、人口流动和国民教育促进了不同民族社区的交流互动，侵蚀着民族社区的边界建构。基督教以其独立自主的教会组织，吸纳不同民族社区的信徒。作为城镇教会，曼嘎老堂、曼嘎新堂和勐瑶教会都超越了民族、社区界限，实现了多民族信徒在教会内的合一。曼养教会是典型的乡村教会，也开始吸纳周边的汉族信徒。虽然在教会内还存在一定的界限，但已经显现出跨越社区边界的趋势。基督教跨越界限，与民族传统宗教在社区内相遇，成为基督教融入地方社会、处理与其他宗教关系的新形势。

2."镶嵌"与社区结构

民族传统宗教与民族社区"镶嵌"在一起，共同维持着传统社会结构。社会转型带来民族社会传统结构的松动，导致传统宗教与民族社区开始"脱嵌"。基督教趁机进入民族社区，与传统宗教相遇，并发生排斥、共处、置换等互动关系。基督教会在融入三个傣族社区的过程中呈现出不同的"镶嵌"类型。1949年之前，曼嘎村全村信仰基督教，基督教与社区边界完全"镶嵌"在一起。进入现代社会，曼嘎村浸润于城市现代气息之中，村民信仰多元化，可以自由选择信仰，不再以宗教身份来界定村民身份。宗教边界与社区边界完全分离，教会与曼嘎村开始"脱嵌"，走上"自传、自治、自养"的自立道路。曼养村曾经是一个麻风病人聚居的傣族乡村社区，因基督教的信仰历史和民族传统，全村共同祭祀寨神，一起过圣诞节，两种信仰文化相互叠合，与社区边界"镶嵌"。当基督教复兴之后，排除了寨神祭祀，基督徒身份成为建构村民身份的一个维度，基督教边界单独与社区边界叠合。教会"完全嵌入"曼养村，全村集资建盖教堂，教会权威依附于村委会主任、老人集团等村寨权威，难以显示自我主体性。曼邦村是传统傣族村寨，全村信仰南传上座部佛教，佛教边界与村寨边界紧密叠合，村民身份和信仰身份不可分割，村民没有选择其他信仰的自由。基督教传入曼养村之后，受到村寨、家庭的排挤、逼迫，难以在村寨落地生根，教会聚会点只能"悬置"于曼养村。同一民族受城乡现代化程度差异的影响，导致基督教融入傣族地方社会的形态差异。由市场经济带来的现代性社会结构的"大转型"，导致经济、宗教、政治与社会相互"脱嵌"，实现了独立自主，彼此不再相互影响、制约和控制。[1]社会现代性并非一蹴而就，传统向现代社会的转型表现为城乡之间的空间差异，从而造成宗教与社会结构"镶嵌"程度的不同。宏观宗教与社会的"镶嵌"关系可以通过中观层面宗教群体与社区的"镶嵌"状态来具体呈现。在城市社区，现代化程度较高，宗教与社会分离，拥有主体地位，正如基督教组织（也包括傣族佛教祭庙、汉族祭祖）"脱嵌"于曼嘎村。在乡村社区，不论是基督教组织"完全嵌入"曼养村，还是"悬置"于曼邦村，[2]都表明了宗教与社会的紧密关系。

在乡村社区，宗教与社会有着紧密的"镶嵌"关系，但不同民族社区因民族传统、发展史以及民族成分的差异，造成基督教组织与社区不同的"镶嵌"关系。比如勐瑶教会牧养四个不同民族社区的信徒，却与这些社区呈现不同的"镶嵌"状态。哈尼寨在迁入西双版纳地区之前受到地主经济和封建体制的冲击，打破了村寨集体边界，接纳了基督教信仰。迁入西双版纳之后，村寨没有恢复基督教的全民信仰，而且传统鬼神信仰"回灌"，村民可以自由选择信仰，教会与村寨"脱嵌"。瑶族一寨以瑶族传统信仰维持了村寨边界，基督教传入

---

① 参见〔英〕卡尔·波兰尼《大转型：我们时代的政治与经济起源》，冯钢、刘阳译，浙江人民出版社2007年版。

② 从另一个侧面说，是佛教寺庙"完全嵌入"了曼邦村。

以后，两种信仰经历了激烈较量，最终达成妥协，并存于一个社区内，村民拥有了选择信仰的自由，社区边界"包含"了两个信仰边界，教会"并存嵌入"村寨。壮族依人村在发展过程中建构了稳固的信仰边界，村民遵循共同的信仰规则，将个别基督徒排斥于村寨祭祀圈之外，教会只能"悬置"于村寨。会帕村作为多民族村寨，没有统一、稳固的宗教信仰，虽然借助补过人的土地庙来建构村寨边界，却经不住基督教的冲击，土地庙的集体祭祀受到基督教的持续压制，村民不受社区束缚可以自由选择信仰，教会"强力嵌入"社区。

在社区内部的信仰边界上，曼嘎村和哈尼寨与宗教信仰"脱嵌"，并不关注村民的信仰身份，从而造成信仰边界模糊；曼邦村和依人村与传统信仰"镶嵌"在一起，曼养村与基督教"镶嵌"在一起，社区内信仰边界单一；基督教强力嵌入会帕村、两种信仰并存嵌入瑶族一寨，两种信仰在社区内彼此排斥、对抗，界限分明。

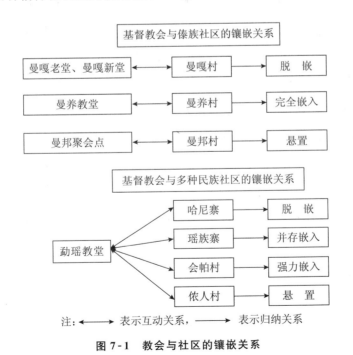

图 7-1　教会与社区的镶嵌关系

表 7-1 　　　　　　　　　　　镶嵌状态与社区信仰状况

镶嵌状态	社区与信仰边界	村民信仰自由	社区内信仰并存	社区内信仰边界
脱嵌	分离	有	允许	模糊
悬置	叠合	无	不允许	单一
完全嵌入	叠合	无	不允许	单一
强力嵌入	分离	有	允许	分明
并存嵌入	分离	有	允许	分明

　　基督教会与民族社区的不同"镶嵌"状态受民族社区结构状况影响。教会在融入民族社区时，社区结构对异质宗教的排斥和容纳力成为两者互动关系的关键。城市社区曼嘎村、外来移民社区哈尼寨和多民族杂居社区会帕村由于不同原因导致传统社区结构衰落和控制力的式微，寨老（或寨主）、老人集团等传统权威不再起主导作用，难以左右村民的信仰选择。教会"脱嵌"说明基督教失去了民族社区的支持和绑缚；教会"强力嵌入"说明基督教打破了民族社区对传统信仰的"护翼"，都表明传统宗教失去了社区结构的支持和统摄力。傣族乡村社区曼养村、曼邦村和壮族乡村社区侬人村因地处偏远农村而延续了农耕定居社区的传统结构和集体控制力，寨老（或寨主）、宗教领袖（巫师、波章、佛爷等）、老人集团等传统权威依然在日常生活中起着主导作用，左右着村民信仰的集体选择。教会"悬置"于曼邦村和侬人村使社区结构与传统信仰彼此支持、互为表里，将基督教排斥在势力范围之外；教会"完全嵌入"曼养村使社区结构将传统信仰"置换"为基督教，依然纳入其掌控之下，显示了某一宗教以社区结构为后盾控制着村民的信仰选择。地处乡村的瑶族一寨维持着传统社区结构，寨老、宗教人员（师公、道公）等传统权威依然享有一定的话语权。但随着基督教慢慢"嵌入"社区，坚强地抵抗住了传统权威

的排挤，赢得了适宜的生存空间，最终双方谋求共存策略。教会"并存嵌入"是指社区结构既保留了传统信仰，又接纳了基督教，将两者包容在社区界限之内，容忍村民的信仰选择。

邢朝国将村落社会控制的发展分为士绅社会时期、"民族—国家"权力渗入村落社会时期和国家权力后撤时期。[①] 西双版纳地区的村寨权威结构也大致经历了以上三个发展阶段。士绅时期相当于西双版纳土司制度时期，民族社区以村社组织为主，村寨头人、寨主"召曼"、寺庙大佛爷等分别掌管世俗和神圣事务，在社区界限内形成一个熟人社会的自治系统。清末民初，柯树勋进驻西双版纳，国家权力逐步延伸至村落社会。直至中国共产党的基层党组织和人民公社化进入乡村社会，国家权力实现了直接行政控制，国家授权的地方政治精英替代了村寨传统权威。头人、寨老、僧侣、师公、道公要么受到批斗，要么变为普通社员。但以亲缘、血缘和地缘为纽带的民族、家族、家庭从"正式治理者"变为"非正式影响者"，依然发挥作用。1978 年以后，农村实行家庭联产承包责任制，国家权力开始后撤，村干部对村寨的整合力下降，作为内生秩序的各类民间组织开始恢复，传统宗教信仰出现复兴。但村民自治的推进、现代化的影响、民族杂居、社会流动，持续冲击着民族社区，限制了民族传统宗教的影响力。村改居的曼嘎村没有恢复全民性的基督教信仰；而乡村社区曼养村恢复了基督教村寨集体信仰；曼邦村恢复了佛教信仰和原始宗教信仰，也相应地恢复了宗教信仰的权威。在勐瑶教会牧养的四个乡村社区中，哈尼寨作为移民社区，远离了自身文化环境，并倚重国家权威给予的资源，没能恢复全民性基督教信仰；会帕村是人民公社化时期聚拢形成的多民族村寨，本身就没有统一的传统文化和宗教信仰，即使人为嫁接了补过庙祭祀，也缺乏团结力；瑶族一寨恢复了瑶族传统信仰，但是面

---

① 参见邢朝国《纠纷过程与暴力生产——对皖中江庵镇村落暴力纠纷的研究》，博士学位论文，中国人民大学，2011 年。

临基督教的长期传播以及基督教家庭的坚强支撑，容纳了两种信仰文化；侬人村是当地比较古老的壮族社区，有着稳固的社会结构和浓厚的宗教信仰，在恢复传统信仰以后，还在不断巩固这一信仰权威。新时期，民族社区传统文化和权威的恢复表现出多样化趋向，影响着基督教在这些社区的传播。

民族传统宗教与社区权威联系在一起。村寨权威的维持力是抵制基督教传播的最原始动力。男性是传统宗教的主要参与者和主持者；并且老人把持信仰的话语权，比如傣族的寨主、波章，瑶族的寨老，壮族的老人集团，等等。基督教传入传统民族社区，宗教权威变成了掌握圣经知识和拥有"属灵生命"的神职人员。神职人员既可以由女性信徒担当，也可以委任于年轻神学生。在权力交替过程中，必然存在斗争、冲突，也必然会带来地方社会结构的变迁。就民族社区结构变迁而言，"脱嵌"和"强力嵌入"对应着社区传统权威衰落；"并存嵌入"对应着传统权威受到了限制；"悬置"和"完全嵌入"对应着强大的传统权威，由此呈现出由弱渐强的"线性"状态。

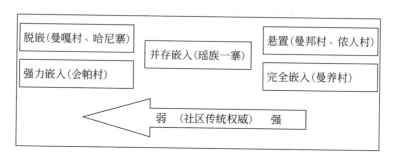

图 7-2　镶嵌状态与社区结构

教会与社区的不同"镶嵌"状态在两者互动和外部环境变化时会发生相互转化，表现为动态变迁过程。"并存嵌入"是基督教融入地方社会自我能动性的体现，将基督教与地方社会的互动关系"拉长"为一个变化过程。"脱嵌"在持续融入中可能变为"并存嵌入"；"完全嵌入"可能因为传统信仰的"回灌"也转变为"并存嵌入"；"并存嵌入"在基督教力量继续壮大之后而压制传统信仰，发展为"强力嵌入"；"完全嵌入""并存嵌入"和"强力嵌入"在失去社区结构支持、绑缚之后与民族社区"脱嵌"；"脱嵌"随传统信仰的"回灌"变成"悬置"，或者随基督教的发展变成"再嵌入"等。教会与民族社区"镶嵌"关系的转化不是单向一维的，而是双向多维的。

3. 社会排斥与教会"镶嵌"

基督教的地域适应和社会融合不在于基督教的信仰是什么，而关键在于什么人信仰基督教。当年在曼嘎村，基督教被称为"鬼"信的教，而在勐瑶教会将基督教称为"墨江人的教"。在生产力低下的农业社会，个人依附于社会群体，委身于本群体的保护神。而我们应该反思，为什么传教士通过干预司法诉讼、兴办学校和医院、创制民族文字，从而招纳大量群众信仰基督教。这可能不在于基督教的救赎作用，而在于这些皈信者被排斥在司法、教育、医疗、文明的社会服务之外。现在，基督教宣教活动中还普遍存在"越穷的地方，越容易传教"的共识。有学者将其归因于这些民族、地区文化水平低下、意识落后。以社会排斥的视角来看，贫困就是因为这些人被排斥在社会资源的占有权之外。

韩军学认为，村寨控制力是抵制基督教传播的基本力量。村寨凝聚力具体体现在社会控制和社会支持的结合点上。基督徒受到民族社区传统权威的责难和排挤，或者是因受排挤才信基督教，借此宗教资本再次融入社区生活。基督教信仰与社会融合（社会排斥）存在相关关系。曼嘎村和曼养村因为被诬为"琵琶鬼"或罹患麻风病而受排挤，在基督教的教义牧养和慈善事业的医治之下寻求心理慰藉和"去污名"手段。曼嘎村在融入都市生活过程中，基督教与社区"脱嵌"；曼养村村民的疾病得到医治，重新为傣族社会接纳，基督教却"完全嵌入"社区。曼邦村玉旺被诬为"琵琶鬼"而受排挤，借助基督教的话语权变"洁净"了，在世俗生活中得到教会信徒的社会支持和原来社区有限度的接纳；因为信仰基督教，他们全家不能葬入村寨坟山，在"彼岸世界"被排挤出社区界限。傣族大佛爷虽然受村民跪拜，享有很高的威望，却没有感受到人与人的亲近和帮扶。他认为村民对他跪拜，向他进献财物，是理所当然的一种义务。这种习俗中的人际互动缺乏情感交流，变成了一种契约式的交换关系。在会帕村，亲戚指责赵妈信基督教，且在公公生病时并没有来帮助她，只有教会信徒前来探访、帮忙，并送来青菜等物品。哈尼族碧约支系从墨江县携带基督教而来，在成功融入迁入地社会之后，其基督教信仰也由"墨江人的教"变为多民族信仰的地域性宗教。在曼邦村、倮人村和瑶族一寨，信徒都遭遇了社区权威在葬礼、祭祀、利益分配等方面的排挤。信仰家庭（玉罕伦家、玉旺家、杨秀英家、壮族基督教家庭）和教会成为对抗社区排斥、提供社会支持的坚强堡垒，为信徒重新融入社区生活营造了缓冲空间。基督教并不依附于社区等社会组织，不具备对信徒的强大控制力；既没有土地资源，也不能划定社区成员的身份资格，只提供单一的宗教产品，以及在上帝名义下的人情互动和物质支持。社会融合（社会排斥）和基督教信仰并非单向的因果关系或功能关系，而是双向互动的相关关系。基督教传播在遭遇社区排挤的同时，也提供了配套的社会支持，以便于信徒重新融入社会生活。

（三）基督教地域适应特性：主体性

第一，教义上一神信仰，对外排斥。

基督教超越了民族、地域等界限，体现了其不同于其他宗教的特性——跨越性。在一般学者看来，基督教的跨越性是其普世性的体现。笔者认为，所有制度性宗教都具有超越民族、地域、文化等群体界限的特性，同样具有普世性的宗教关怀。比如，佛教在中国不仅在汉族地区形成了汉传佛教，还在藏族地区形成了藏传佛教，更在中南半岛诸民族地区形成了南传上座部佛教。仅就南传上座部佛教而言，是傣族、布朗族、佤族等多个少数民族宗教信仰的重要组成部分。多个民族、多个地区、多种文化群体信奉同一个佛祖，造成差异的最主要原因在于佛教所融入地方社会的信仰底色不同。道教在中国大江南北、多个民族传播。北方地区以全真教为主，南方倾向于五斗米教；在瑶族、壮族等少数民族宗教中也带有道教信仰元素。但这些制度性宗教与基督教的不同在于，佛教、道教与地方社会"镶嵌"在一起，与地方信仰文化相叠合，融为一体。基督教将跨越性定格为普世性，强调了基督教的普遍主义价值。支撑基督教普遍主义价值观的是其奉行上帝是至高无上的唯一真神，排拒其他宗教神灵与其共享信徒的俯伏敬拜，使其跨越性更具鲜明特色。

第二，自组织性，聚合在一起，又可以分裂。

在制度性宗教中，佛教、道教都能接受自然崇拜、祖先崇拜、社神崇拜的信仰内容。基督教因为禁止偶像崇拜，难以与其他信仰体系相互吸纳、融合，必然会遭到这些宗教的抵制和阻止。而社会现实却是，基督教以"井喷式"的迅猛发展引起各界的关注。此中原因，不能仅仅从教义的相容和排斥方面进行分析和归因，更应深入宗教信仰的社会结构层面，分析宗教与之相适应的社会结构，寻找宗教传播、融合的社会原因。佛教、道教在与地方社会传统宗教融合的过程中，顺应、服务于此社会结构的利益争夺、群体对抗、阶层区隔，最终受制于社会结构，失去自我主体性，也就难以焕发活力。基督教虽然在教义上具有排斥性，但在组织形式上超脱于地方社会结构的界限、区隔和对抗，形成自我独立的组织结构，保持内部活力，积极向外扩展。

信仰的融合和排拒表现在对地方社会组织的依附程度上。融合性宗教对地方社会组织有更强的适应性，在不打破原有结构的前提下即可融入地方组织，从而服务地方组织。这一特性和功能，难以实现组织的跨越性。基督教在教义上具有排拒性，不依附于原有社会结构，自主吸纳信仰唯一"真神"的信徒,从而使教会组织能够跨民族、跨地域、跨文化,将不同的组织成员团结在一起。教会组织在发展中,也可能分裂为多个教会组织,甚至成为相互对立的组织。教会分裂被看作基督教拓展的一种方式,不会影响"上帝国度"的疆域。这不同于中国传统信仰的祭祀圈。由不同层级群体结构组成的祭祀圈,只要一个环节的破裂,就会造成同一层级祭祀圈的衰落,削减了祭祀圈的覆盖区域。

第三,信徒的自主性,可以自由选择。

传统社会,不同民族群体都被固定在相对封闭的地方空间内,因语言、宗教、生产、习俗的差异,而彼此区隔,维持明显的民族界限。民族成员在民族文化氛围内长大,进行社会化,持续传承着这些民族差异要素。南传上座部佛教在傣族和布朗族之间的差异,并非宗教本身的原因所致,乃是传统社会民族分离的社会结构使然,民族社区不仅是居民生老病死终其一生的社会支持组织,更是入乡随俗遵循统一规则的社会控制系统,这就是为什么一位其他民族成员进入民族社区必须改信本社区的信仰体系。不论社区信仰体系是多种信仰的叠合,融合多个民族宗教元素,还是某个民族的单一宗教信仰,都维持了社区界限与宗教界限的一致性。

现代化带来了"时空的延伸",流动的加快,国民教育替代了口传身授,国家制度化监督遮掩了民族习俗性监督,现代社会似乎以"断裂"的方式超越了传统社会。宗教开始脱离社区生活的丰厚土壤,化为个人的宗教选择和实践。传统民族社区的宗教仪式面临着所谓"世俗化"的考验。随着掌握宗教知识的老人集团的渐渐离去,年轻一代不再继承传统文化元素,如驱鬼、祈福的咒语等。传统文化难以延续,监督力量也将大打折扣,个体的宗教选择成为可能。1949年之前,大量少数民族村寨整体皈信基督教,尤其是村寨头人、族长带头皈信基督教,全寨村民也都跟着皈信了。而现在不会再出现村寨整体皈信基督教的现象，只有部分村民因接触到基督教教义或感受到"上帝的救恩"而单独皈信。以前是因为委身于村寨集体而皈信基督教，现在是皈信了基督教才选择委身教会组织。前者体现了集体主体性，个体的选择依托于集体的判断；后者体现了个体主体性，个体的选择依托自己的判断。

二　讨　论

第一，对现代化的价值判断。

现代化成为世界趋势，但是现代化对传统社会的冲击是否是必经过程，现代化的物质丰盛与传统社会结构和文化能否结合，成为我们必须思考的问题。现代化也不能作为国家体制遮盖少数民族话语权的不容置疑的价值预设。现代化如何与少数民族社会、文化、宗教融合并存，已经成为学术界反思现代化的一个课题。基督教经过现代化的"改装""升级"，从组织形式到信仰形式都与现代潮流相契合，以所谓"先进文化"的姿态君临少数民族宗教信仰。但主耶稣的救恩与少数民族祖先、寨神的护佑对人的"终极关怀"是同等效力的。在给人以心灵的慰藉和灵魂的喂养上，没有哪一种文化更胜一筹，更没有资格评论哪个才是真理。文化的高低只能体现在形式结构和外部包装上。而这些文化"外壳"可以为任何文化所吸收、借鉴、装备。所以，任何文化都不能因为先一步获取了改装技术，由"大刀长矛"换成"坚船利炮"，就肆意侵吞另一种文化。百年前以坚船利炮创立的日不落帝国，现在连本土的国家统一都面临危机；作为现代文化摇篮和输出地的西方社会却接连遭遇非洲文明和伊斯兰文化的"反向殖民"。而少数民族文化振奋信心和勇气，以自我主体为本，进行现代化的外部形式改造，同样可以跻身"先进文化"行列。

第二，对基督教地域适应多样性的回应。

本书并没有执着于基督教文化与少数民族文化的会通，也没有纠缠教会组织内部结构的变迁，而是关注教会组织与民族社区的互动关系。因为基督教信仰体系的排他性和教会组织的制度化，不论是与地方文化发生"文化融入""文化重构"，还是伦理"置换"，都没有改变基督教一神信仰这一本质问题；在与地方社会的"融合""排斥"中并没有改变基督教会的自组织特性。教会与西双版纳民族社区互动中表现出"悬置""完全嵌入""强力嵌入""并存嵌入"和"脱嵌"等"镶嵌"状态，体现了基督教地域适应和社会融合的多样性。这是基督教（教会和教义）主体性和地方社会（结构和文化）稳固性彼此互动、相互调试的结果。基督教在适应、融入地方社会过程中既没有丧失自我，更没有"颠覆"地方社会结构和文化，而是在神圣世界与世俗世界的融入与排斥、顺服与对抗、认同与污名中寻找平衡点。

第三，现代性与民族国家的关系。

基督教在中国西南边疆传播近百年，宣讲信仰文化，招收信徒，建立信仰组织，完善组织运行方式。这种植入的血液类型在与植入体本身的血液排斥、接触后，开始相溶，在植入体内具备了血液再造功能，并为植入体运输养分，支持植入体内各器官的新陈代谢，维持着这个生命体。这个生命体已经离不开这一植入的文化血液，成为其生命体的一部分。而基督教信仰是不分民族的，可以吸纳任何民族的信徒，成为一种消除民族差别的统一性文化。在中国语境下，只有国家的学校教育和汉文化传播具有此类功能。国家义务教育向全体国民传播国家意识形态、语言文字、科学知识等，是在世俗世界消除民族界隔的统一化手段。但其对民族地区的信仰世界缺乏富有成效的同化手段，所以国家的国民教育与基督教信仰分别在少数民族地区的两个世界展开竞争。这两种文化推广方式也努力向对方领地展开攻势。国家的宗教信仰自由政策，以尊重保护为宗旨，使信仰变成个人的自由选择，从而破除了传统社会组织对信仰的限制和束缚，然后用文化教育，使个人放弃宗教信仰，接受国家主流意识形态。而基督教以信仰传播为主旨，辅之以人情关怀、医疗卫生、扶贫资助等世俗手段，开拓了传播渠道。国家的宗教信仰自由政策也成为其法权护身符。而且，各少数民族先前的宗教信仰是与传统社会的生产生活方式相适应的，在受到现代文化冲击下，必定放弃不适应社会发展的文化元素，继承优秀的民族文化内核，有一个自我鉴别的过程，更有一个自我调适的过程。在目前，现代化的冲击一波接着一波、一浪高过一浪，源源不断地刺激着民族的传统信仰，使其陷入了自我迷茫状态，所以民族信仰如何自我清醒，积极进行自我调适，来适应现代社会，是一个迫切的问题。

基督教界人士在推动基督教全球化运动中，提倡基督教的普世关怀，反对"纠缠在这些国家主义的观点和理念中，没有跳出种族和国家的偏见"[1]。在研究内容和方法选择上，全球地域化也力图摆脱"民族国家中心论"对"现代化发展范式"的羁绊，直接实现"现代化发展范式"与"全球化发展范式"的结合。[2] 从普世基督教直接过渡到"地方基督教"，忽略或漠视国家权力的在场，是对基督教在中国的传播史和现实的否认。唐朝时期，基督教初入中国即与国家权力牵扯在一起。康熙、雍正之前，历代皇权几度禁教；鸦片战争之后，外国传教士借助不平等条约和地方政府的干预才打破了地方"小传统"的文化保护力，将基督教信仰扎根在中国乡土社会；改革开放后，国家贯彻落实宗教信仰自由政策，成为基督教对抗社区等传统信仰力量排斥的法理工具。在西双版纳民族社区，基督徒以国家法律抵御社区传

---

① C. Y. Cheng, "The Development of an Indigenous Church in China", *International Review of Mission*, Volume 12, Issue 3, 1923, p. 369.

② 参见吴梓明、李向平、黄剑波、何心平《边际的共融——全球地域化视角下的中国城市基督教研究》，上海人民出版社 2009 年版。

统权威的逼迫。在傣族曼邦村、瑶族一寨和壮族侬人村，基督徒都提到了国家法律保护信仰自由、政府官员维护基督徒的利益，证明了国家权力的在场。如果没有国家权威的"在场"，即使在现代社会，基督教也难逃被排挤出传统民族社区的命运。所以，在现代化背景之下，基督教的地域适应和社会融合不能无视和排除民族国家的因素，不能走向政府虚无主义的陷阱。

第四，对宗教生态关系的影响。

宗教祭祀圈是一个群体性组织，民族是一个群体，村寨是一个群体，宗教信仰从家庭到家族，到村寨，再到地区性的宗教联系。傣族发展出勐神信仰，而山地民族、存在血缘关系的父寨与子寨、不同村寨的同一个家族，都有紧密的宗教联系。但是，西双版纳并没有形成所有民族共同参与的地域性信仰。即使是共同信仰佛教的傣族和布朗族，中间也横亘着民族的差别。傣族发展出了地域性的勐神，而布朗族还局限于村寨的信仰。基督教信仰冲破了家庭、家族、村寨、民族、地域的界限，成为所谓的"普世性宗教"。但在宗教传播与生存中，还要回归地域、民族、村寨、家族和家庭之中，适应不同的群体，使普世性的基督教表现出信仰的群体差异。宗教是社会性的，群体是宗教的基本存在形式。地域、民族、村寨、家族、家庭都是划分群体的不同维度。宗教活动既是人与神的超越性沟通，也是崇拜群体凝聚力的体现。所有成员心中对所属群体都有一个界限，谁是群体里的，谁是群体外的。以前，血缘、信仰、地域的界限都重合在一起，群体内部高度一致。相同的信仰，同时意味着相同的血缘、民族、地域。现在，这些界限开始分离、移动，同一个民族、同一个村寨、同一个家族出现了不同的信仰。

各民族以浓厚的祖先崇拜、鬼神崇拜、社神崇拜和民族宗教凝聚着家庭、家族和村寨的集体认同。基督教信仰传入民族社区，不只是两种信仰文化的直接对话，更是信徒各种身份的调试。从前，每个家庭都有家神，家族有家族神，村寨有寨神，血缘、亲缘、地缘与信仰完全统一，群体内高度同质性成为成员互动和认同的基础。现在，基督教进入这些群体，"我群"中出现了信仰的"异类"，必然对群体认同产生震荡。信仰的"异类"如何调试与家庭、家族、村寨的关系，以及这些群体如何接纳这个信仰的"异类"，成为开启新型社会关系的聚焦点。在村寨几千年信仰传统的历史沉淀下，基督教传播受到传统信仰"惯习"的抵制。基督教的传播不仅仅是让村民接受这位救世主"真神"，更是对传统信仰观念的颠覆。

基督徒虽然反对传统祭祀活动，但也坚持参与村寨的葬礼、祭祀聚会，履行缴纳祭祀费用的义务，维护村寨集体的团结。王莹、吴飞认为乡民看重的不是对基督教信仰的"虔诚"，而是基督徒经常参加教会活动的"热心"。[①] 这种仪式的"在场"，是对群体身份的确认，是"我群"意识的重复加添，也就能赢得"我群"成员的好感和赞赏。在村寨集体性活动中，村寨、家族从对基督徒的不解、排斥到理解和接纳，中间也有家庭亲情的牵绊、家族和村寨归属的纠葛。基督徒不因信仰基督教而舍弃家庭，也没有因信仰的"异类"被排挤出家族和村寨。基督徒的"在场"是家族、村寨成员身份的再现，这成为基督徒、家族和村寨共同在意的东西。

在传统社会，文明差异与地域区隔相重合，导致自治和分离。现代社会建立过程中，民族社会结构和文化受到国家体制的冲击。外来文明的进入、移民群体的涌入，打破了空间、文明的界限。基督教作为一种外来文明跨越传统界限，成为跨文明、跨地域的新认同方式。国家体制下的国民教育培养国境线以内不同文化群体的国族认同。国家利用民族社区的传统力量对抗基督教的传播将是无力的、短暂的。

---

① 参见王莹《地方基督徒的身份建构研究——以中原地区 Y 县基督教会为例》，博士学位论文，上海大学，2008 年；吴飞《麦芒上的圣言：一个乡村天主教群体中的信仰和生活》，宗教文化出版社 2013 年版。

因为现代化的浪潮、国家体制的利剑已经逐步将民族村寨的结构和权威摧毁。国家一体化（国民教育和外部社会化）也不能阻止基督教的传播，社会流动和汉语普及更是为基督教传播架桥铺路。而在国家一体化的统合之下，不同宗教打破民族、文化、地域等界限的区隔，在社区内相遇，进行着排斥、共存、尊重等互动活动，从而造成宗教与民族社区不同程度的"镶嵌"状态；宗教相遇所处的社会结构和适应策略决定了宗教生态关系的变化状态。

附录一

线索人物简介^①

第三章

[1] 米嗦：女，哈尼族雅尼支系，基督徒，1978 年出生，慈善机构项目负责人。

[2] 一位慈善机构员工：男，傣族，曾做过大佛爷，1973 年出生，2001 年皈信基督教。

[3] 项老师：男，某东部沿海省，50 多岁，在西双版纳传教 13 年之久。

[4] 严长老：男，哈尼族碧约支系，当地基督教领袖，50 岁左右。

[5] 小严：严长老的儿子，项老师的学生，哈尼族碧约支系，基督徒，1984 年出生。

第四章

[1] 玉的：女，傣族，曼嘎新堂牧师，曼嘎村村民，60 岁左右。

[2] 玉双：女，傣族，曼嘎新堂长老，曼嘎村村民，60 岁左右。

---

① 所有线索人物的人名、村寨名都经过处理。

〔3〕玉叫坚：女，傣族，曼嘎新堂长老，曼嘎村村民，45岁。

〔4〕宋健：男，东北人，汉族，曼嘎新堂长老，40岁左右。

〔5〕李老师：男，云南大理人，汉族，曼嘎新堂传道人，40岁左右。

〔6〕马云：男，哈尼族，曼嘎新堂传道人，1987年出生。

第五章

〔1〕岩在：男，傣族，曼嘎老堂牧师，曼嘎村村民，50岁左右。

〔2〕曼养村教会长老：曼养村第一个上门姑爷，汉族，老家四川，48岁。

〔3〕一位曼养村传道人：女，傣族，曼养村村民，1983年出生。

〔4〕玉罕伦：女，傣族，曼邦聚会点负责人，曼邦村第一个皈信基督教的，30岁左右。

〔5〕玉旺：女，傣族，基督徒，曼邦村民。

〔6〕玉旺的弟弟：曼邦聚会点负责人，傣族，基督徒，49岁。

〔7〕当地民族宗教事务局工作人员：男，50岁左右。

第六章

〔1〕张永贵：男，哈尼族碧约支系，勐瑶教会老长老，哈尼寨村民，已去世。

〔2〕张曙光：张永贵的大儿子，哈尼族碧约支系，勐瑶教会长老，哈尼寨村民，65岁。

〔3〕杨秀英：女，瑶族，勐瑶教会传道人，瑶族一寨村民，40岁左右。

〔4〕杨大荣：杨秀英的大弟弟，男，瑶族，勐瑶教会传道人，瑶族一寨村民，40岁左右。

〔5〕黄严三：男，汉族，原籍广东，勐瑶教会传道人，会帕村村民，已去世。

〔6〕赵妈：女，傣族，基督徒，会帕村村民，50岁左右。

〔7〕赵畅：赵妈的儿子，彝族，勐瑶教会传道人，会帕村村民，1984 年出生。

〔8〕侬人村村支书：男，壮族，传统信仰者，60 岁左右。

〔9〕侬人村基督教家庭老二：女，壮族，50 岁左右。

〔10〕侬人村基督教家庭老五：女，壮族，50 岁左右。

附录二

曼嘎村寨简介^①

如今的曼嘎所在地及周围原是一片虎豹出没、杂草丛生的荒山野地。1910年前后，有四户傣族人家由于被人诬为"琵琶鬼"而被赶出寨子逃亡到澜沧江边的勐罕、曼阁、曼斗等地，先后从江北岸划竹筏到江南岸，在沿岸边（现曼嘎住址）搭草棚住下来，组成一个小村落，结束了这块荒山野地空无人烟的历史。

随后，又陆续有一些被诬为"琵琶鬼"和患麻风病而逃出来的人到此居住。

1913年，由美国长老会泰国分会派出的第一批美国传教士从泰国来到车里（现景洪），他们拿着布匹、饼干、糖果等礼品拜见宣慰使刀承恩，请求在西双版纳传教，要求在车里划一块土地盖教堂、医院、学校等，并征得宣慰使及国民党驻车里的思普沿边行政总局局长柯树勋的同意，划嘎兰江边一块地皮给传教士，由柯树勋与传教士签署了"每年付给行政总局租金大洋100元，租期九十九年"的协议。

---

① 本书所有村寨名都经过了处理，"曼嘎"并非这个村寨的真实名称。这个简介用彩印布幅固定在一个铁架子上，放在曼嘎村老年活动中心里面。从中可以看出曼嘎村对这段历史的着重宣传。

此后，又有两批美国传教士来到车里，并带来所需的建筑材料、医疗器械和十多名泰国北部清迈的佬族教徒（这些人自称傣允，俗称戈罗人），相继在嘎兰沿江岸盖起西式宅邸、教堂、学校、医院五幢房子并建立了工厂，开始他们的基督教活动。

为了在佛教信仰的傣族地区发展基督教徒，美国传教士在建盖房屋宅邸的同时，依靠带来的傣允人，结合当地实际，广泛宣传基督教的救世主思想，并宣传加入基督教者可以免除苛捐杂税、劳役，过上幸福的生活，死后会升入天堂，可以免费治病，等等，积极收纳由于不同原因从各地流落至此的人员，并动员其加入基督教。此外，除了签约划定的土地外，传教士又向当局要求划出今曼嘎所在地及其周围的大片土地给加入基督教的人建房居住，得到当局的同意。收纳来的人被他们安顿在此居住，由他们带来的傣允人管理。

因此，这个寨子便取名"曼嘎"。曼嘎人从此信奉耶稣，成为基督教徒。曼嘎村就这样形成并开始了它的历史纪元。曼嘎从开始的几户人家发展到现今的 100 多户 300 多人的村寨，并融入现代的社会中继续发展壮大，过着安康幸福的生活，这就是曼嘎的由来。

参考文献

（一）中文专著

[1]［法］爱弥尔·涂尔干：《宗教生活的基本形式》，渠东、汲喆译，上海人民出版社 2006 年版。

[2]［英］安东尼·吉登斯：《现代性的后果》，田禾译，黄平校，译林出版社 2000 年版。

[3]［美］彼特·布劳：《不平等和异质性》，王春光、谢圣赞译，中国社会科学出版社 1991 年版。

[4] 陈晓毅：《中国式宗教生态：青岩宗教多样性个案研究》，社会科学文献出版社 2008 年版。

[5]［美］戴维·波普诺：《社会学》，李强等译，中国人民大学出版社 1999 年版。

[6] 刀承华、蔡荣男：《傣族文化史》，云南民族出版社 2005 年版。

[7] 杜德：《在西双版纳传播基督教见闻》，岩宰（傣族）译，载《版纳文史资料选辑》第七辑，云南民族出版社 1992 年版。

[8]［英］厄内斯特·盖尔纳：《民族与民族主义》，韩红译，中央编译出版社 2002 年版。

[9] 费孝通：《乡土中国》，生活·读书·新知三联书店 1985 年影印本。

[10] 韩军学：《基督教与云南少数民族》，云南人民出版社 2000 年版。

[11] 韩恒：《需求—供给传播和社会化传播——试论熟人社区的基督教传播模式》，《宗教社会学》第一辑，社会科学文献出版社 2013 年版。

[12] 黄海波：《宗教非营利组织的身份建构研究：以（上海）基督教青年会为例》，上海社会科学院出版社 2013 年版。

[13] 黄剑波：《地方文化与信仰共同体的生成：人类学与中国基督教研究》，知识产权出版社 2013 年版。

[14] 黄剑波、艾菊红：《人类学基督教研究导读》，知识产权出版社 2014 年版。

[15] 江应樑：《摆夷的经济文化生活》，云南人民出版社 2008 年版。

[16] ［英］卡尔·波兰尼：《大转型：我们时代的政治与经济起源》，冯钢、刘阳译，浙江人民出版社 2007 版。

[17] ［西班牙］雷蒙·潘尼卡：《宗教内对话》，王志成译，宗教文化出版社 2001 年版。

[18] 李峰：《乡村基督教的组织特征及其社会结构性位秩：华南 Y 县 X 镇基督教教会组织研究》，复旦大学出版社 2005 年版。

[19] 李灵、曾庆豹：《中国现代化视野下的教会与社会》，上海人民出版社 2011 年版。

[20] 卢成仁：《"道中生活"——怒江傈僳人的日常生活与信仰研究》，人民出版社 2014 年版。

[21] ［美］马克·格兰诺维特：《镶嵌：社会网与经济行动》，罗家德译，社会科学文献出版社 2007 年版。

［22］中共中央马克思恩格斯列宁斯大林著作编译局编译：《马克思恩格斯全集》第 3 卷，人民出版社 1960 年版。

［23］牟钟鉴主编：《民族宗教学导论》，宗教文化出版社 2009 年版。

［24］秦和平：《基督宗教在西南民族地区的传播史》，四川民族出版社 2003 年版。

［25］钱宁：《基督教与少数民族社会文化变迁》，云南大学出版社 1998 年版。

［26］［美］塞缪尔·亨廷顿：《文明的冲突与世界秩序的重建》，周琪等译，新华出版社 2009 年版。

［27］［美］施坚雅：《中国农村的市场和社会结构》，史建云、徐秀丽译，中国社会科学出版社 1998 年版。

［28］石彤：《城市"最低收入保障"政策过程的社会排斥》，《中国社会工作研究》2002 年第 1 期。

［29］［英］斯蒂芬·亨特：《宗教与日常生活》，黄剑波等译，中央编译出版社 2010 年版。

［30］司马云杰：《文化社会学》，中国社会科学出版社 2001 年版。

［31］王明珂：《华夏边缘：历史记忆与族群认同》，社会科学文献出版社 2006 年版。

［32］王明珂：《羌在汉藏之间：川西羌族的历史人类学研究》，中华书局 2008 年版。

［33］吴飞：《麦芒上的圣言：一个乡村天主教群体中的信仰和生活》，宗教文化出版社 2013 年版。

［34］吴文藻：《边政学发凡》，载林恩显《中国边疆研究理论与方法（中国少数民族研究理论与方法）》，渤海堂文化公司 1992 年版。

［35］吴梓明、李向平、黄剑波、何心平：《边际的共融——全球地域化视角下的中国城市基督教研究》，上海人民出版社 2009 年版。

［36］西双版纳傣族自治州民族宗教事务局编：《西双版纳傣族自治州民族宗教志》，云南民族出版社 2006 年版。

［37］西双版纳傣族自治州统计局：《西双版纳傣族自治州统计年鉴 2009》，2009 年版。

［38］西双版纳傣族自治州地方志编纂委员会：《西双版纳傣族自治州志·上册》，新华出版社 2001 年版。

［39］《西双版纳傣族自治州志·中册》，新华出版社 2001 年版。

［40］邢福增：《文化适应与中国基督徒（1860—1911)》，建道神学院 1995 年版。

［41］徐祖祥：《瑶族文化史》，云南民族出版社 2001 年版。

［42］颜思久主编：《云南宗教概况》，云南大学出版社 1991 年版。

［43］杨懋春：《一个中国村庄：山东台头》，张雄、沈炜、秦美珠译，江苏人民出版社 2001 年版。

［44］杨懋春：《人文区位学》，五南图书出版公司 1983 年版。

［45］杨民康：《本土化与现代性：云南少数民族基督教仪式音乐研究》，宗教文化出版社 2008 年版。

［46］姚荷生：《水摆夷风土记》，上海文艺出版社 1990 年影印本。

［47］张坦：《"窄门"前的石门坎——基督教文化与川滇黔边苗族社会》，贵州大学出版社 2009 年版。

［48］张志刚、唐晓峰主编：《基督教中国化研究》（第 1 辑），宗教文化出版社 2013 年版。

［49］赵世林、伍琼华：《傣族文化志》，云南民族出版社 1997 年版。

［50］郑杭生：《民族社会学概论》，中国人民大学出版社 2011 年版。

［51］中国人民政治协商会议西双版纳傣族自治州委员会民族文史资料工作委员会编：《版纳文史资料选辑》第五辑，1989 年版。

［52］《中国少数民族社会历史调查资料丛刊（修订本）》修订编辑委员会编：《西双版纳傣族社会综合调查（一）》，民族出版社 2009 年版。

［53］朱峰：《基督教与海外华人的文化适应：近代东南亚华人移民社区的个案研究》，中华书局 2009 年版。

［54］卓新平：《基督教与中国文化处境》，宗教文化出版社 2013 年版。

（二）中文期刊

［1］艾菊红：《身份的政治学——西双版纳傣族基督徒的身份研究》，《世界宗教研究》2014 年第 5 期。

［2］诚静怡：《本色教会之商榷》，《文社月刊》第一卷第一册，1925 年 10 月。

［3］邓大才：《如何超越村庄：研究单位的扩展与反思》，《中国农村观察》2010 年第 3 期。

［4］东人达：《基督教在西南传播中的族群认同符号》，《宗教学研究》2009 年第 1 期。

［5］方文：《群体符号边界如何形成——以北京基督新教群体为例》，《社会学研究》2005 年第 1 期。

［6］方文：《宗教群体资格简论》，《上海大学学报》（社会科学版）2007 年第 3 期。

［7］方文：《叠合认同："多元一体"的生命逻辑——读杨凤岗〈皈信、同化和叠合身份认同：北美华人基督徒研究〉》，《社会学研究》2008 年第 6 期。

［8］［挪威］弗里德里克·巴斯：《族群与边界》，高崇译，周大鸣校，《广西民族大学学报》（哲学社会科学版）1999 年第 1 期。

［9］宫玉宽：《民族认同与宗教对我国少数民族民族认同的影响》，《西北民族大学学报》（哲学社会科学版）2013年第2期。

［10］何光沪：《关于基督教神学哲学在中国的翻译和吸纳问题》，《世界宗教研究》2003年第1期。

［11］黄佳豪：《西方社会排斥理论研究述略》，《理论与现代化》2008年第6期。

［12］黄剑波、刘琪：《私人生活、公共空间与信仰实践——以云南福贡基督教会为中心的考察》，《开放时代》2009年第2期。

［13］黄中伟、王宇露：《关于经济行为的社会嵌入理论研究述评》，《外国经济与管理》2007年第12期。

［14］李峰：《宗教社会学研究的新视角：宗教组织研究》，《宗教学研究》2005年第1期。

［15］李昕：《集体行动的人类学阐释——以云南富民芭蕉箐基督徒为例》，《思想战线》2009年第3期。

［16］李向平：《"本色化"与社会化——近代上海"海派基督教"的社会化历程》，《上海大学学报》2004年第3期。

［17］李向平：《"宗教生态"，还是"权力生态"——从当代中国的"宗教生态论"思潮谈起》，《上海大学学报》（社会科学版）2011年第1期。

［18］梁庭望：《壮族原生型民间宗教结构及其特点》，《广西民族研究》2009年第1期。

［19］卢成仁：《从礼拜座位看基督教会组织原则的本土运用——以云南怒江娃底村傈僳族为例》，《世界宗教研究》2012年第1期。

［20］牟钟鉴：《宗教文化论》，《西北民族大学学报》（哲学社会科学版）2012年第2期。

［21］［美］尼尔·布伦纳：《全球化与再地域化：欧盟城市管治的尺度重组》，徐江译，《国际城市规划》2008年第1期。

［22］饶芃子：《"全球地域化"语境下中国文学影响研究》，《学术研究》2006 年第 2 期。

［23］申晓虎：《文化的挪用：西南少数民族信仰变迁中的基督教影响》，《民族学刊》2011 年第 4 期。

［24］唐戈：《基督教在中国少数民族中的传播：鄂温克族与拉祜族比较研究》，《世界宗教研究》2010 年第 5 期。

［25］王冰冰、张伶伶、郑迪：《地域化和全球化的矛盾与交集——解析北京长安街建筑创作发展轨迹》，《建筑学报》2008 年第 1 期。

［26］王立业：《社会排斥理论研究综述》，《重庆工商大学学报》（社会科学版）2008 年第 3 期。

［27］王思斌：《中国社会工作的嵌入性发展》，《社会科学战线》2011 年第 2 期。

［28］伍琼华、闫永军：《傣族村落中的传统权威组织——曼安村的"细梢老曼"与乡村秩序》，《云南民族大学学报》（哲学社会科学版）2012 年第 3 期。

［29］吴梓明：《全球地域化：中国教会大学史研究的新视角》，《历史研究》2007 年第 1 期。

［30］徐敏：《云南少数民族地区基督教神职人员身份认同初探》，《云南社会科学》2014 年第 6 期。

［31］杨菊华：《从隔离、选择融入到融合：流动人口社会融入问题的理论思考》，《人口研究》2009 年第 1 期。

［32］杨菊华：《流动人口在流入地社会融入的指标体系——基于社会融入理论的进一步研究》，《人口与经济》2010 年第 2 期。

［33］杨雪梅：《"汉语神学"的道路问题》，《宗教学研究》2013 年第 4 期。

［34］易法敏、文晓巍：《新经济社会学中的嵌入理论研究评述》，《经济学动态》2009 年第 8 期。

［35］游斌、王爱国、宫玉宽：《多元民族文化中的基督教："基督教与云南少数民族"调查报告》，《金陵神学志》2004 年第 3 期。

［36］悦中山等：《当代西方社会融合研究的概念、理论及应用》，《公共管理学报》2009 年第 2 期。

［37］张桥贵：《云南多宗教和谐相处的主要原因》，《世界宗教研究》2010 年第 2 期。

［38］张桥贵：《多元宗教和谐与冲突》，《世界宗教研究》2014 年第 3 期。

［39］张秀华：《基督教与西方和中国的现代性》，《学习与探索》2008 年第 1 期。

［40］张振伟：《嵌入式宗教：西双版纳傣族宗教生活的解读》，《学术探索》2011 年第 10 期。

［41］张志刚：《"基督教中国化"三思》，《世界宗教文化》2011 年第 5 期。

［42］赵紫宸：《我对于创造中国基督教会的几个意见》，《真光杂志》第 26 卷第 6 号。

［43］郑杭生：《社会转型论及其在中国的表现——中国特色社会学理论探索的梳理和回顾之二》，《广西民族学院学报》（哲学社会科学版）2003 年第 5 期。

［44］郑杭生：《社会三大部门协调与和谐社会建设——一种社会学分析》，《中国特色社会主义研究》2006 年第 1 期。

［45］周传斌：《城市化进程中少数民族的宗教适应机制探讨：以中国都市回族伊斯兰教为例》，《西北第二民族学院学报》（哲学社会科学版）2008 年第 2 期。

［46］周大鸣：《祭祀圈理论与思考》，《青海民族研究》2013 年第 4 期。

［47］周利敏：《"历史镶嵌"：宗教权威分析的新视角》，《中国矿

业大学学报》（社会科学版）2007 年第 3 期。

　　［48］周利敏：《"社会镶嵌"：变迁社会中宗教行为分析的新视角》，《宗教学研究》2010 年第 3 期。

　　［49］周利敏：《全球地域化视阈中社工教育发展的新趋势》，《南昌大学学报》（人文社会科学版）2010 年第 4 期。

　　［50］周利敏：《"全球地域化"思想及对区域发展的意义》，《人文地理》2011 年第 1 期。

　　［51］朱德普：《傣族的巫师及其历史演变》，《民族研究》1994 年第 2 期。

　　［52］卓新平：《基督教与中国文化的双向契合》，《世界宗教文化》1997 年第 2 期。

　　（三）博士硕士论文

　　［1］陈建明：《中国地方基督教的建构——近代五旬节信仰实践模式研究》，博士学位论文，上海大学，2013 年。

　　［2］杜忠峰：《基督宗教传播与少数民族日常生活世界的建构——基于云南丙中洛乡的民族志调查》，博士学位论文，浙江大学，2012 年。

　　［3］黄剑波：《"四为堂"纪事——中国乡村基督教的人类学研究》，博士学位论文，中央民族大学，2003 年。

　　［4］李昕：《芭蕉箐基督徒集体行动研究》，博士学位论文，云南大学，2009 年。

　　［5］王莹：《地方基督徒的身份建构研究——以中原地区 Y 县基督教会为例》，博士学位论文，上海大学，2008 年。

　　［6］谢庆生：《中国基督的一种独特皈依形态研究——基督教村的形成与发展》，硕士学位论文，香港中文大学，1997 年。

　　［7］邢朝国：《纠纷过程与暴力生产——对皖中江庵镇村落暴力纠纷的研究》，博士学位论文，中国人民大学，2011 年。

（四）英文文献

［1］Comaroff Jean and Comaroff John，*Of Revelation and Revolution：Christianity，Colonialism，and Consciousness in South Africa*，Chicago：University of Chicago Press，1991 and 1997：Vol. 1 and 2.

［2］C. Y. Cheng，"The Development of an Indigenous Church in China"，*International Review of Mission*，Volume 12，Issue 3，1923.

［3］Dana Roberts："The First Globalization：The Internationalization of the Protestant Missionary Movement Between the World Wars"，*International Bulletin of Missionary Research*，Vol. 26，No. 2，2002，pp. 50—67.

［4］D. J. Sam，J. W. Berry，*The Cambridge Handbook of Acculturation Psychology*，Cambridge：Cambridge University Press，2006.

［5］Fenella Cannell，"Introduction in Fenella Cannell."ed. *The Anthropology of Christianity*，Duke University Press，2006.

［6］F. W. Rudmin，"Critical History of the Acculturation Psychology of Assimilation，Separation，Integration，and Marginalization"，*Review of General Psychology*，Vol. 7，2003，pp. 3—37.

［7］Park R E. "Human Migration and the Marginal Man"，*The American Journal of Sociology*，Vol. 33，1928，pp. 881—893.

［8］Portes，Alejandro，Robert Nash Parker and Josea Cobas."Assimilation or Consciousness：Perceptions of U. S. Society among Recent Latin American Immigrant to the United States"，*Social Forces*，Vol. 59（1），1980.

［9］Robertson R. ，*Globalization：Social Theory and Global Culture*，London：Sage，1992.

后　记

　　本书是在我的博士学位论文和张桥贵教授主持的国家社会科学基金重大招标项目"我国少数民族基督教本土化研究"（编号：13&ZD077）阶段性成果基础上整理而成的。我是从到云南民族大学攻读硕士学位开始接触云南少数民族宗教问题的。2008年，参与导师张桥贵教授主持的国家民委课题"云南边疆少数民族地区宗教关系研究——以怒江州丙中洛为例"（编号：07YN05），深入怒江州贡山县丙中洛乡调查藏族、傈僳族、怒族等民族信仰藏传佛教、天主教和基督教的状况。我负责撰写的阶段性成果《多宗教和谐共处的社会学分析——以滇西北丙中洛地区为例》，认为丙中洛地区较复杂的社会结构促进了民族、宗教、家庭、朋友、帮扶等各类群体间的流动和交往，从而减少了群际冲突，将多宗教和谐共处的原因归结为群体间交往。2010年硕士研究生毕业后，我来到西双版纳职业技术学院工作，之后参与了张桥贵教授主持的国家社科基金重点课题"云南边疆民族地区多元宗教和谐相处的经验和对策研究"（编号：11AZJ002）西双版纳地区的调研工作，主持了云南省社科基金青年项目"西双版纳多元宗教的相互关系研究"（编号：QN201248），遵循张桥贵教授的

《云南多宗教和谐相处的主要原因》(《世界宗教研究》2010 年第 2 期)的研究思路,从民族通婚、力量均衡、经济依赖和文化共享等宏观层面进行资料收集和论述。2012 年进入中国人民大学攻读博士学位之后,涉猎了弗里德里克·巴斯、冀朝鼎、施坚雅和杨懋春等学者的相关文献,开阔了思路,把宗教关系的主体具体化为微观层面的民族社区关系,同时,将多宗教和谐相处由正向支撑发展到辩证剖析,论述不同民族社区在排斥、互动中构筑了多宗教和谐相处的局面。其后,在承担"我国少数民族基督教本土化研究"项目时,没有延续基督教本土化研究关注基督教文化与中国本土化契合、适应的固有模式,而是聚焦基督教组织如何融入地方社会组织的状况,勾勒出教会与民族社区对立统一的线性变迁关系,形成了本书的研究内容。

张桥贵教授是我的硕士和博士导师。报考硕士研究生时,在《民族社会学》中看到张老师拍摄的几张反映少数民族生活情景的照片,心里倍感亲切;报选导师时,我仅给老师发了一条短信,表达拜于门下的意愿。老师一句"真性情"的答复"不管你是手雷还是地雷,今年就要你了"开启了我们的师生情缘。您无声的教诲让我体悟到自己的欠缺和必须承担的责任;您事无巨细的照顾让我感受到师生情的真谛;您对学术的执着坚持和严格要求让我懂得这条道路的庄严和神圣,教会我如何做人,关照我的生活,教导我的学习。很庆幸能走在您指引的道路上。如此走过了许多风雨,前方的道路依然长远。

云南省社会科学院萧霁虹研究员多年来一如既往地给予我扶持和关照。中国人民大学李路路教授、赵旭东教授、郝大海教授,北京大学张志刚教授,中国社会科学院郑筱筠研究员,中央民族大学何其敏教授,云南民族大学张金鹏教授和鲁刚教授等对本书提出了宝贵意见。上海师范大学侯冲教授、云南民族大学韩军学教授和徐祖祥教授、云南省社会科学院肖耀辉研究员、华东师范大学黄剑波教授、中国社会科学院艾菊红副研究员等在调研和写作中给予了指导。中国社会科学院李华伟助理研究员、同门师兄孙浩然教授、明世法副教授通读了初稿，提出了宝贵的修改意见。陕西师范大学樊静讲师在摘要翻译上给予了大力帮助。另外，西双版纳职业技术学院的领导和同事们为调研提供了后勤支持。西双版纳各级宗教管理部门、基督教界的友人多年来为我的调研提供了方便。虽然在这里不能一一列举你们的名字，但会铭记大家给予的实实在在的帮助。西双版纳报社记者罗桂华、某地方政府文化干事沙连帮我收集了部分访谈资料。北京某教会传道人赵辉华为我顺利进入教会调研大开方便之门，并对其后的研究给予指导。同学梁海艳、赵罗英、章敏敏为本书的调研、格式修改等给予了无私帮助。同门张庆松师兄、王碧陶、刘文娜、刘春芳、赵意成等为本书的完成提供了无私帮助。中国社会科学出版社宋燕鹏博士等工作人员为本书的出版付出了辛勤汗水。值此机会向各位老师、长辈、同学和各界友人表示谢意。

习惯拿亲情"垫箱底"。怀念在家工作的时光，每个周末都能回家吃到母亲做的饭菜。饭后母子二人坐在一起聊家常，母亲把父亲的旨意传达给我，再将我的想法回馈给父亲。然后，带上为我准备的日用品返回单位。有时在路上也能遇上父亲，父子两个停下车子寒暄几句，在沉默中传达着深厚的亲情。当我远赴云南求学，再次离开家的时候，每个周末都要跟家人通个电话。这个习惯也已坚持了多年，每次电话那端都会传来母亲熟悉的声音，"今天星期六了""怎么晚了两天打电话啊，那边有事吗"。虽然与家人离多聚少，但亲情的约定却如期而至。这是一份牵挂，也是一份依靠。因为父亲的严厉和本人的叛逆，我和父亲一直比较疏远。父亲平时沉默寡言，但当风雨来临时，都是他挺身撑起这个家。人能力有大小，事情分成败，但作为一家之主的老人毅然面对、勇于"亮剑"的决心让孩子真正感悟到父亲的责任和伟岸。从我初中离家求学开始，姑姑每次都会来送行，这样一送就是20多年。从我少不更事到现在已过而立，都有您的陪伴。

透过车窗看着父亲和姑姑并排而立、目送我远行。两位老人的兄妹情谊和对孩子的深情关怀都凝结在我无言的泪珠里。

文化生产是书本知识、外部环境与心灵的交流、碰撞，在心灵深处采摘激荡的火花，是理性思考和感性体悟共同"孕育"的婴儿。我生于山东、长于山东、学于山东，再到昆明求学，然后落脚于西双版纳。因机缘和兴趣的引领，我并没有拘束于书斋、讲台，而是行走于田野，往来于学校、政府、村寨之间，与同事、学生、官员、村民深度接触，深刻体悟着从中原汉文化到边疆民族文化的震动、彷徨和安逸，设身处地地思考自我，观察社会。转回北京求学，再次遭遇由边缘到中心所带来的文化震惊，从失落、紧张，再到平稳与充实。这种情感经历让我对边疆少数民族文化多了几份亲近、热爱和自信，常以"我们西双版纳""我们云南"来思考问题，评判是非。现在，我又回到云南工作，身心已深深刻画着"民族情感"和"边疆思维"。所以，在写作过程中，作者的个人心史浸透到论文观点、文献参考和行文风格中，不免存在有失客观之弊。

李守雷

2017 年 8 月于昆明